KB058617

MADE IN ITALY
메이드 인 이탈리아

김경석 지음

21세기북스

보기보다 강한 나라 이탈리아

한 나라의 경제와 산업을 온전히 이해하기란 쉽지 않지만 이탈리아의 경우는 더욱 그렇다. 지난 30년간의 이탈리아 경제를 돌아보면 인플레이션, 화폐 평가절하, 재정 적자, 행정의 비능률, 정치 불안정 등 경제적 불안 요인은 줄타기를 하듯 끊이지 않았다. 이를 증명이라도 하듯 이탈리아는 국가경쟁력을 대변하는 각종 지표들의 순위에서 후진국들이 속한 하위 그룹의 단골손님이 되곤 했다.

이 같은 불안한 경제 상황에서도 이탈리아는 수많은 세계 최고 품질의 제품을 만들어내며 7~8위의 경제력을 가진 선진 주요 국가이자 유럽 제2위 제조업 국가로서의 위상을 굳건히 유지해오고 있다. 이런 이탈리아 경제는 종종 세계 7대 불가사의 중에 하나인 피사의 사탑에 비유되곤 한다. 곧 무너질 듯 위태로워 보이면서도 잘 버티고 있기 때문이다.

이탈리아 경제의 강점을 잘 아는 영국《이코노미스트》지와 같은 외국 언론은 이탈리아가 제대로 가려면 정신을 바짝 차려야 한다고 준엄하게 타이르면서 해결책을 제시하는 특집기사를 싣곤 한다. 그러나 30년 전이나 지금이나 세계 언론은 변함없이 이탈리아의 경제를 피사의 사탑에 비유하고 있다.

그러나 지난 30년 동안 이탈리아 경제가 피사의 사탑처럼 별다른 변화를 보이지 않았다면, 이제는 기울어진 탑이 위태로워 보이더라도 있는 그대로 인정하듯이 이탈리아 경제도 있는 그대로 볼 시점이라고 생각한다. 이 책 역시 이탈리아 경제를 냉정하게 평가·분석하고 개선할 방법을 제시하기보다는 이탈리아 경제의 여러 가지 특징적인 면들을 있는 그대로 살펴보고 배울 점을 알아보는 데 더 중점을 두었다.

선진국임에도 불구하고 이탈리아 경제는 건강하지 못한 면이 무척 많다. GDP의 130퍼센트에 육박하는 국가 부채와 그로 인해 매년 우리나라 연간 예산의 35퍼센트 정도인 120조 원을 이자로 지출해야 하는 경제적 짐을 지고 있다. 노동시장의 구조적 경직성, 높은 세금, 행정의 비능률 등은 기업에 많은 부담을 주고 기업활동을 어렵게 하고 있다. 그 밖에 탈세의 만연, 낮은 교육 수준, 남북간 경제 격차 등 국가경쟁력을 제약하는 요소들도 한몫 거든다.

이와 같은 어려운 여건 속에서도 이탈리아가 제조업 강국으로 자리 잡을 수 있었던 배경에는 바로 중소기업의 강한 힘이 버팀목으로 작용했기 때문이다.

이 책은 이탈리아 중소기업을 주요 관심 대상으로 삼고 그 특징을 분석하는 데 중점을 두었다. 그러다보니 자연히 중소기업들이 집적되어 있는 산업 클러스터의 특징을 살펴보게 되었다.

책의 순서를 말하자면 제1장에서는 이탈리아 경제의 특징과 긍정적인 면과 부정적인 면을 살펴볼 것이다. 제2장에서는 경제와 불가분의 관계에 있는 재정, 노동, 교육, 금융, 행정 등의 분야에 대해 보다 구체적으로 설명한다.

제3장에서는 이탈리아 경제의 주축이 되고 있는 중소기업의 특성과 위상, 특히 중소기업이 발전한 배경과 중소기업의 효율성에 대한 학자들의 찬반 입장 등을 다각적으로 분석한다. 제4장에서는 이탈리아 특유의 자연발생적인 산업 클러스터 성격, 구조, 특징 등을 정리한다. 이탈리아에는 200여 개의 다양한 산업 클러스터가 형성되어 있으며 수많은 클러스터가 명실공히 세계 산업의 중심적 역할을 하고 있다. 그중 우리나라에서도 관심을 가질 만한 주요 산업 클러스터 50여 개를 선정하여 소개한다.

끝으로 제5장에서는 이탈리아 산업 및 경제가 우리에게 주는 시사점을 살펴본다. 두 나라는 역사와 문화가 다르기 때문에 이탈리아의 현실을 우리에게 적용하는 데는 여러 가지 제약이 있음을 감안하여 몇 가지 필자의 의견을 덧붙였다.

이 책을 쓰기 위해서 이탈리아 경제, 산업 관련 국내외 책자, 연구 보고서, 경제지, 주요 일간지, 각종 통계 등 제반 문헌 자료를 검토하면서 참고가 될 만한 내용을 발췌했다. 그리고 지난 33년 가운데 24년 이상을 이탈리아에 살면서 느꼈던 점들 중에서 이탈리아 경제 및 산업을 이해하는 데 도움이 될 만하다고 생각되는 내용은 물론 이탈리아와 우리나라의 관계 인사들과의 인터뷰도 수록하여 내용의 이해를 도왔다.

먼저 이탈리아 로마에서는 의회 및 법조계 인사, 재경부, 경제개발부, 노동부 등 관련 부처 간부, 전경련, 노조, 은행, 상의, 국가연금관리공단 등 중앙유관기관 간부들을 면담했다. 그리고 이탈리아의 주요 산업 클러스터인 항공, 자동차, 기계, 금속가공, 섬유, 니트, 실크, 가구, 구두, 타일, 금은세공 분야 클러스터를 직접 방문하여 대표적인 기업의 기업주 및 유관기관 간부들과 대담할 기회를 가졌다. 집필하는 중에는 전문 분야의 국내외 경제학자들과 의견 교환을 함으로써 균형적인 관점에서 이 책을 쓰려고 노력했다.

관련 통계는 가능한 한 최신 자료를 사용했다. 다만 이탈리아 중소기업의 구조가 복잡다단하여 정확한 통계를 찾는 데는 한계가 있고 일부 통계는 출처에 따라 많은 오차가 있어 가급적이면 무리하지 않은 수치를 선택했다.

끝으로 이 책을 쓰게 된 동기를 간략히 언급하고자 한다. 필자는 32년 전 한 · 이탈리아 양국간 경제 · 통상 업무를 담당하게 된 것을 계기로 이탈리아 경제와 산업에 관심을 갖고 지켜보게 되었다. 흥미로운 부분이 많이 발견되었지만 관련 전문지식이 충분하지 않아 복잡다단한 이탈리아 경제와 산업의 실상을 이해하기에는 역부족이었다.

특히 이탈리아 중소기업에 대해 알기란 장님이 코끼리 만지듯 쉽지 않았다. 그래서 필자는 2008년 5월 공직에서 퇴임하자마자 우선 전문가적 소양을 키워보자는 생각에서 꽤 괜찮은 일자리 제의를 사양하고 늦은 나이에 경제학을 공부하기로 마음먹었다. 그동안 품어왔던 이탈리아의 경제 및 산업에 대한 의문과 궁금증을 풀어보고, 우리에게 유익한 시사점을 찾아보자는 생각에서 시작한 일이었다. 그러나 경제학이란 학문의 길은 상상했던 것과는 너무나 달랐다. 우선 수학이 문제였다. 대학 입시에서 문과를 택하는 바람에 미적분에 문외한이었던 필자는 경제학 공부에 앞서 수학 공부부터 다시 해야 했다. 수학을 이해해야만 통계학, 계량경제를 이해하고 이론을 도출해내는 방법을 알 수 있기 때문이다.

중소기업을 주제로 학위 논문을 쓰는 것도 분야가 너무 광범위하여 난감했다. 각고의 노력 끝에 제조업 분야의 혁신을 주제로 잡고 논문을 작성하면서 중소기업의 행태에 관한 미세한 이론을 도출할 수 있었다. 논문을 쓰고 학업을 마쳤지만 이제 겨우 학문을 시작하기 위한 작은 기초를 다진 것에 불과하다.

이 책은 이탈리아 경제 및 산업을 탐구하고 소개하는 하나의 시도이며 시작이라고 할 수 있다. 이 책이 이탈리아에 관심을 갖는 분들에게 조금이나마 도움이 되기를 바라며, 여러 관계자들이 관심을 갖고 좀 더 풍부한 연구로 이어가주었으면 한다.

끝으로 이 책을 위해 인터뷰에 응해준 많은 분들에게 감사를 드린다. 그리고 이 책의 개요를 한국경제연구원 '기업구조와 전략연구회' 세미나에서 발표할 기회를 마련해주신 서울대학교의 이근 교수님께 감사드린다. 또한 경제학 공부를 시작할 때부터 흔쾌히 학위 과정 입학 추천서를 써주시는 등 독려를 아끼지 않으신 케임브리지 대학의 장하준 교수님께도 감사드린다. 그리고 내용 구성 등에 많은 조언을 해준 외교부 후배 정경옥, 친우 백종기에게 심심한 사의를 표한다. 마지막으로 항상 옆에서 필자를 지탱해준 아내와 사랑스러운 두 딸에게 이 책을 바친다.

2014년 3월
김경석

차례

CHAPTER
4 이탈리아 산업 클러스터의 구조와 기능

CHAPTER 01

두 얼굴을 가진
이탈리아 경제

Italy economy

이탈리아 경제는
과연 위기일까

'경제위기'라는 말

최근 이탈리아 언론에 가장 많이 오르내리는 말은 '경제위기(crisi economica)'라는 단어가 아닌가 싶다. 이탈리아 국민들도 많은 회사와 가게들이 불경기로 문을 닫는다는 소식에 여느 때와 달리 사뭇 불안한 모습을 보이고 있다. 경제를 살리라는 사명을 띠고 2011년 11월에 출범한 몬티 총리가 이끄는 내각이 2012년 한 해 동안 각종 경제개혁, 긴축정책을 쏟아내자 시민, 기업 할 것 없이 촉각을 곤두세웠다.

2012년 말, 전보다 3배나 많은 재산세가 부과되자 부동산을 소유한 계층을 중심으로 몬티 총리에 대한 불만이 노골적으로 폭발하기 시작했다. 결국 몬티 총리는 사임하고 2013년 2월 다시 총선이 치러 졌다. 선거 결과 이탈리아 국민은 개혁과 구조조정을 바라면서도 과 도한 긴축에는 반대하는 것으로 나타났고, 정국은 좌파와 우파가 함 께 연정을 구성하는 사상 초유의 상황을 맞게 되었다. 그 결과 제3세 력인 5성운동(Five Star Movement)이 새로운 정치세력으로 등장했다. 적대관계인 좌우 세력의 연정이 앞으로 경제위기를 극복하는 데 얼 마나 긍정적으로 작용할지는 더 지켜봐야 할 것이다.

이탈리아 경제가 어렵다는 말은 어제오늘 들려온 것이 아니다. 과거 30년간 고물가, 고용 불안정, 환율 불안정 등으로 이탈리아 경 제는 하루도 바람 잘 날이 없었다고 해도 과언이 아니다. 그럼에도 탄탄한 기술력을 지닌 중소기업들의 힘으로 세계 제8위의 경제 선진 국으로서 굳건하게 자리를 지켜오고 있다.

△▼△

피사의 사탑과 경제

30여 년 전으로 기억된다. 외국의 경제 주간지들이 위태로운 이 탈리아 경제 상황을 특집 기사로 다루면서 표지에 피사의 사탑 이미 지를 신곤 했다. 700여 년 전 지반이 약해 탑 아랫부분이 한쪽으로 기울어진 상태에서 그대로 쌓아올린 피사의 사탑은 오랜 세월이 흐 르면서 조금씩 더 기울어졌다. 탑이 4도가량 기울어져 있지만 56미 터 높이의 흰색 대리석 탑 꼭대기는 중앙 지점에서 무려 3.9미터나 떨어져 기울어져 있다. 그럼에도 지금까지 쓰러지지 않고 버티고 있는 것이 마치 위태로운 것 같으면서도 무너지지 않는 이탈리아 경제의 모습을 상징하는 듯하다는 것이다.

이탈리아 경제가 정치 불안정, 방만한 국가 부채, 높은 인플레이션, 빈번한 파업, 리라화의 평가절하, 부정부패, 탈세, 마피아 조직범죄 등의 여러 부정적 요인에도 불구하고 선진국 경제의 위치를 꾸준히 유지하는 것이 신기하다는 의미다.

영국의 경제 주간지 《이코노미스트》는 2005년 5월 21일자 표지에 장화 모양의 이탈리아 지도가 목발로 지탱되고 있는 모습을 싣고는 이탈리아 경제가 중병 상태에 있다고 보도했다. 이어 2013년 2월 16일자 표지에는 피사의 사탑을 수록하고 이탈리아 정치 및 경제의 문제점들을 지적하면서 우려를 표시했다. 흥미로운 것은 이탈리아 경제가 30년 전이나 지금이나 변함없이 피사의 사탑에 비유되고 있다는 점이다.

그렇다면 외국 언론의 염려처럼 이탈리아 경제가 이제는 한계에 이르러서 앞으로는 내리막길로 갈 수밖에 없는 상황인지 아니면 회생할 가능성이 있는지 궁금하지 않을 수 없다. 일부 사람들은 경제의 파산 상태를 경험해야만 다시 일어설 수 있을 것이라고 말한다. 피사의 사탑이 붕괴될 위험이 있다고 판단한 정부가 1990년부터 10년에 걸쳐 보수 공사를 했던 것처럼 이탈리아 경제도 그와 같은 대대적인 공사를 해야 할 때가 되었다고 판단하는 전문가도 적지 않다.

△▼△

위기의 발단

최근의 유럽 재정 위기가 2008년 미국의 주택 모기지 사태에서 비롯되었다는 것은 주지의 사실이다. 아이슬란드를 시작으로 아일랜드, 포르투갈 등이 어려움을 겪었으며 영국, 프랑스, 독일의 일부 굵직굵직한 은행들도 구제금융을 피해가지 못했다. 그리스는 재정이 파탄 나 엄청난 규모의 구제금융을 쏟아부었는데도 아직도 언제 회복될지 알 수 없는 상황이다. 그리스가 디폴트에 이를 경우 유로화 붕괴의 도화선으로 이어지지 않을까 하는 우려 역시 완전히 불식되지 않은 채로 불안감이 여전히 남아 있다. 이에 더해서 스페인의 부동산 버블과 이탈리아의 대규모 국가 부채로 인한 국제 금융시장에서의 두 나라 국채 이자율 스프레드가 높아지자 EU 전체에 불안한 기류가 형성되기도 했다.

그러나 사실상 2008년 미국 금융 사태 때 이탈리아는 큰 영향을 받지 않았다. 당시 유럽 주요 은행들이 구제금융을 받은 데 반해 740여 개에 이르는 이탈리아의 크고 작은 은행들 가운데 유동성 부족으로 금융구제를 받은 은행은 한 곳도 없었으며 또 부동산 시장이 거품 현상을 보이지도 않았다. 오히려 이탈리아 정부는 EU 차원의 구제금융기금 조성과 지원에 적극 참여하여 수백억 유로를 내놓았을 정도였다.

그러던 것이 2011년 말 국제 금융시장에서 이탈리아 국채가 독일 국채와의 이자율 스프레드 격차(금리 격차 또는 스프레드)가 500 이상으로 벌어지자 이탈리아 경제에 대한 부정적인 시각이 나타나기 시작했다. GDP보다 많은 이탈리아 국가 부채가 원인이었다.

이탈리아 국가 총 부채 규모가 국내총생산(GDP)을 넘어선 것은 이미 20년 전으로, 그동안 국제 채권 거래상들에게는 새로운 뉴스가 아니었다. 그러나 유럽이 재정 위기에 휩싸인 가운데 지난 20년간 이탈리아 정치의 주역으로 있으면서 각종 비리에 연루되었던 베를루스코니 전 총리가 또 다른 스캔들로 법원에 피소되자 자연히 이탈리아 국가 이미지와도 연결되었고, 전 세계 언론은 EU 4대 주축국의 하나이자 세계 8위의 경제력을 가진 이탈리아가 무려 GDP의 120퍼센트 이상에 달하는 빚을 지고 있다는 사실을 새삼스럽게 바라보기 시작한 것이다. 이탈리아 국채가 한동안 인기가 없자 국채 금리가 치솟았고 이탈리아 경제도 유로화 존립에 영향을 미칠 수 있다는 여론이 고개를 들기 시작했다.

△▼△

저성장과 실업의 그늘

2012년 미 대통령 선거를 불과 1주일 앞둔 11월 초 강력한 대선주자였던 미트 롬니 후보는 유권자들을 향해 "만일 오바마 대통령이 재선된다면 미국은 그리스, 스페인, 이탈리아 같은 경제위기 국가로 전락하게 될 것"이라고 말했다. 또 같은 해 1월 중순《이코노미스트》가 프랑스 경제가 시한폭탄 상태에 있다고 보도하자 프랑스 경제장관은

즉각 "프랑스는 이탈리아와 다르다"고 반박했다. 2011년 말 우리 언론도 '복지 백년대계 - 남유럽 실패 사례 연구'라는 제목으로 이탈리아가 높은 세금과 과도한 복지비용 지출로 경제적으로 실패했다는 특집 기사를 연재했다. 이와 같이 여러 나라가 이구동성으로 위기 국가로 지목하는 것을 보면 이탈리아가 많은 문제를 안고 있는 것만은 틀림없어 보인다.

어느 한 나라의 경제를 판단한다는 것은 쉬운 일이 아니다. 외국 전문가들은 물론 자국 경제학자들까지 이탈리아 경제를 제대로 진단한다는 것은 어렵다고 한다. 그러니 일반 국민이야 말해 무엇하겠는가. 아무튼 이탈리아가 경제적으로 실패한 나라로 자주 오르내리는 것은 그럴 만한 이유가 있을 것이다. 일반적으로 한 나라의 경제는 주요 경제수치, 각종 경제평가지수, 또는 그 나라 경제에 영향을 미치는 다양한 정치, 경제, 사회여건 등을 종합하여 평가가 내려진다.

우선 이탈리아는 최근 20년간 지속되어온 저성장과 높은 실업률로 어려움을 겪고 있다. 1950, 60년대에는 연평균 5.8퍼센트의 성장률을 기록하여 개발도상국과 같은 기적적인 경제 발전을 이룩해 주목을 받았다. 그러나 1970년대 이후부터 성장세가 점차 둔화하여 정체 단계에 이르렀다. 1970년대에는 연평균 성장률이 4.0퍼센트이던 것이 1980년대 2.6퍼센트, 1990년대 1.5퍼센트가 되더니 2000년대 들어선 10년간은 연평균 0.5퍼센트에 머물렀다.

다른 EU 국가들과 비교해도 2001~2010년에 EU 국가들의 경제가 평균 14퍼센트 성장한 데 비해 이탈리아는 4퍼센트에 머물렀다. 더욱이 2011년과 2012년 성장률이 각각 0.4퍼센트, -2.4퍼센트를 기록하고 2013년 역시 -1.9% 성장이 예상되고 있어 현재 이탈리아 경제가 상당히 어려운 상황임을 알 수 있다.

최근 20년간 중국이 저가 경공업 제품 위주의 물량 공세로 세계 시장을 석권함에 따라 경공업 비중이 상대적으로 높은 이탈리아 산업이 직접적인 타격을 받은 이유도 있겠지만, 이 같은 사정은 다른 EU 국가들도 마찬가지다. 실업 또한 골치 아픈 문제다. 북부지역의 실업률이 상대적으로 낮은 반면, 남부지역은 EU에서 매우 높은 실업률을 보이고 있는데, 전체 실업률이 10퍼센트 이상에 달하며 특히 35퍼센트에 가까운 청년 실업률은 정치·사회적으로 큰 문제가 되고 있다.

이탈리아는 연간 우리나라 GDP 규모의 2배에 해당하는 1조 5,659억 유로(약 2조 달러, 2011년 기준)를 생산했다. 하지만 GDP의 127퍼센트(2012년)에 이르는 빚을 지고 있다. 그 결과 2012년 삼성전자 연간 총 매출의 60퍼센트 규모인 120조 원(1,100억 달러)에 달하는 금액을 국채 이자로 써야 했다. 이는 그만큼 많은 돈을 사회간접자본 투자, 연구개발 투자, 실업 개선, 조세 경감 등을 위해 쓸 수 없으므로 엄청난 성장 동력을 빼앗기는 셈이다.

△▼△

뒤처지는 국가 경쟁력

세계경제포럼(WEF, World Economic Forum)은 매년 100개 이상의

지표를 이용하여 노동, 금융, 거시경제, 조세 등의 12개 분야에 대한 분석을 토대로 144개국의 국가 경쟁력을 측정하여 나라별 순위를 매기고 있다. 2012년 보고서에 따르면 이탈리아는 독일(6위), 미국(7위), 영국(8위), 일본(10위), 한국(19위), 프랑스(21위)는 물론 태국(38위), 체코(39위), 파나마(40위), 폴란드(41위)보다 뒤진 42위다.

스위스 경영개발연구소(IMD, Institute for Management Development)가 2011년 59개 산업국가를 대상으로 거시경제지표, 산업생산성, 삶의 질 등으로 조사한 세계경쟁력 평가(2013년 연감)에서도 마찬가지다. 이탈리아는 40위를 기록하여 역시 미국(2위), 독일(9위), 영국(18위), 한국(22위), 일본(27위), 프랑스(29위), 멕시코(37위), 터키(38위), 스페인(39위)보다 경쟁력이 낮은 것으로 평가되었다.

2012년 세계은행이 185개국을 대상으로 실시한 영업환경 적합도에서도 이탈리아는 미국(4위), 영국(7위), 한국(8위), 독일(20위), 일본(24위), 프랑스(34위)보다 훨씬 뒤지고 터키(71위), 루마니아(73위)와 비슷한 73위였다. 또 다른 기관들이 조사한 경제 자유도, 준법정신 등에서도 비슷한 순위를 보였다.

△▼△

선진국인가 후진국인가

이탈리아에서 생활하다보면 선진국에서 살고 있는지 아니면 후진국에서 살고 있는지 혼란스러울 때가 있다. 무언가 하려면 행정 절차도 복잡하고 시간도 오래 걸리고 비용도 많이 든다. 행정이 느린 것은 가히 세계 챔피언급이다.

예를 들어 운전면허증을 발급받는 데 최소한 한두 달 넘게 기다려야 하고 우체국이나 은행 일을 보려면 1시간 이상 걸리는 것을 감안해야 한다. 이는 2~3분도 채 안 걸리는 우리나라의 서비스와 큰 대조를 이룬다. 이탈리아 사람들은 연중 일하는 시간 가운데 2주일에 해당하는 시간을 줄을 서는 데 사용한다고 할 만큼 공공장소에서든 어디서든 긴 줄을 서서 자신의 차례가 올 때까지 기다려야 한다. 이것만으로도 이탈리아의 사회구조가 얼마나 비능률적인지를 미루어 짐작할 수 있다.

외국인에게 이탈리아는 생활하기에 결코 만만한 나라가 아니다. 우선 이탈리아어가 아니면 말이 통하지 않는다. 지인의 표현에 따르자면 이탈리아어를 모르면서 이탈리아에서 사는 외국인은 한정치산자가 될 수밖에 없다고 한다. 영자 신문이나 영어로 된 라디오, TV 방송을 거의 찾아볼 수 없고, 이탈리아어를 쓰는 이웃과 의사소통도 안 되기 때문이다.

이탈리아에 진출해 있는 우리 상사 주재원들도 이탈리아에서는 영어가 안 통하는데다 까다롭고 느린 인허가 절차, 비싼 인건비 등으로 다른 나라보다 영업활동을 하기가 힘들다고 말한다. 그래서 이탈리아에서 영업할 때는 20퍼센트가량의 별도 부대비용을 감수해야 한다는 게 주재원들의 일반적인 의견이다. 그와 같은 비능률적 관료주의는 이탈리아 경제 생산 활동 환경에 부정적인 영향을 주며 이탈리아의 글로벌 경쟁력을 저하시키는 요인으로 작용할 수밖에 없다.

이탈리아 노·사·정 간 임금 협상에서 기업가측이 정부에 요구하는 것은 세금 인하이며, 노조측은 임금 인상과 관련한 협상 카드로 기업의 탈세 방지를 정부측에 요구한다. 정부는 재정적자 해소를 위해 긴축해야 하는 상황이므로 세입 감소 효과를 가져오는 세금 인하를 받아들일 수 없는 입장이며 노동시장의 경직성 완화 개혁을 시도하고 있다. 이런 정부의 노력에도 불구하고 노조측은 파업 등을 통해 완강히 반발하면서 먼저 기업의 탈세를 해소하여 재정 적자를 줄일 것을 요구한다.

이탈리아 경제개발부의 중소기업과장인 주세페 카푸아노 교수의 말을 빌리면 이탈리아 기업들은 독일 기업들보다 2배나 많은 세금(연금기여금이 포함된 개념)을 내고 있다고 한다. 독일 기업이 수익의 33퍼센트를 세금으로 내는 반면 이탈리아 기업은 65퍼센트를 세금으로 낸다. 이는 독일 기업 대부분이 올바르게 세금을 내는 데 비해 이탈리아는 탈세를 하는 기업이 많기 때문이다. 따라서 선량한 이탈리아 기업들은 상대적으로 세금을 더 낼 수밖에 없는 불합리한 구조라고 할 수 있다.

이탈리아는 대기업보다는 소기업에서 탈세가 많이 이루어지고 있다. 세금 부담이 너무 커서 탈세를 하지 않고는 높은 인건비 부담 등으로 수익을 낼 수 없는 수준이기 때문이다. 탈세 수익에 대해 과세하지 못하는 것은 생산적 재투자 저력을 그만큼 줄이게 되고 국가 재정 적자를 증가시켜 국가의 경쟁력과 성장을 저해하는 요소로 작용한다. 따라서 탈세는 이탈리아 경제 병폐의 주요 요인이며 해결해 나가야 할 과제라고 할 수 있다.

△▼△

노동은 헌법의 키워드

이탈리아 헌법 제1조에 '이탈리아는 노동에 기초하는 민주공화국이다'라고 규정하고 있는 것처럼 이탈리아는 노동을 헌법의 키워드로 사용하며 노동자의 권익을 중시한다. 강력한 노조를 배경으로 근로자의 권리가 철저히 보장되고 있어 기업에서 해고는 거의 불가능에 가깝다. 이탈리아의 노조는 정치적인 영향력 또한 막강하며 노·사·정 3자 협상을 통하여 정부 경제정책 수립에 깊숙이 관여한다. 파업과 같은 단체행동권은 신성시되고 있으며 산업, 지역, 사업장 단위별로 조직화된 노조를 통해 근로자의 권익을 주장한다.

그 결과 노조를 통하지 않고는 임금 인상, 정리해고 등 노동문제를 해결할 방법이 없어 노동시장이 매우 경직되어 있다. 따라서 기업은 다른 나라에 비해 상대적으로 비싼 인건비를 지불해야 하는 입장이다. 기업은 종업원들의 연금기여금과 의료세를 내주어야 하고, 연 1개월 이상의 유급휴가, 연 1~2개월분의 보너스, 연 1개월분의 퇴직금 적립 등을 제공해야 한다. 사실상 기업은 근로자가 받아가는 급여의 210~250퍼센트에 달하는 비싼 인건비를 부담해야 한다. 이와 같은 노동시장의 경직성과 높은 인건비도 이탈리아 기업의 경쟁력을 저해하는 역할을 한다.

이탈리아의 또 다른 특징 중 하나는 교육 수준이 우리나라나 다른 선진국과 비교할 때 상대적으로 낮다는 것이다. 초등학교에서 고등학교까지 학비를 거의 내지 않다시피 하고 대학의 경우도 극히 적은 돈으로 공부할 수 있는 좋은 여건이 갖춰져 있는데도 전반적으로 교육열이 낮다.

△▼△

몇 가지 의문

이와 같이 일부 지표를 통해 본 이탈리아는 세계 8위 경제 대국과 EU 4대 주축 국가의 일원이라는 위상과는 다르게 확실히 후진국적인 요소를 많이 가지고 있는 나라임을 알 수 있다. 그렇다면 여기에서 몇 가지 의문이 생긴다.

첫째, 이탈리아는 다른 나라보다 높은 세금, 높은 이자율, 경직된 노동시장 등의 어려운 환경 속에서 어떻게 프랑스나 영국보다 제조업에서 강한 면모를 보이는가?

둘째, 이탈리아는 교육 수준이 높지 않고 기업의 규모도 작아 혁신 투자가 제대로 이루어지지 못하는데 어떻게 세계 최고급 제품을 만들어낼 수 있는가?

셋째, 매년 GDP의 5.5퍼센트에 해당하는 돈을 국채 이자로 지불해야 하며 국제 경쟁력이 강한 다국적 재벌 기업도 많지 않은데 어떻게 세계 8위의 경제력을 유지하고 있는가?

넷째, 은하계에 비유되는 수많은 영세기업들이 근간을 이루고 있는 산업구조에서 개인당 국민소득이 EU 주요국에 비해서는 낮지만 우리보다 1.6배(이탈리아 3만 6,267달러, 한국 2만 2,778달러, 2011년 기준) 높은 수준을 유지하는 힘은 어디에서 오는가?

마지막으로 이탈리아가 영국보다 대외적인 이미지가 낮음에도 불구하고 여러 가지 지표로 측정한 유엔개발계획(UNDP)의 인간개발지수(Human Development Index, 2011)로 볼 때 우리나라를 포함한 다른 선진국에 비해서는 뒤떨어지지만 영국보다 나은 것으로 나타나는 것(미국 4위, 독일 9위, 일본 12위, 한국 15위, 프랑스 20위, 이탈리아 24위, 영국 28위)은 무슨 이유에서인가?

일부에서는 국제적으로 신뢰도가 높은 기관에서 측정한 지수일지라도 한 나라의 현실을 정확히 측정하는 데는 한계가 있다고 지적한다. 경제적, 사회적 성과를 보여주기 위해 모두가 따라야 하는 기준이 있다고 생각하는 것이 잘못일 수도 있다는 것이다.

그런 면에서 이탈리아는 독특한 나라 가운데 하나임이 틀림없다. 단적인 예로 1980년대 초 《이코노미스트》지가 '천국은 어느 곳인가'라는 제목으로 각종 지표를 이용하여 어느 나라가 가장 살기 좋은 곳인가를 알아보려고 시도했으나 성공하지 못했다. 나라별로 지표가 다르게 나타났기 때문이다. 그래서 방법을 바꾸어 일부 영국인을 대상으로 '기회가 주어진다면 어느 나라에 가서 살고 싶은가?'

라는 질문을 던졌다. 그 결과, 가장 많은 사람들이 살고 싶은 나라로 프랑스를 선택했고 그다음이 이탈리아였다. 이탈리아가 객관적으로 보기에는 여러 지표에서 뒤떨어지지만 살기에는 좋은 환경임을 의미한다. 물론 국가 경쟁력과 영업수행 적합도와는 다소 성격이 다르지만 경제활동의 목적이 소득 증대와 행복을 추구하는 데 있다면 위와 같은 면을 무시할 수 없다고 하겠다.

02

야누스와
모자이크의 나라

균형과 조화를 이루다

이탈리아 하면 로마의 신 '야누스'와 이탈리아의 대표적인 예술 '모자이크'가 떠오른다. 인간의 상반되는 두 얼굴을 묘사하는 데 자주 인용되는 야누스는 극명하게 대조되는 이탈리아의 두 모습을 잘 설명해준다.

이탈리아는 기독교의 사랑과 선을 실천하는 가톨릭교회의 본산이기도 하지만 다른 한편 세계적으로 악명 높은 마피아의 본거지이기도 하다. 어느 나라든 대조되는 요소들을 함께 갖고 있지만 이탈리아는 이들 요소들 간의 간격이 유난히 넓다. 그래서인지 이탈리아는 좋고 나쁘고를 떠나 세계적인 뉴스거리가 되는 해외 토픽을 심심찮게 생산해낸다.

또한 이탈리아 사회의 다양한 모습은 한마디로 모자이크와 비슷하다고 하겠다. 모자이크는 1500년 전 이탈리아 북동부 라벤나 지방에서 크게 발달하여 지금까지 이어져오는 이탈리아의 대표적인 미술 부문 중 하나다. 각기 다른 색깔의 돌, 사기, 유리 조각들을 붙여 만든 모자이크를 보노라면 구성하는 조각 조각이 저마다 개성을 가지고 있으면서 그것들이 하나로 모여 아름다운 예술작품을 만들어내고 있음을 알 수 있다.

이 둘은 독립성이 강한 개인, 기업, 산업, 정파가 모여 한 나라를 이루고 있는 이탈리아와 닮았다. '야누스' 하면 상반된 특징이 강하다는 것이며, '모자이크' 하면 복잡하고 특이한 점이 많아 제대로 이해하기가 쉽지 않다는 것을 의미한다. 그만큼 이탈리아가 절묘한 균형과 조화를 이루고 있는 나라임을 나타내는 것이라고도 하겠다.

이탈리아는 500년간 지속된 대로마 제국(기원전 27~기원후 476)의 역사를 배경으로 하고 있지만 사실상 로마 제국은 1500년 전에 이미 사라졌으며, 지금의 이탈리아는 불과 150년 전에야 통일을 이룬 청년 국가라고 할 수 있다.

로마 제국 멸망 후 이탈리아로 통일될 때까지 1400여 년 동안 이탈리아는 수많은 도시국가들로 나뉘어 있었다. 지금은 하나의 나라로 통합되었지만 각 지방 도시들이 150년 전까지만 해도 독자적인 나라였다는 것을 생각하면 이탈리아 다원성의 원인을 짐작할 수 있다. 그러므로 이탈리아의 경제와 산업을 이해하기 위해서는 주요 경제 수치나 지표에 앞서 경제 및 산업과 직간접적으로 관련이 있는 여러 가지 특징들을 살펴볼 필요가 있다.

△▼△

우리나라와 닮은 이탈리아

먼저 뉴스나 대중문화를 통해 알려진 이탈리아의 이미지부터 살펴보자. 한동안 세계 선진 G7 국가 정상회담이 매년 개최된 적이 있었다. 이후 러시아가 포함되어 G8 정상회담이 되었다가 지금은 G20으로 확대되었다. 당시 많은 사람들이 G7 국가에 이탈리아가 포함되었다는 사실에 고개를 갸우뚱했다. 한 나라의 이미지는 그 나라의 대외적인 품격이자 그 나라의 존재가치를 말해주는 중요한 경제적 변수이기도 한데 이탈리아의 대외적인 이미지는 선진국으로 당당하게 인정받지 못하고 있는 것이다.

우리나라와 이탈리아는 비슷한 점이 많다. 지형적으로 반도 형태이고 국민의 기질도 비슷하다. 가족은 물론 혈연, 학연, 지연에 따른 연대의식이 강하고 정이 많으며 낙천적이다.

두 나라가 비슷한 면이 많다는 것은 이미 110년 전 서울에서 이탈리아 영사로 근무(1903~1904)했던 카를로 로세티가 《한국과 한국인(Corea e Coreani)(1904)이라는 저서에서 밝히기도 했다. 그는 이책에서 한국과 이탈리아는 지형적으로 북에서 남으로 이어지는 산맥과 동에서 서로 흐르는 강의 모습이 비슷하며, 서북지역에서 장수가 많이 배출되고 서남지역은 정원 같은 분위기를 자아내는 것이 닮았다고 기술했다.

하지만 이탈리아는 그동안 우리에게 유럽의 가난한 나라로 인식되어왔다. 이탈리아가 선진국이라는 이미지를 주지 못한 것은 이탈리아 사실주의풍의 영화들, 즉 〈자전거 도둑〉〈쌀〉〈길〉 등이 우리의 기억 속에 인상 깊게 남아 있는 탓도 있을 것이다. 또 가난 때문에 미국으로 이민 간 이탈리아인들이 청소부, 잡역부, 마피아 등과 같은 하층민으로 살았던 애환이 우리에게 알려진 것도 원인이 되었을 것이다. 1970년대 유행했던 파업, 붉은여단 테러 사건, 마피아 조직범죄, 남과 북의 경제 격차, 빈번한 내각 변동으로 인한 정치 불안정도 한몫했을 것이다. 또 '깨끗한 손(mani pulite)'에 의해 파헤쳐진 부정부패 사건, 사업거래에서 신용을 깔끔하게 지키지 않는 행태 등은 어수선한 나라로 인식하는 데 일조를 했다. 실제로 이탈리아에 거주하는 많은 내·외국인도 그렇게 느끼고 인정했을 것으로 생각된다.

△▼△

고향은 국가보다 중요하다

어느 나라 국민이든 나라 밖으로 나가면 애국자가 되고 민간 외교관이 되어 자기 나라를 좋게 말하는 것이 일반적이다. 그러나 이탈리아 사람은 다르다.

이탈리아를 여행하다보면 열차나 식당, 카페 등에서 이탈리아 사람들과 가볍게 정치나 경제에 대해 이야기를 나눌 기회가 있다. 그럴 때면 다른 나라에서는 찾아보기 어려운 현상을 목격하게 된다. 이탈리아 사람들이 처음 보는 외국인에게 자기 나라의 치부를 언급하고 들춰내며 강도 높게 비판하는 것이다. 이를 두고 빌 에머트 전《이코노미스트》지 편집장은 이탈리아 사람들이 자신의 상황과 미래에 대해 비관하는 것이라고 해석했다. 하지만 이는 두 가지 측면에서 해석할 수 있다.

먼저 이탈리아에서는 나라와 고향을 '파에제(paese)'라는 똑같은 단어로 표현한다. 자기 고향을 하나의 나라로 생각하는 의식이 바닥에 깔려 있어 자신의 고향을 국가보다 더 중요시하고 심지어는 이탈리아라는 나라를 외국처럼 생각하는 데서 애국심이 희박해졌다고 볼 수 있다.

다른 한편, 사람들이 자기 나라의 약점을 부끄럼 없이 들춰내는 것은 자신감의 발로이자 개방적인 마음 자세를 보여주는 것으로 생각할 수 있다. 자기 나라에 대한 자긍심이 높기 때문에 그런 태도를 보일 수 있다는 해석이다.

이탈리아라는 나라에 대해 좋지 않은 이미지를 갖게 만드는 것 중에서 빼놓을 수 없는 것이 외국 관광객들이 흔히 당하는 택시 바가지요금과 소매치기다. 대도시 관광지에서 택시를 탈 때 말이 통하지 않는 점을 이용하여 바가지요금을 씌우는 택시기사들을 종종 만난다. 그들을 상대하고 나면 이탈리아 국민의 도덕성을 의심할 수밖에 없고 씁쓸한 기억이 오랫동안 머릿속에 남는다. 묘기에 가까운 손

재주로 돈과 여권 등을 몽땅 털어가는 소매치기를 당해도 마찬가지다. 여행 전부터 친구나 지인으로부터 이탈리아에서는 소매치기를 조심하라는 말을 귀가 따갑게 들어 경계심을 늦추지 않지만 교묘한 소매치기 수법을 피하기란 쉽지 않다.

해마다 많은 외국 관광객이 피해를 입는데도 이탈리아 당국의 성의 있는 조치는 기대할 수가 없다. 피해를 입은 우리나라 관광객들에게 발급해준 여권만 해도 연간 450건(2012년)이라고 하니 그 상황이 얼마나 심각한지를 미루어 짐작할 수 있다. 더욱 어처구니없는 것은 소매치기범을 이탈리아 경찰이 체포했다는 소식을 들을 수가 없다는 것이다. 이것만 봐도 치안 공백으로 인해 외국 관광객이 입는 피해가 어느 정도인지 짐작이 간다.

△▼△

안과 밖이 다른 나라

이탈리아의 내부를 들여다본 외국 사람이면 밖에서 보는 것과 안에서 느끼는 것 사이에 많은 차이가 있음을 알고 놀라곤 한다. 바깥에서 볼 때 프랑스의 건물들이 대체로 화려한 모습이라면 이탈리아의 건물들은 다소 투박해 보인다. 그러나 일단 건물 안으로 들어가면 바닥은 대리석으로 깔려 있고 천장은 화려한 벽화로 장식되어 있으며 벽과 실내는 그림과 조각, 모자이크 등으로 가득한 것을 보게 된다. 문이 건물에 비해 크지 않은데도 내부 공간은 넓고 여유롭다. 겉으로 보이는 것과 달리 내실이 다져진 이탈리아의 모습이 건축물에도 그대로 나타나고 있는 것이다.

대사관에서 일하다보면 이탈리아를 방문하는 귀빈들을 수행하게 된다. 그들 대부분은 공항에서 시내로 들어오는 차량 안에서부터 이탈리아에 대해 평가를 한다. 길에 휴지가 아무렇게나 버려져 있거나 벽에 낙서가 되어 있는 것을 보고는 '게으르고 지저분한 나라지만 조상 덕에 잘산다'라는 말을 하는 사람도 있다. 그러나 하루 이틀이 못 가 생각이 바뀐다. 길거리를 지나는 사람들이 여유가 있고 표정이 밝은 것을 보고는 고개를 갸웃하게 되는 것이다. 짧은 체류기간 중에도 이탈리아의 풍요로움과 사람들의 마음의 여유를 느끼고는 자신의 생각이 잘못되었음을 알아차리는 것이다.

사실 이탈리아는 일조량이 풍부해서 남부 시칠리아 포도주 원액이 프랑스로 수출되어 프랑스 포도주의 맛을 내는 데 일조하고 있다. 세계에서 포도주를 가장 많이 생산하는 나라여서 포도주에 따라선 물보다 저렴하여 이탈리아 국민의 48퍼센트가 점심, 저녁 식사 때 물을 먹듯 포도주를 마신다. 그럼에도 술에 취해 비틀거리는 사람을 찾아보기가 쉽지 않다. 필자는 20년 이상을 이탈리아에서 생활하면서 많은 사람들을 만나봤지만 술에 취해서 인사불성이 되는 경우는 물론이고 몸이 약간이라도 휘청거리는 사람을 본 적이 없다. 물론 우리와 음주문화가 달라서 과음하지 않는 생활습관이 원인이기도 하겠지만 무엇보다 일상생활에 대체로 만족하며 살기 때문이 아닌가 생각한다.

△▼△

풍부한 문화유산과 높은 삶의 질

사람이 살아가는 데 있어 기본적으로 필요한 의식주가 이탈리아에서는 그 어느 나라보다 잘 충족되고 있는 것 같다.

이탈리아는 세계 최고의 섬유 및 의류 제조 국가다. 따라서 이탈리아 사람들은 가볍고 질 좋은 옷을 값싸게 입을 수 있다.

식생활 면에서는 지방마다 맛과 모양이 독특한 향토 전통음식을 보존하며 다양한 건강식품을 개발하고 있다. 이탈리아 음식이 맛있고 건강에도 좋기 때문에 세계적으로 인기가 높다. 서울에만 해도 피자 체인점을 제외한 이탈리아 식당 수가 700여 개에 이를 정도로 이탈리아 음식에 대한 인기가 높아지고 있다.

주거를 살펴보면, 주택의 질적인 면에서 차이는 있을 수 있겠지만 이탈리아는 자가 주택 소유 비율이 세계 최대 수준인 87.7퍼센트에 이른다. 독일 국민의 55퍼센트가 임대주택에 살고 있는 데 비해 이탈리아는 임대주택 거주율이 20퍼센트에 불과하다. 여기에 온화한 지중해성 기후 덕분에 생활이 풍요롭고 삶의 질이 높다. 게다가 동쪽, 서쪽, 남쪽의 3면이 바다로 둘러싸여 있고 남북으로는 길게 산맥으로 이어져 있어 여름이면 바다로, 겨울이면 스키를 즐기러 산으로 간다.

또한 이탈리아는 세계에서 가장 많은 문화유산을 보유하고 있는 나라다. 이탈리아가 보유하고 있는 문화재 숫자가 전 세계 문화재의

70~80퍼센트에 달한다고 하니 가히 이탈리아는 문화재의 천국이요 조상의 덕을 톡톡히 보는 축복받은 나라임에 틀림없다. 이탈리아가 보유하고 있는 수백 년 또는 천 년 이상 된 주요 문화재만 해도 성당 9만 5,000개, 성채 4만 개, 고급빌라 3만 개, 박물관 5,600개, 수도원 1,500개 등이라고 한다. 그 문화재들에 딸린 보물들은 얼마나 많겠는가. 언젠가 이탈리아 문화재부장관은 문화재부에서 관리하는 문화재가 4,000만 점이라고 언급한 바 있다.

풍부한 문화유산과 자연 환경은 국민들의 문화생활을 풍요롭게 할 뿐 아니라 관광산업으로 인한 소득을 가져온다. 빌 게이츠는 이탈리아 피렌체에 있는 우피치 미술관 문서고가 자기 것이라면 마이크로소프트보다 더 많은 이익을 창출할 수 있을 것이라고 말했다.

△▼△

완벽한 복지 혜택

이탈리아는 일반적인 삶의 질이 높을 뿐만 아니라 사회복지제도도 남부러울 게 없을 정도로 잘 갖춰져 있다. 국가 예산에서 연금, 의료비, 교육비 등 사회복지에 해당하는 세 항목이 상당한 부분을 차지할 정도로 많은 복지제도를 실시하고 있다.

전 국민이 연금에 가입되어 노후에 혜택을 받는다. 공무원은 물론 민간 분야도 전문직, 자영업자를 포함한 모든 근로자들이 일정 근로기간 동안 연금기여금을 납부하고는 퇴직 이후 연금 혜택을 받고 있다. 이탈리아 연금제도는 세계에서 가장 혜택이 많은 제도라는 분석도 있다. 좀 더 구체적인 내용은 다음 장에서 소개하겠지만 전체 연금기여금액 수입보다 연금 지출액이 더 많아 국가적으로는 재정적자의 주요 원인이 되고 있다.

이탈리아의 의료제도는 의료보장제다. 국민이 소득의 일정 부분을 세금으로 납부하고 국가는 의료서비스를 무료로 제공하는 것이다. 교육 분야도 국가 지원이 많아 등록금이 매우 낮은 수준이다.

△▼△

좋은 이탈리아와 나쁜 이탈리아

과거 괴테를 비롯하여 바이런, 스탕달, 마크 트웨인 등 수많은 세계의 문호들이 이탈리아를 여행하면서 그 아름다움에 매료되어 다양한 문학작품을 남겼다. 최근 여기에 또 한 사람이 추가되었다. 26년간 영국 주간지 《이코노미스트》에서 일한 빌 에머트다. 그는 이탈리아에 매료되어 이 주간지의 편집장 자리를 내던지고 이탈리아로 갔다.

에머트는 이탈리아를 나쁜 이탈리아와 좋은 이탈리아로 구분했다. 나쁜 이탈리아는 암적인 부패, 정경유착, 개인의 이익 우선, 정보와 체제 내의 불신 만연, 단결력과 조직력 부족, 개인의 친분관계 중시 등이고, 좋은 이탈리아는 명품을 생산하는 능력과 함께 창조성, 개방적인 자세, 긍정적인 자세, 연대의식, 도덕성 등을 들었다. 아울러 좋은 이탈리아가 나쁜 이탈리아를 이기는 방안으로 선거제도 개선, 노동법 개혁, 사법정의의 구현, 시장 자유경쟁, 인프라 투자 확대, 교육의 질 개선 등과 같은 방안을 제시했다. 이와 같은 개선책을 제시한 것은 매사에 치밀하고 논리적인 영국인의 눈에 느슨하고 다소 감성적인 이탈리아가 많이 부족하게 느껴졌기 때문일 것이다.

그러나 한국인인 필자에게 이탈리아는 부족한 점 못지않게 부러운 점도 많은 나라다. 시오노 나나미가 40년 넘게 이탈리아에서 살면서 동양인의 관점에서 흥미를 느낄 만한 점들을 중심으로《로마인 이야기》를 픽션적 요소를 섞어 저술한 것도 같은 맥락에서였을 것이라는 생각이 든다.

이탈리아에 있을 때 한국 사람들끼리 모여 이탈리아에 대해 이야기를 나누곤 했다. 어떤 날은 이탈리아가 살기 좋은 나라라고 찬양하다가도 또 어떤 날은 엉터리 같은 나라라고 말하기도 한다. 이탈리아가 그만큼 다양하고 복잡한 면모를 갖고 있기 때문일 것이다. 따라서 몇몇 지표나 요소들만 보고서는 이탈리아가 경제적으로 약한 나라인지 강한 나라인지, 또 현재의 경제 위기가 치유 불가능한 것인지 아니면 일시적인 것인지를 판단하기란 쉽지 않은 일이다.

앞에서 열거한 여러 약점에도 불구하고 이탈리아 경제가 끄떡없는 것은 바로 개미군단과 같은 중소기업의 힘이라고 생각한다. 따라서 중소기업이 있는 한 이탈리아 경제가 내리막으로만 치닫고 회생할 수 없을 것이라고 내다보는 것은 잘못이라고 본다. 다음 장에서는 이탈리아 경제를 구성하고 있는 여러가지 요소들의 특징을 자세히 살펴본 후 이어 중소기업을 소개하고자 한다.

CHAPTER 02

이탈리아
경제 주요
분야의 특징

Italy economy

국가 부채가
문제다

늘어가는 국가 부채

이탈리아 경제의 가장 큰 문제는 공룡과 같이 비대한 국가 부채라고 할 수 있다. 국가 부채가 늘어나게 된 주요 원인은 국가 예산 지출이 늘어났기 때문이다. 국가가 사회복지에 적극 관여함으로써 연금, 의료, 교육 등에서의 지출이 늘어난 것은 물론 1970, 80년대 들어원유 등의 원자재 가격이 상승하면서 보조금, 지방자치단체 지원 등공공지원이 증가했다. 특히 1980년대의 두 자릿수 인플레이션은 국채 이자 부담을 급속히 가중시켜 국가 부채의 확대를 가져왔다. 1992년 국가 예산 규모가 처음으로 GDP의 50퍼센트를 초과했고, 2012년 51.5퍼센트(〈표1〉 참조)로 증가하여 이탈리아는 EU 주요국 가운데

〈표1〉 2011~2012년 이탈리아 국가 예산 구조

	2011			2012		
	지출, 수입액 (억 유로)	GDP 대비율	지출, 수입 대비율	지출, 수입액 (억 유로)	GDP 대비율	지출, 수입 대비율
지출						
행정인건비	1,700	10.8	21.3	1,670	10.7	20.7
중간소비	1,361	8.6	17.0	1,347	8.6	16.7
사회복지	3,051	19.3	38.2	3,117	19.9	38.7
ㅡ연금	2,442	15.4	30.6	2,499	16.0	31.0
ㅡ복지	608	3.8	7.6	617	3.9	7.5
국채이자	780	4.9	9.7	861	5.5	10.9
총 경상지출	7,506			7,588		
ㅡ의료비	1,120	7.1	14.0	1,135	7.3	14.1
자본지출	479			468		
지출 합계	7,985	50.5	100	8,057	51.5	100
수입						
총 세수입	4,553	28.8	61.8	4,813	30.8	63.0
ㅡ직접세	2,260	14.3	30.7	2,413	15.5	31.8
ㅡ간접세	2,223	14.1	30.2	2,369	15.1	31.0
연금기여금	2,163	13.7	29.4	2,182	13.9	28.5
기타 경상수입	610			608		
총 경상수입	7,257			7,592		
수입 합계	7,362	46.6	100	7,644	48.9	100
재정 부담률	(42.5%)			(44.7%)		
수지	-623	3.9		-412	2.6	
명목 GDP	15,802	100		15,644	100	

※ 출차: 이탈리아 의회 2012 경제 재정 보고서(2012년 9월)

국가 경제에서 공공 부문이 차지하는 비중이 프랑스 다음으로 큰 나라가 되었다(2011년 기준 프랑스 56퍼센트, 영국 47퍼센트, 독일 46퍼센트).

2012년 예산 지출 내역을 보면 사회복지, 의료(인건비 포함), 교육 분야가 전체 지출의 61.9퍼센트를 차지한다. 재정 적자가 발생하는 근본적인 원인은 들어오는 돈에 비해 나가는 돈이 많기 때문인데, 정부 및 의회의 노력에도 불구하고 매년 적자 재정을 면치 못하고 있다.

국가 부채 규모는 1984년까지만 해도 GDP 대비 74.4퍼센트 수준이었으나 1992년 100퍼센트를 초과한 이래 2012년 말에는 127퍼센트에 이르렀으며 2013년에는 130퍼센트에 이를 것으로 예상된다. 2012년 한 해 순수하게 이자로 갚는 돈만 해도 GDP의 5.5퍼센트, 전체 지출 예산의 10.9퍼센트인 861억 유로다.

△▼△

국민연금의 적자 운영

이탈리아는 국가 부채 규모가 크고 국채 이자가 높아 다른 유럽 국가보다 재정 지출이 늘어날 가능성이 많지만 무엇보다 연금이 예산 적자의 주요 원인이 되고 있다. 2012년 연금 수지 적자액이 317억 유로로 국가 전체 예산 적자의 3분의 2를 차지한다. 이는 공공 부문은 물론 민간 분야 연금까지도 국가가 관리하면서 기여금 수입과 지출액 사이의 모자라는 부분을 세수로 충당하고 있기 때문이다.

이처럼 연금으로 인해 재정 적자가 늘어나다보니 세금과 기여금 부담도 커질 수밖에 없다. 이탈리아의 연금제도를 살펴보면 고용주는 피고용자에게 급여 지급과 별도로 급여의 27퍼센트를 피고용자의 연금기여금으로 납부해주어야 하며 피고용자도 급여의 9퍼센트를 기여금으로 납부해야 한다. 결국 급여의 36퍼센트 이상을 기여금으로 납부하는 셈인데, 이와 같은 기여금을 40년 이상 납부해야 연금 혜택을 받게 된다. 또 연금 납부 기간이 40년 미만인 경우는 65세까지 기여금을 납부해야 연금 혜택을 받을 수 있다.

2011년 기준 취업자 2,297만 명 중에서 1,670만 명이 연금 수령 혜택을 받고 있으며 1인당 평균 월 수령액은 1,269유로(약 190만 원)다. 수혜자의 연령 분포는 65세 이하 29.1퍼센트, 65~79세 48.5퍼센트, 80세 이상 22.3퍼센트다.

△▼△

과도한 의료비 지출

연간 지출 예산의 14퍼센트를 차지하는 의료비도 국가 부채 증가의 원인이다. 의료보장제에 따른 의료비는 기업, 법인 등이 납부하는 생산활동지방세(IRAP)와 중앙정부가 지원하는 의료보조금으로 구성되는데 이중 생산활동지방세가 40퍼센트를 차지한다. 중앙정부에서 부담하는 인건비를 포함할 경우 총 의료비는 2010년 기준 GDP의 9.3퍼센트이며, 이는 다른 OECD 국가와 비교하면 적은 편이다 (미국 17.7퍼센트, 독일 11.7퍼센트, 프랑스 11.7퍼센트, 영국 9.6퍼센트, 일본

9.5퍼센트, 한국 6.9퍼센트). 최근의 주요 문제는 의료서비스 관리를 지방자치단체에 위임하다보니 인건비, 입원비, 약값 등에서 지방별로 큰 차이를 보이고 있어 예산 낭비의 요인이 되고 있다는 점이다. 아울러 중앙정부 예산의 20.7퍼센트와 GDP의 11퍼센트를 차지하는 의료 분야 인건비가 매년 인플레이션보다 높게 인상된 것도 부채 증가의 요인이 되고 있다.

△▼△

높은 공교육비

이탈리아의 공교육비 및 사교육비 지출 규모는 1999~2008년에 연평균 GDP의 4.83퍼센트(2010년의 경우 4.5퍼센트)다. 2008년 기준 연간 지출 규모는 4.82퍼센트로 독일(4.81퍼센트)과 비슷하나 미국(7.18퍼센트), 프랑스(6.01퍼센트), 영국(5.57퍼센트)에 비해서는 작으며 이 지출은 유아 0.5퍼센트, 초·중등 3.3퍼센트, 대학 1퍼센트의 비중으로 구성된다. 이탈리아 학생 수가 독일 학생 수보다 훨씬 적은 것을 고려하면 이탈리아 교육비가 독일 교육비보다 상대적으로 많이 드는 셈이다.

전체 교육비 가운데 공교육비가 차지하는 비중이 1995년 97.1퍼센트에서 2008년 91.4퍼센트로 크게 감소했음에도 불구하고 여러 선진국 가운데 공교육비가 가장 높다(프랑스 90.0퍼센트, 독일 85.4퍼센트, 미국 71.0퍼센트, 영국 69.5퍼센트). 따라서 정부의 교육비 지출에 있어서도 효율적인 개선책이 필요하다.

△▼△

균형 재정을 이루려면

이탈리아 재정법에는 균형 재정을 유지하도록 규정되어 있으나 매년 발생하는 재정 적자를 장·단기 국채로 충당하다보니 국가 부채가 누적될 수밖에 없고 이는 이탈리아 경제의 취약점으로 작용하고 있다. 급기야 의회는 불균형 재정을 방지하기 위하여 균형 재정 의무를 헌법에 규정할 계획이나 향후 관련 헌법 조항이 도입된다 하더라도 균형 재정의 준수 여부는 별개의 문제가 될 것 같다.

이탈리아 정부는 국가 부채가 계속 증가하는 것을 억제하기 위하여 2012년 노동 개혁, 지출 삭감, 세수 증대 및 지출 검토(spending review)와 같은 조치를 취했다. 지출 삭감의 방안으로 공무원 간부와 직원의 숫자를 각각 20퍼센트, 10퍼센트씩 감축하고 관용차 20퍼센트를 매각 처분하는가 하면 각 국영기업의 임원을 3명으로 제한하여 임원의 30퍼센트를 줄였다. 또한 세수 증대 대책으로 재산세와 부가가치세를 인상했다.

△▼△

경제의 긍정적 요소들

위와 같은 엄청난 국가 부채를 짊어지고 있는 이탈리아 경제가 피사의 사탑처럼 무너지지 않고 버티는 배경은 무엇일까. 이탈리아 은행협회(ABI)의 피에르 프란체스코 갓지 국제부장은 이탈리아 경제의 긍정적인 요인을 다음과 같이 보고 있다.

첫째, 2011년 기준 이탈리아의 GDP 대비 연간 재정 적자 비율이 3.9퍼센트로 영국 및 프랑스에 비해 낮은 수준이다(영국 8.5퍼센트, 프랑스 4.7퍼센트, 독일 1퍼센트).

둘째, 민간 부문이 건전하다. 이탈리아 민간 분야 부채 규모는 2010년 기준 GDP의 125퍼센트로 주요 EU 국가 가운데 민간 부채가 가장 적은 편이다.

셋째, 가계 가처분 소득에 대한 금융자산 비율이 340퍼센트로 프랑스(291퍼센트), 독일(270퍼센트)은 물론 유로존 국가 평균(297퍼센트)보다 높다. 1인당 보유한 평균 자산도 이탈리아는 우리나라의 2.3배에 달한다(이탈리아 5만 4,706달러, 한국 2만 3,715달러).

넷째, 부동산 시장의 거품이 없다. 1998~2010년 전체 산업의 부가가치 중 건설 분야 연평균 부가가치는 5.7퍼센트로 양호(독일 4.4퍼센트, 프랑스 5.8퍼센트, 영국 6.1퍼센트, 유로존 국가 평균 5.9퍼센트)하며, 지금까지 부동산 버블 현상이 전혀 없었다.

다섯째, 공공 부채의 많은 부분을 국내에 의존하고 있다. 전체 공공 부채 가운데 국내 의존도는 53.1퍼센트로 유로존 국가의 평균(47퍼센트)보다 높다. 이는 유럽의 일본인이라고 불릴 정도로 보수적인 이탈리아인들이 저축을 많이 하고 저축한 돈을 공채에 투자하기 때문이다.

여섯째, 이탈리아는 유럽에서 독일 다음으로 수출을 많이 하고 있다. 지역에 퍼진 다이내믹한 사회경제 시스템을 바탕으로 의류·패션, 가죽·신발, 섬유 분야에서 중국보다 앞선 세계 제1위 수출국이며 비전자기계, 기초 제조업 제품, 전기기기에서는 독일 다음으로 세계 제2위 수출국의 위치를 차지하고 있다.

마지막으로 2008년 금융위기 시 파산한 이탈리아 은행은 없었으며 국가의 지원을 받지 않아도 될 정도로 건전하다.

그러나 이와 같은 여러 가지 긍정적인 경제 환경에도 불구하고 이탈리아의 부채 규모가 워낙 크기 때문에 국내외적으로 이탈리아 경제에 대한 경계심은 줄어들지 않고 있다. 이탈리아 국채에 대한 이자율이 1퍼센트만 올라도 이자 부담이 GDP의 1퍼센트 이상 증가하기 때문이다. 그러나 이탈리아는 세계에서 세 번째로 큰 채권 시장이므로 유로화 표시 채권에 투자하고자 하는 경우에는 이탈리아 국채를 제외하면 투자자본이 마땅히 갈 데가 없다. 이탈리아 경제계에서는 국가 및 민간 전체가 보유하고 있는 부동산 및 금융자산 규모가 막대하므로 최악의 사태가 발생하더라도 아래와 같은 방법으로 국가 파산과 같은 극단적인 상황은 피할 수 있을 것이라고 주장한다.

먼저 위기 발생 시는 국유재산 매각, 국영기업 주식 매각, 우편 지분 참여 허용, 해외 도피 자금에 대한 과세 등을 통해 단기간에 1,000~1,500억 유로를 거둬들일 수 있다는 것이다. 아울러 미국과 독일 다음으로 많이 보유하고 있는 금 2,450톤(1,000억 유로 상당)을 매각하여 재정에 활용할 수 있다는 의견도 제시된다.

따라서 이탈리아의 부채 문제는 이탈리아인들에게 연금 및 의료 혜택을 안정적으로 제공하기 때문에 생긴 것이라는 긍정적인 면이 있는 반면 막대한 이자 부담 등 경제 전반에 부정적인 영향을 주는 양면성을 가지고 있음을 알 수 있다.

이혼보다
어려운 해고

파업과 산레모 가요제

이탈리아의 노동문제 하면 '일하지 않는 사람은 사랑할 수 없어요'라는 칸초네의 가사가 떠오른다.

"일하지 않는 사람은 사랑할 수 없어요/ 어제 제 집사람이 제게 한 말이지요/ 피곤한 몸으로 집에 돌아가 식탁에 앉으니 먹을 게 없어요/ 집사람은 사흘 중 이틀을 파업한다고 화를 내며 그런 월급으론 살 수 없다고 소리치며 나에게 파업하네요/ 할 수 없어 모두들 파업하지만 난 일하러 갔지요/ 큰 주먹이 내 얼굴에 날아오더군요/ 병원에 가려니 전차가 파업이라 걸어서 갔지요 의사도 파업하느라 없네요/ 도시가 모두 엉망이니 어떡해야 하나요/ 파업하지 않으면 얼

어맞고 파업하면 집사람이 화내니/ 사장님 제발 월급 좀 올려주세요/ 그러면 모든 가정이 사랑할 거니까요."

바로 1970년 이탈리아 산레모 가요제에서 우승한 노래다. 산레모 가요제는 칸초네 축제로 이 가요제에서 우승한 곡은 세계적인 인기를 누린다. '볼라레'(1958), '노노레타'(1964) 등이 대표적이다. 안드레아 보첼리도 1994년 이 가요제에서 신인상을 수상하면서 세계적인 성악가의 길로 나아갈 수 있었다.

이탈리아의 국민가수로 불리는 아드리아노 첼렌타노가 부른 파업을 주제로 한 위의 노래가 1970년 2월 산레모 가요제에서 우승할 정도였으니 그 당시 사회상을 짐작할 만하다. 1968년 프랑스에서 시작된 학생운동은 유럽으로 확산되면서 이탈리아에서 노동운동과 접목되었고 근로자의 권익을 요구하는 파업이 유행처럼 번졌다.

△▼△

노·사·정이 손을 잡다

노조측의 임금 인상 요구와 석유파동에 따른 물가 인상으로 1975년 임금물가연동제(scala mobile wage system)가 도입되었다. 물가가 오르는 만큼 임금이 자동적으로 올라가는 이 제도로 인해 기업의 부담은 가중되었고 인플레이션 상승의 악순환이 계속되었다. 두 자릿수 물가 상승으로 공채 이자 부담이 증가함에 따라 국가 부채도 늘어났고 경제 전반이 고인플레, 저생산으로 어려움을 겪자 1980년대 중반부터 노사관계를 개혁해야 한다는 목소리가 높아졌다. 그 결과 1990년 교육, 교통, 의료, 통신 등 필수 공공서비스 분야에서의 파업을 규제하는 법률이 도입된 데 이어 1992년에는 임금물가연동제도 폐기되었다.

1993년 7월에는 노사관계 합리화를 위한 노·사·정 3자간 협의 체제를 구축함으로써 노사 갈등 해소의 발판을 마련했다. 노·사·정 협의에 의한 노사간 임금 협상은 전국 차원의 집단 계약과 기업 차원의 회사 내 계약이 기본 틀이 되었고, 노·사·정 간에 합의된 경제정책이 임금 인상의 기준이 되었다.

임금물가연동제 폐지로 인플레이션 압력이 낮아짐에 따라 이탈리아 정부는 거의 매년 독일 마르크화 대비 이탈리아 리라화의 평가 절하를 할 수 있었고 이를 통해 이탈리아 상품의 대외 경쟁력을 제고하고 수출을 증가시킬 수 있었다.

1993년의 노·사·정 합의는 2000년대 들어서까지도 기업들이 저자본으로 임금 압박 없이 고용을 증가하고 이익을 창출하는 데 기여했다. 그 결과 상대적으로 억제된 저임금 수준이 현재까지 유지될 수 있었다.

△▼△

노조의 막강한 힘

노동시장은 정치 권력이 막강한 노동조합을 배경으로 하기 때문에 경직되어 있고 폐쇄적이라 할 수 있다. 이탈리아 노동조합단체는 3대 노동조합인 이탈리아 노동총연맹(CGIL, Confederazione Generale Italiana del Lavoro), 이탈리아 노동자조합연맹(CISL, Confederazione Italiana Sindacati Lavoratori), 이탈리아 노동자연합(UIL, Unione Italiana del Lavoro)과 수많은 독립 노조들로 구성되어 있으며 각각 정당과 직간접적으로 연결되어 있다.

이들 3대 노조의 가입자 수는 약 1,233만 명(CGIL 566만 명, CISL 448만 명, UIL 211만 명)이다. 그런데 흥미로운 것은 취업자는 전체 노조 가입자의 절반에 불과하며 나머지는 퇴직자인 연금 수혜자라는 점이다. 이처럼 이탈리아에서의 노조 활동은 취업 중인 사람뿐만 아니라 퇴직자의 이익까지 보호할 정도로 정치력을 행사하고 있다.

1990년대 초에 노사관계 개혁을 할 수 있었던 것도 당시 부정부패 사건으로 노조와 연결되어 있던 기독교 민주당(DC)과 사회당(PSI)이 소멸했기 때문이며, 현재 노조는 이탈리아 경제에서 정부, 기업가 연맹과 함께 막중한 역할을 맡고 있다.

△▼△

근로자보호법 제18조와 해고

이탈리아에서는 직원을 해고하는 것이 불가능할 정도로 고용이 법적으로 철저히 보장되어 있다. 근로자보호법 개정을 시도한 몬티 전 총리가 이탈리아에서는 해고가 이혼보다 어려운 일이라고 말했을 정도로 기업이 직원을 해고하기란 쉽지 않다. 이탈리아는 가톨릭 국가여서 이혼 절차가 까다롭고 시간이 오래 걸린다.

2000년부터 새 정부가 들어설 때마다 시도했다가 번번이 실패한 것이 있다. 바로 파업이 만연할 당시인 1970년 5월에 제정한 근로자보호법 제18조를 개정하는 문제다. 근로자보호법 제18조는 해고 문제를 다루고 있는데, 종업원이 15인 이상인 기업의 경우 고용주가 정당한 사유 없이 종업원을 해고하면 법원이 해고된 직원에 대해 복귀명령(reintegrazione) 판결을 내릴 수 있다. 직원이 복귀하면 고용주는 해고 순간부터 복귀 시까지의 체불 임금을 지급해야 한다. 그리고 고용주가 복귀명령을 수용하지 않으면 체불 임금에 피고용자의 보수 12~24개월분의 보상금까지 함께 지급해야 한다.

여기서 문제가 되는 것은 해고 관련 소송이 오래 걸리는데다 대부분의 판사들이 최종 판결에서 피고용자의 손을 들어준다는 점이다. 한 예를 들어보자. 모 회사에 근무하는 A라는 종업원이 결근을 자주 하는 등 근무 태도가 불량하고 고용주에게 대들기까지 해서 해고를 당하자 법원에 제소를 했다. 이 사건은 최종 판결이 날 때까지 무려 10년이 걸렸고, 판사는 비록 A의 근무 태도가 불량하기는 하나 해고당할 정도의 중대한 과실은 아니라면서 업무 복귀명령을 판결했다. 이에 회사는 A에게 10년간의 체불 임금과 보수 12개월분의 보상금을 지급해야 했다.

2012년 몬티 총리도 경제 개선의 일환으로 근로자보호법 제18조를 개정하려 했으나 노조측의 거센 반발로 뜻을 이루지 못했다. 다만, 기강과 관련된 해고 시에는 복귀명령이 적용되지 않도록 관련 조항 일부를 개정했다. 고용주가 지방 도청 산하 직업소개소와 협력하여 피고용자에게 다른 일자리를 찾아주기 위해 적극적인 성의를 보이면서 급여 15개월분의 보상금을 지급하는 경우 복귀명령이 적용되지 않도록 한 것이다.

이와 같이 노동조합의 적극적인 관여는 피고용자의 권익을 철저히 보호하는 장점을 가지고 있다. 반면 다른 OECD 국가들에 비해 노동자의 권리가 지나치게 보호됨에 따라 노동시장이 경직될 수밖에 없고 이것은 시장 환경 변화에 기업이 적절하게 대응하지 못해 기업 경쟁력을 약화시켰다.

실제로 규모가 큰 기업일수록 근로자들이 성실하게 일하려 하기보다는 될 수 있는 한 일을 회피하면서 자신의 이익만을 챙기려는 경향이 있다. 특히 피아트 자동차와 같은 대기업일수록 근로자의 사보타주 사례가 많이 발생한다. 심지어 휴가 외에 질병 등을 이유로 연평균 17일을 결근하는 경우도 있다. 이와 같은 여러 가지 이유로 이탈리아 기업들은 가족기업 형태의 소규모 기업을 선호하게 되었고 기업이 잘 운영되더라도 일정 규모 이상으로 확대하는 것을 꺼린다고 한다.

따라서 이탈리아에는 15명 미만 규모의 중소기업이 전체 사업체의 95퍼센트 이상일 정도로 산업에서 차지하는 비중이 크다. 15명 미만 규모의 사업장의 경우는 피고용자를 해고하더라도 복귀명령이 적용되지 않기 때문이다. 또 해고된 피고용자가 제소한 소송의 판결이

고용주에게 불리하게 나오더라도 대체로 2개월 반에서 14개월분의 급여를 보상금으로 지급하면 된다.

△▼△

휴직수당을 통한 고용 보호

기업이 시장의 일시적 사정, 관련 산업 및 지역의 경제위기, 기업의 재편 또는 파산 등의 이유로 생산활동을 단축하거나 중단함에 따라 조업 시간을 단축하거나 잉여 인력을 휴직시키는 경우가 있다. 그럴 때는 해당 근로자에게 일정기간 수당을 지급하는 휴직수당금고(CIG, Cassa Integrazione Guadagni) 제도를 시행하고 있다.

이는 예기치 않은 사정으로 기업이 근로자를 줄일 수밖에 없을 때 해고를 막기 위해 사용하는 일종의 구제 수단이다. 이와 같은 사유로 인한 휴직수당 해당자는 짧게는 4개월에서 길게는 4년 동안 최종 보수의 80퍼센트 이하(월 최대 1,090유로. 한화 150만 원 정도)의 휴직수당을 받는다. 휴직수당금고는 보통금고와 특별금고로 나누며, 고용주나 피고용자는 수당금고의 종류 및 기업의 크기에 따라 평소 보수의 0.3~2.2퍼센트를 기여금 명목으로 국립연금공단(INPS, Istituto Nazionale della Previdenza Sociale)에 납부해야 한다.

국립연금공단은 기업과 근로자들이 납부한 기여금으로 휴직수당을 지급한다. 그러나 경제위기 등으로 인해 기금이 부족한 경우에는 정부의 지원금으로 충당한다. 최근 연간 총 10억 시간 정도의 휴직수당이 지급되고 있으며 지급 총액은 40억 유로에 달한다. 이와 관련해 일부 업체들이 이 제도를 악용하는 사례가 있어 휴직수당 지급 조건이 점차 까다로워지는 추세다.

△▼△

새로운 계약직 세대의 등장

한편 기업의 임금 부담을 줄여 경쟁력을 회복하고 높은 청년 실업문제를 해소할 목적으로 2003년부터 비정규직 고용제도가 도입되었다. 고용주가 비정규직 피고용인에게는 연금기여금을 부담하지 않아도 되어 고용 확대 효과와 노동시장의 경직성 완화를 시도한 것이다. 그러나 이 정책은 30퍼센트 정도의 단기적인 효과만 가져왔을 뿐 장기적으로는 별 효과가 없는 것으로 분석되고 있다.

기업들은 낮은 인건비로 근로자들을 고용하기 위해 각종 형태의 계약직을 만들어내는 등 비정규직 제도를 남용하고 있어 당초 예상과는 달리 이 제도는 정치, 사회적 문제가 되고 있다. 비정규직은 매년 평균 5.5퍼센트씩 증가하여 전체 피고용자의 13.4퍼센트(230만 명)를 차지하며 시간제 근무자는 전체 피고용자의 15.5퍼센트(350만 명)에 달한다. 25세 이하 청년들 가운데 둘 중 하나는 비정규직으로 일하고 있는 셈으로 비정규직 제도는 새로운 계약직 세대의 등장을 가져왔다.

△▼△

고용 확대 정책

고용 창출 문제, 특히 청소년 실업 해소는 전 세계적인 이슈로 선진국들은 기술혁신 투자를 통한 고용 창출 정책에 역점을 두고 있다. 이탈리아도 첨단기술 혁신에 노력하면서 고용 창출을 위해 기업에 인센티브를 제공하는 등 각종 정책을 추진하고 있다. 그러나 정부는 기업에 인센티브를 제공하는 것만으로는 효과가 불충분하다고 판단하고 실질적인 고용 확대 정책으로 청년 견습직 임시 고용 장려, 여성 고용 지원, 50세 이상 실업자에 대한 고용 알선 등을 실시하고 있다. 이를 좀 더 구체적으로 살펴보자.

첫째, 기업은 근로자를 고용하면 보수 외에 연금기여금을 부담해야 하고 한번 고용하면 해고가 어렵기 때문에 신규 고용에 경직된 자세를 보인다. 그래서 정부는 청년 고용 확대를 유도하기 위하여 기업이 청년을 견습직(apprendistato)으로 3년간 훈련을 시키는 경우 훈련기간 동안 견습직에 대한 연금기여금 전액을 면제해준다. 즉 기업은 3년간 훈련 상태의 임시직으로 고용한다는 조건으로 연금기여금을 면제받고 정식 고용 여부는 3년 후에 결정해도 된다.

둘째, 가정에서 남성 혼자 일하는 경우 직종에 따라서는 보수 수준이 낮아 저소득, 저소비, 저성장으로 이어지는 경제적 악순환이 계속될 수 있다. 이에 정부는 특히 저소득층 여성의 일자리 창출을 위해 노력하고 있다. 전체 여성 인력 가운데 35퍼센트만이 취업하고 있어 여성의 취업을 유도하기 위해서 아기를 돌봐주는 육아도우미 제도를 시행하고 그에 따른 경비를 부담한다. 아울러 한번 고용하면 해고가 어려워 기업이 여성 고용을 기피하는 점을 감안하여 피고용자 측이 사직서를 미리 고용주에게 제출한 경우 해고할 수 있도록 하고 있다. 이 제도는 상식적으로는 납득하기 어렵지만 여성 고용을 늘리기 위한 고육책으로 노조측도 동의한 것이다.

셋째, 50세 이상 실업자의 재취업 문제는 이탈리아에서도 노령화와 맞물려 각종 사회문제를 야기하고 있다. 따라서 정부에서는 주정부 산하 직업소개소를 통한 일자리 주선 등 노년층 고용 확대를 위해 적극 노력하고 있다.

이와 같이 이탈리아의 노동 문제는 근로자 입장에서 보면 일자리를 철저하게 보장해주는 장점이 있는 반면 기업가 입장에서는 너무 많은 고용 비용을 부담해야 하는 어려움이 있다. 이것은 곧 노동시장의 경직으로 이어진다. 따라서 정부는 노동시장 유연화를 위해 갖가지 방안을 모색하고 있지만 노사 양측의 상반된 입장을 좁히기란 쉽지 않다.

학력보다
기술

입시 지옥이 없다

교육은 경제, 산업에 있어서 양질의 생산 인력 공급과 생산성 향상과 직결되므로 매우 중요하다. 교육 수준과 보수 또는 생산성 간의 상관관계를 자주 분석하는 것은 바로 그러한 이유에서다. 이와 관련하여 많은 학자들은 이탈리아 경제가 기술혁신을 통해 생산성을 높이고 침체에서 벗어나 도약하기 위해서는 교육의 질과 함께 교육의 수준을 높이는 일이 중요하다고 말한다.

이탈리아는 다른 OECD 국가들과 비교할 때 눈에 띄는 특징이 있다. 상급 학교에 진학하기가 쉽고 학비도 거의 들지 않는데 교육 수준이 낮다는 점이다. 25~64세 인구 가운데 최종 학력이 중졸인 인구는 44.3퍼센트로 EU 평균 26.6퍼센트와 큰 차이가 있다. 아울러 2011년 기준 25~64세 인구 가운데 고졸자 비율이 OECD 평균은 74퍼센트(독일 85퍼센트, 프랑스 70퍼센트, 일본 92퍼센트, 한국 80퍼센트)인 데 비해 이탈리아는 54퍼센트에 불과하다. 또 25~34세 인구 가운데 대졸자 비율은 OECD 평균이 37퍼센트(영국 45퍼센트, 프랑스 43퍼센트, 독일 26퍼센트, 일본 56퍼센트, 미국 41퍼센트, 한국 58퍼센트)인 데 비해 이탈리아는 20퍼센트로 낮은 수준이다. 지도층 가운데 대졸 학력자 비율도 이탈리아는 15.4퍼센트로 독일 62.7퍼센트, 프랑스 89.8퍼센트, 영국 44.3퍼센트와 큰 차이를 보이고 있다. 이처럼 국민들의 교육 수준이 낮은데도 불구하고 제조업 분야에서 세계 최고급 제품을 만들어내고 있다는 것은 호기심을 자아내기에 충분하다.

이탈리아는 학생과 학부모에게 천국이나 다름이 없다. 학생에게는 입시 지옥이 없으니 우리처럼 새벽부터 밤까지 공부에 매달리지 않아도 된다. 학부모에게는 사교육비 부담이 없으며 등록금이 생활비에 그리 큰 부담을 주지도 않는다.

필자가 30여 년간 이탈리아를 관찰해오면서 항상 부럽게 느꼈던 것은 유치원부터 대학까지 모든 등록금이 거의 무료이다시피 한 점이었다. 게다가 유치원과 초등학교는 모든 학생에게 점심은 물론 오후 간식까지 무료로 제공되며 대학에서도 시중 식당의 10~20퍼센트 정도의 비용만 부담하면 포도주 등 각종 음료가 포함된 풀코스의 식사를 즐길 수 있다.

물론 이와 같은 무상교육제도로 국가 부채가 계속 늘어나자 교육세 명목으로 소득에 따라 차등을 두면서 학생들의 등록금 부담이 늘어나게 되었다. 현재는 소득 수준이 높은 가정의 학생인 경우 사립대학은 물론 국공립 대학도 과거에 비해 많은 등록금을 내야 한다.

△▼△

누구나 원하는 대학에 갈 수 있다

이탈리아 교육제도의 가장 큰 특징 중 하나는 입학시험을 치르지 않고 대학에 들어갈 수 있다는 것이다. 우리나라의 전문대학 수준이라고 할 수 있는 5년제 고등학교(Scuola Secondaria di Secondo Grado)를 수료하고 국가졸업시험(Esame di Maturità)을 통과(90퍼센트 이상이 시험에 통과)하면 누구나 원하는 대학에 입학할 수 있다. 다만, 운영 경비가 많이 드는 의과대학 등 소수 학과는 외국인 등 많은 지원자가 몰려 얼마 전부터 입학시험을 치르고 있으나 그 외 모든 학과는 학과별 정원이 따로 없다.

따라서 초·중등학교도 무리하게 공부를 시키지 않고 일부 어학, 기술 등의 훈련 코스를 제외하고는 사교육을 거의 찾아볼 수 없다. 그런데 이렇게 좋은 여건에도 불구하고 대학에 진학하려는 열의는 높지 않다. 의무교육인 중학교에 만족하거나 직업을 얻는 데 필요한 실업계 교육과정을 더 선호하기 때문이다. 사실상 중학교 졸업자 가운데 실업계 고등학교에 진학하는 비율이 55퍼센트로 인문계, 과학계, 예술계를 진학하는 비율(45퍼센트)보다 높다.

이것은 대학을 나오지 않아도 자신이 원하는 일을 할 수 있고, 학벌보다는 능력과 실력을 우선시하는 사회 분위기 때문이다.

△▼△

교육비 부담이 없다

다음으로 교육비를 살펴보자. 0~6세 아동이 있는 가정은 지방자치단체에서 운영하는 유치원을 이용할 수 있다. 이용자는 소득에 따라 차등적으로 소액의 경비를 지불하고 탁아, 교통, 식사 등의 서비스를 제공받는다. 한편 사립 유치원은 국공립 유치원에 비해 비싸다.

초등학교(5년 과정)에서 중학교(3년 과정)까지는 의무교육이므로 교육비가 전액 무료이며 고등학교도 거의 무료나 마찬가지다. 식비는 초·중·고 모두 실비의 36퍼센트 이상을 지방자치단체가 지원하고 나머지 금액은 학부모의 소득 수준에 따라 차등해서 부담한다. 물론 극빈 가정은 무료 급식 혜택을 받는다.

초등학교는 교과서가 무료로 지급되며 중·고등학교는 학생들 각자가 교과서를 구입해야 하지만 극빈 가정의 자녀는 교과서가 무료로 제공된다.

이탈리아 대학은 국립대학이 큰 비중을 차지하고 있으며 사립대학은 가톨릭 교단에서 운영하는 대학과 전문 경영·경제대학 등이 있다. 국립대학의 경우 연간 등록금은 소득 수준에 따라 차등을 두어 대략 750~3,000유로(한화 100~450만 원)를 부담한다. 대학 구내식당

식비와 기숙사비도 지방자치단체가 일부 부담하고 나머지는 소득 수준에 따라 차등 부담한다.

사립대학도 가정의 소득 수준에 따라 등록금을 차등 부담하는데 경제·경영 분야의 명문인 보코니 대학과 루이스 대학, 그리고 가톨릭 종합대학은 연간 등록금이 1,000유로(한화 150만 원)에서 1만 유로(1,500만 원) 이상에 달하기도 한다. 이탈리아 대학생이 부담하는 연간 평균 등록금은 1,100유로(165만 원)로 우리나라에 비해서는 적지만 유럽에서는 영국, 네덜란드 다음으로 많은 편이다.

그러나 가정 소득 수준이 낮은 학생의 경우 매년 일부 과목을 이수하는 정도만으로도 학비는 물론 식비, 기숙사비 전액을 면제받는 장학금 혜택이 주어진다. 국·공·사립을 불문하고 이처럼 각 대학에서 장학금 혜택을 받는 학생 수가 전체 학생의 약 10퍼센트이며 성적이 우수한 학생에게는 별도의 학자금이 지급된다.

박사 과정인 경우는 인재 양성을 목적으로 국·공·사립대학을 불문하고 전체 학생에 대해 3년간 등록금 전액이 면제됨은 물론 국가가 매월 1,000~1,500유로(한화 150만~225만 원)의 장학금을 지급하고 있다. 박사 과정 장학금 수혜자는 약 2만 3,500명이다. 박사 과정의 경우 소수의 정원 외 학생을 수용하는데 정원 외 학생의 경우는 등록금으로 연간 소액(사립인 가톨릭 대학의 경우 1,500유로)의 등록금만 내면 된다. 이와 같이 이탈리아에서는 학생들이 가정 사정으로 인해 대학에 진학하지 못하는 일이 없도록 교육비의 많은 부분을 국가가 지원하고 있다.

△▼△

대학도 국가의 지원을 받는다

2009년 기준 전국 대학의 종합적인 수입, 지출 구조를 보면 국·공·사립을 막론하고 대학 수입의 67퍼센트를 정부 지원에 의존하고 있다. EU와 지방자치단체의 지원을 포함하면 공교육비는 80퍼센트를 차지한다. 전체 수입의 20퍼센트는 EU를 비롯한 여러 기관들의 지원 및 후원금과 서비스 판매 수입 등에 의존하고 나머지 13퍼센트만 학생들이 납부하는 등록금으로 충당한다.

우리나라는 국립대학인 서울대학교의 경우 전체 예산의 55퍼센트는 국고 지원, 30퍼센트 이상은 학생 등록금에 의존하고, 사립대학교의 경우 정부 지원이 전무하고 대학 운영 경비의 대부분을 학생등록금에 의존한다. 이는 가계의 교육비 부담이 그만큼 높다는 것을 의미한다. GDP 대비 공교육비 민간 부담율은 우리나라가 2.9퍼센트로 OECD국가 중 가장 높으며 이탈리아는 0.4퍼센트로 매우 낮다.

한편 이탈리아 대학의 지출을 보면 약 67퍼센트는 인건비로, 12~18퍼센트는 대학 운영 경비로 사용된다. 아울러 전체 예산의 10퍼센트는 장학금으로 가정이 가난한 학생과 학업 성적이 우수한 학생에게 지급된다. 참고로 1인당 교육비는 초·중·고의 경우 평균 6,600유로(한화 995만 원)가 소요되며, 대학의 경우 7,200유로(1,080만 원)가 든다.

△▼△

세계 최초의 대학

이탈리아 대학은 오랜 역사와 전통을 자랑한다. 중세 시대에 설립되어 지금에 이르고 있는 대학이 18곳이나 된다. 특히 볼로냐 대학은 세계 최초의 대학으로서 1088년에 세워져 1988년에 창립 900주년을 맞았다.

볼로냐 대학이 설립된 이후 모데나 대학(1175년), 파도바 대학(1222년), 나폴리 대학(1224년), 시에나 대학(1240년), 마체라타 대학(1290년), 로마 대학(1303년), 페루지아 대학(1308년), 피렌체 대학(1321년), 카메리노 대학(1336년), 피사 대학(1343년), 파비아 대학(1361년), 페라라 대학(1391년), 토리노 대학(1404년), 파르마 대학(1413년), 카타니아 대학(1434), 우르비노 대학(1450년), 제노바 대학(1481) 등이 중세 도시를 중심으로 설립되어 오늘에 이르고 있다.

이들 대학은 세계적으로 이름난 수많은 학자들을 배출했는데, 단테, 페트라르카, 코페르니쿠스 등은 볼로냐 대학에서 수학했고, 갈릴레오는 피사 대학에서 공부한 후 파도바, 피렌체, 시에나, 피사 대학에서 수학 등을 가르쳤다.

1500년대 이후에도 여러 대학들이 설립되었지만, 위에 열거한 18개 대학이 차지하는 비중이 크다. 2011년을 기준으로 전체 대학 수는 95개(국립 61개, 사립 11개, 방통 11개 등)에 학생 수는 180만 명 정도인데, 볼로냐 대학 등 주요 18개 국립종합대학의 학생 수가 전체 학생 숫자의 절반에 가까울 정도로 학생들이 몰려 있다.

각 대학의 학생 수는 적게는 2만~3만 명에서 많게는 10만 명이 넘기도 한다. 국립 로마 대학의 경우 현재 학생 수는 13만 명 정도지만 1992년 당시에는 18만 명으로 학생 수가 가장 많은 대학으로 기네스북에 등재되기도 했다.

△▼△

일류 대학이 없는 나라

앞에서도 언급했지만 입학시험을 치르지 않고도 대학에 갈 수 있다 보니 그에 따른 장단점이 있다. 먼저 장점으로는 대학 입시 경쟁이 없어 대학간 차등이 없다. 우리나라처럼 대학을 일류니 이류니 하는 등급으로 나누지도 않고 지방 대학이라고 해서 기피하지도 않는다. 학생들은 대체로 자신이 사는 지역에서 가까운 대학을 다닌다.

또한 학교에서 학업 성적을 평가할 때도 다른 사람과 비교하여 순위를 매기는 서열 평가보다는 성적이 우수한 학생에게는 '우수'라는 광의의 평가 개념을 사용하는 정도다. 따라서 수석으로 입학했다거나 수석으로 졸업했다는 말 자체가 없으며 대학 졸업 시 성적이 우수한 경우 우수한 성적(con lode)으로 졸업했다는 평가를 하는 정도다. 그러므로 지방 대학 출신이더라도 실력이 좋으면 어느 기업에서든 환영을 받는다.

다만 극소수 사립대학의 경우 비싼 등록금을 내는 대신 교육의 질이 높고 졸업 후 직장을 구하기가 쉬운 편이다. 사립대학인 보코니 대학, 루이스 대학, 가톨릭 대학은 등록금도 비싸고 졸업 후 대체로 취업이 잘되는 명문대학으로 인정을 받고 있다.

반면 대학 입시 경쟁이 없다보니 교육의 질이 떨어진다는 지적이 있다. 초등학교의 경우 EU에서는 모범적인 수준으로 인정받고 있고 중·고등학교도 평균 수준에 속하는 것으로 평가받고 있으나 대학은 일부 대학을 제외하고는 대체로 질이 떨어진다고 한다.

입학시험을 치르지 않고 대학에 들어갈 수 있다보니 입학 학생의 40~50퍼센트가 1~2년 이내에 학교를 그만두고, 졸업을 하는 학생은 50퍼센트에 불과하다. 그나마도 적지 않은 학생들이 정규 기간 내에 과정을 마치지 못하고 3~4년 늦게 졸업한다. 그래서인지 이탈리아 대학 가운데 세계 100대 대학에 들어가는 대학이 없다.

△▼△

학력보다 중요한 것은 숙련된 기술

이탈리아 중소기업을 소개하면서 좀 더 자세히 설명하겠지만 밀라노 북부의 가구 산업 클러스터인 메다 시에 소재하는 '치테리오'라는 가구제조 공장의 예를 들어보자. 치테리오사는 세계 최고급 수준의 가구를 제작하는 회사다. 연간 350만 유로(한화 52억 원) 매출 규모에 종업원이 12명인 영세 기업이지만 고졸인 한두 명을 제외하고 모두가 중졸 미만이다. 사장인 줄리오 치테리오 씨의 학력도 중졸이다. 그럼에도 치테리오 씨는 뛰어난 디자인 감각으로 명품 가구를 만들고 있다. 치테리오 씨에 따르면 고급 가구를 만들기 위해서는 고학력보다 고도로 숙련된 기술이 더 필요하다고 한다.

다음은 나폴리 한국 명예영사를 지낸 스파냐 무소 씨와 그 가족의 이야기다. 28년 전의 일이다. 당시 무소 명예영사는 아시아 여러 나라와 무역을 하고 소렌토 해변에 별장을 두고 주말이면 개인 요트를 타며 휴가를 즐길 정도로 재력이 있는 나폴리 유지였다. 어느 날 그의 별장에 초대를 받아 갔다가 당시 고등학교 졸업반이던 무소 영사의 아들과 이야기를 나누게 되었다. 필자가 대학에 가면 무엇을 전공할 계획이냐고 묻자 아들 대신 아버지가 대답을 했다. 그런데 그 내용이 뜻밖이었다.

아들은 일반 대학에 가지 않고 먼저 '아버지 대학'에 다닐 계획이라고 했다. 따로 '아버지 대학'이 있는 것이 아니라 일단 아버지와 함께 무역 일을 해본다는 것이다. 아버지를 따라다니며 배우는 '아버지 대학'을 다녀본 후 적성이 맞고 만족하면 아버지의 일을 잇고 만일 그렇지 않으면 대학에 진학하겠다는 뜻이다. 그 일이 있고 수년 후 명예영사 부자를 다시 만날 기회가 있었다. 아들에게 '아버지 대학'에 다닐 만하냐고 묻자 아들은 웃으면서 그렇다고 대답했다. 그는 이미 의젓한 국제 비즈니스맨이 되어 회사에서 중책을 맡아 일하고 있었다.

이와 같이 이탈리아에서는 사회적 지위가 있고 여유가 있는 집이라고 해도 자녀가 꼭 대학을 가야 한다고는 생각하지 않는다. 그럼에도 이탈리아는 훌륭한 인재를 많이 길러내는 것으로도 유명하다. 선진국 가운데 유일하게 개발도상국처럼 인재를 해외로 수출하고 있다. 미국, 영국 등지의 명문 대학에 이탈리아 출신 교수들이 많은 것은 물론 국제기구에도 이탈리아 출신의 실력 있는 인재들이 많이 근무하고 있다. 하지만 그들이 이탈리아에서 일하기란 쉽지 않다. 노동시장이 경직되어 취업이 쉽지 않기 때문이다.

따라서 이탈리아의 경제 및 산업 차원에서 볼 때 학력이 높아야 무조건 좋다는 생각을 갖기보다는 저학력의 긍정적인 면에 대해서도 눈여겨볼 필요가 있다. 교육을 더 시킨다고 해서 한 나라가 더욱 잘살게 되는 것은 아니며 한 나라의 번영을 결정하는 것은 생산적 활동에 개인들을 조직적으로 참여시킬 수 있는 사회 전체의 능력이기 때문이다(장하준, 2010).

보수적인
금융시장

이탈리아에서 생겨난 은행

이탈리아 은행은 다른 선진국의 은행과 비교할 때 다분히 전통적이며 보수적인 성격을 지니고 있다. 은행 자체가 이탈리아에서 생겨난 것이기도 하다. 중세 시대부터 각 도시국가에서 생겨나기 시작한 은행들이 지금까지 이어져 내려와 수많은 중소 은행들이 지방에 산재해 있으며 전체 은행 수도 다른 선진국에 비해 많은 편이다. 그러나 몇몇 은행이 전체 매출의 많은 부분을 차지하고 있다.

규모가 큰 은행들을 병합해서 만든 우니크레디트와 인테자 산파올로 은행이 2011년 기준 전체 은행 매출의 33.9퍼센트를 차지하고 있다. 여기에 엠피에스(MPS), 비피(BP), 우비 방카 등 3개 은행을 합치면 5대 은행의 매출 규모가 53.5퍼센트에 이른다. 그다음 중간 크기 50개 은행의 매출 규모가 전체의 35퍼센트를 차지하고 나머지를 685개 영세 은행들이 나누어 가지고 있다.

은행과 지역사회가 오랜 신뢰를 바탕으로 일을 하다보니 금융활동과 은행 서비스 측면에서 비효율적인 면이 많다. 일반 상거래에서 신용카드 결제보다 현금을 선호하여 2008년 기준 EU 국가의 평균 신용카드 사용률이 국민 1명당 1개인 데 비해 이탈리아는 0.5개에 불과하다. 한 예로 우니크레디트 은행의 이탈리아 지점에서는 독일에 있는 지점보다 현금이 3배나 더 필요하다고 한다.

△▼△

은행을 이용하려면 돈을 내라

은행 서비스와 관련해서 우리나라와 비교하면 불편한 점들이 많다. 우선, 은행이 오전 시간에는 대체로 열려 있으나 오후에는 개점 시간이 1시간 정도로 제한되어 있다.

은행에 가더라도 번호표를 받고 순서가 오기까지 꽤 오랜 시간을 기다려야 한다. 차례가 와서 입금, 인출, 송금하는데도 탈세, 돈세탁 방지 점검을 이유로 신분 확인 등 체크하는 게 많고 은행원들 또한 서류를 손으로 쓰거나 독수리 타법으로 느리게 타자를 치거나 해서 시간이 오래 걸린다.

위조 화폐 식별기를 쓰기 전에는 미화 100달러짜리를 현지화로 바꿀 때면 은행원이 미화 한 장 한 장을 들어올려 위조 지폐 여부를 육안으로 확인한 다음 각 화폐에 있는 긴 고유번호를 별도 용지에 볼펜으로 일일이 기입한 다음에야 환전을 해주곤 했다.

일상생활에서 개인수표나 신용카드를 사용할 수는 있으나 적은 금액은 수표로 지불할 수 없는데다 신용카드는 수수료가 많아 대부분의 상점들이 기피하며 신용카드로 지불하면 할인을 해주지 않는다.

또 각종 은행 서비스에는 적지 않은 수수료가 붙는다. 우선 개인 구좌를 가지고 인출, 지불, 송금 등을 할 때마다 건당 수수료는 물론 입금, 잔고 증명 등을 통보해주는 데 따른 수수료, 우편료 등을 지불해야 한다. 따라서 연말에 은행 잔고 증명서를 받을 때면 제로에 가까운 이자도 함께 결산해주긴 하나 연간 구좌에서 떼어나가는 액수가 무시하지 못할 정도로 많다. 우선 은행 구좌를 두고 있는 것 자체가 은행이 현금을 보관해주는 것이므로 일종의 보관료로 수수료를 지불해야 하는 것이다.

△▼△

1,000유로 이상 현금 사용 금지

최근에는 탈세 및 돈세탁 방지 대책으로 1,000유로(한화 150만 원) 이상은 현금 거래를 못하게 하고 있다. 2011년 12월 6일부터 시행된 이 제도에 따르면 1,000유로 이상의 현금 인출 시 은행이 관련 사항을 세무당국에 통보해야 한다. 물건을 살 때도 현금으로 1,000유로 이상을 사용할 수 없다. 따라서 1,000유로 이상인 주택 임대료를 지불하고 영수증을 받을 경우 현금을 사용할 수 없으므로 수표, 은행 송금 등의 방법을 택해야 하고 수표에는 양도 불가 표시를 해야 한다.

이 규정을 위반하면 최소 3,000유로 이상의 벌금에서부터 해당 현금 거래액의 40퍼센트까지 벌금으로 내야 한다. 외국인 관광객은 예외가 인정되지만 외국인 관광객으로부터 1,000유로 이상의 현금을 받은 점포는 해당 외국인의 여권 사본과 거래 내용을 곧바로 은행에 제출하고 거래된 현금을 입금해야 한다. 고가품을 현금으로 구입하는 데 여권 사본을 남겨야 하는 불편 때문에 외국인 관광객들이 쇼핑을 꺼리게 되고 자연히 매출이 감소하자 밀라노 명품거리인 몬테나폴레오네 상가협회장은 이 제도의 폐지를 주장했다.

이 제도로 은행 구좌를 이용하지 않고 매달 현금을 인출해 쓰던 수많은 연금 수혜자들도 새로 구좌를 개설하여 이용해야 하는 불편이 생기고 그에 따른 수수료 비용도 연간 수천만 유로에 달해 경제적 낭비가 되고 있다.

△▼△

높은 대출 이자율

대출 이자는 여타 유럽 국가에 비해 높은 편이다. 공채 및 가계, 기업의 대출금리는 신용도에 따라 이자율이 다르지만 이탈리아 남부지역의 경우 북부지역보다 리스크가 높아 북부지역의 이자율에

스프레드(spread)가 추가된다. 2012년 7월 기준 기업과 가계에 대한 대출금리는 각각 3.03~4.69퍼센트, 7.03~8.14퍼센트 수준으로 최근 저금리 추세와 비교할 때 높은 편이다. 한 예로 독일과 이탈리아에서 농기계를 생산하는 독일계 사메 도이치파(연간 매출액 12억 유로)사가 5년 만기 2,000만 유로를 융자받는 데 있어 독일에서는 이자율이 2퍼센트인 반면 이탈리아에서는 5퍼센트로 2.5배 차이가 났다.

4.64퍼센트인 이탈리아의 30년 만기 주택모기지 이자율도 프랑스 및 독일의 이자율 3.45퍼센트보다 높다. 10년 만기 공채(BTP)도 이자율이 독일은 2퍼센트 미만인 데 비해 이탈리아는 5~6퍼센트로 상대적으로 많은 이자를 부담하고 있다.

△▼△

건실한 은행들

이탈리아의 은행 서비스가 불편한 것은 전반적으로 전통적인 체제를 벗어나지 못했기 때문이다. 한편으로 그와 같은 은행의 보수성 때문에 최근 금융위기에서 이탈리아 은행들은 피해를 면할 수 있었다. 유럽 유수의 은행들이 금융위기 때 큰 액수의 구제금융을 받아야 했으나 수많은 이탈리아 은행들 중 구제금융을 받은 은행이 없는 것은 그만큼 이탈리아 은행들이 내적으로 건실하다는 것을 의미하며 이는 다음과 같은 특징으로 설명된다.

첫째, 이탈리아 은행들은 금융투자보다는 은행 본연의 업무인 자금을 직접 확보하고 대출해주는 금융 중개업에 중점을 두고 있다. 따라서 금융활동에서 가계와 기업에 대한 대출이 차지하는 비중이 높고 전체 자산 가운데 금융자산 비중이 낮다. 2011년 이탈리아의 총자산 대비 총대출 비율은 62.2퍼센트로 스페인(60.4퍼센트), 영국(37.3퍼센트), 프랑스(28.7퍼센트), 덴마크(27.0퍼센트)보다 훨씬 높으며 또 총자산 대비 금융자산 비율은 22.6퍼센트로 다른 유럽 국가보다 낮은 편이다(덴마크 52.8퍼센트, 프랑스 48.2퍼센트, 스페인 21.7퍼센트, 영국 20.4퍼센트).

앞에서 언급한 것처럼 이탈리아 가계의 자산은 다른 선진국에 비해 많은 편이다. 2009년 말 기준 이탈리아 가계가 소유하고 있는 부동산은 가처분소득(GNI)의 5.61배로 프랑스(5.45배), 독일(4.31배), 캐나다(3.38배), 일본(3.38배), 미국(2.14배)보다 많다. 금융자산은 가처분소득의 3.47배로 프랑스(3.08배), 독일(3.01배)보다는 많고 일본(5.01배), 영국(4.57배), 미국(4.0배), 캐나다(3.59배)보다는 적으나 부동산을 포함한 전체 자산의 규모는 8.27배로 가장 크다(영국 8.01배, 프랑스 7.47배, 일본 7.04배, 독일 6.15배, 캐나다 5.49배, 미국 4.86배).

이탈리아 기업과 가계의 부채는 낮은 편이다. 2008년 말 기준 기업의 부채는 가처분소득 대비 0.82배로 다른 선진국에 비해 낮다(영국 1.71배, 캐나다 1.48배, 미국 1.27배, 일본 1.26배, 프랑스 1.07배, 독일 0.99배). 2010년 기준 가계 부채도 GDP의 42퍼센트로 다른 선진국에 비해 낮다(영국 100퍼센트, 독일 63퍼센트, 프랑스 54퍼센트). 이탈리아 은행의 민간 융자 관련 특징 중 하나는 가계 대출의 많은 부분이 주택담

보대출과 관련한 장기 대출에 집중되어 있다는 것이다.

최근 이탈리아 주요 8개 은행의 주택담보대출 규모는 약 4,200억 유로로 민간 분야에 대한 전체 융자의 3분의 1에 가깝다. 구입자가 주택 구입가의 10~20퍼센트에 해당하는 자금을 가지고 있으면서 매월 안정적인 보수를 받는 등 신용이 인정될 경우 은행은 주택을 담보로 20~30년 장기 상환을 조건으로 대출을 해준다. 이는 이탈리아의 오래된 관행이며 대출 이자는 이탈리아 은행의 주요 수입원의 하나다.

그래서인지 이탈리아 주택시장은 그동안 버블 현상이 없었으며 앞에서 언급한 바와 같이 자가 보급률이 매우 높다. 임차 주택 비율(20퍼센트)이 독일(55퍼센트), 프랑스(40퍼센트), 영국(32퍼센트)에 비해 낮은 것을 보면 알 수 있다. 1998~2010년 이탈리아 건설 분야 부가가치가 5.7퍼센트로 다른 EU 국가와 비교하여 낮은 편(스페인 10.0퍼센트, 아일랜드 7.9퍼센트, 포르투갈 7.0퍼센트, 그리스 6.3퍼센트, 영국 6.1퍼센트, 프랑스 5.8퍼센트, 독일 4.4퍼센트)인 것을 보면 이탈리아 부동산 시장에 버블 현상이 없었음을 잘 설명해준다.

둘째, 재무 레버리지가 낮다. 2010년 기준 자본 대비 자산의 비율이 13.6퍼센트로 다른 유럽 국가와 비교할 때 크게 낮은 편이다(덴마크 36.3퍼센트, 프랑스 30.3퍼센트, 영국 20.6퍼센트, 스페인 16.8퍼센트).

셋째, 경제위기가 있었던 피그스(PIGS) 4개국(그리스, 아일랜드, 포르투갈, 스페인)에 대한 이탈리아 은행의 노출 규모가 작다. 2012년 3월 기준 피그스 4개국에 대한 이탈리아 은행의 노출 규모는 60억 유로로 독일(2,670억), 영국(2,500억), 프랑스(2,000억)와 큰 차이가 있다.

넷째, 이탈리아 은행은 정부의 지원을 받지 않는다. 최근 5년간 (2007년 6월~2011년 6월) 프랑스, 벨기에, 네덜란드, 아일랜드, 독일, 영국의 금융기관들이 적게는 1,000억 유로에서 많게는 1조 1,000억 유로(영국)에 이르기까지 정부로부터 지원을 받았지만 이탈리아 은행들은 그렇지 않았다. 이탈리아 은행들은 자본 규모가 크지 않음에도 불구하고 2008년 금융위기를 극복하는 데 있어서 국가의 도움을 전혀 필요로 하지 않았던 것이다.

그 밖에 이탈리아 증권시장의 규모는 작지만 자본의 질적인 면에서는 양호한 것으로 평가되고 있으며 은행의 실적이 구조적으로 국내 영업 사이클과 연관되어 있지만 리스크가 낮아 실적 안정성이 높은 것으로 인정되고 있다.

△▼△

국채 금리 변동에 취약

이탈리아의 전통적인 은행 구조가 여러 면에서 긍정적인 점이 있는 반면 국제 금융시장의 경쟁이 더욱 가열되고 개방화가 가속화되는 지금과 같은 환경에서는 경쟁력을 유지하는 데 있어서 취약점도 있다. 우선 이탈리아 은행은 해외 금융시장에 좌우되기보다는 국내 실물경제의 영향을 많이 받는데, 은행이 실적을 올리기 위해서는 국내 경기 회복이 중요하며 국내 경기가 좋아지려면 해외 실물시장 활성화가 선행되어야 한다.

게다가 2013년 1월 현재 2조 220억 유로(GDP의 127퍼센트 초과)에 달하는 부채의 상당 부분에 대해 채권을 보유하고 있는 금융기관들은 국채 금리 변동에 따른 채권의 가치 하락으로 유동성에 영향을 받고 있다. 2011년 말 현재 이탈리아 공채 보유 구성은 국내 금융기관(45.5퍼센트), 외국 금융기관(5.5퍼센트), 가계(15.8퍼센트), 일반 기업(0.2퍼센트) 순으로 60퍼센트 이상을 국내에 의존하고 있다. 다른 유럽 국가에 비해서 국가 부채가 외국에 노출된 정도가 적은 편이기는 하나 국내 금융기관이 많은 채권을 보유하고 있어 공채 금리 변동에 따라 영향을 받을 가능성이 있다.

실제로 2011년 11월 9일, 10년 만기 이탈리아 공채와 독일 공채의 스프레드가 최고치인 575에 달하자 이탈리아 보유 공채 가치는 10퍼센트가량인 850억 유로가 하락하여 큰 손해를 보았다. 그 결과 1,030억 유로 규모의 공채를 보유하고 있는 이탈리아 양대 은행(인테자 644억 유로, 우니크레디트 386억 유로)도 큰 어려움을 겪었다.

결론적으로 이탈리아 은행의 전통적인 운영 및 서비스 체제로 인해 여러 가지 비효율성이 있는 반면 은행의 주요 업무가 가계와 기업의 대출이다보니 국제 금융시장에 별 영향을 받지 않고 안정을 유지하는 강점이 있다. 그러나 국채의 상당 부분을 보유하고 있는 이탈리아 은행들은 국채 이자 스프레드의 변동에 피해를 입는 취약성을 가지고 있다.

비효율의 대명사
사법, 행정, 정치

이탈리아의 경제 및 산업의 발전에 있어 공공기관의 느린 대응과 관료주의도 문제로 지적되고 있다.

앞서 은행 서비스에서 언급한 바와 같이 행정기관이나 법원 등의 업무 진행 역시 시간이 오래 걸린다. 이는 각급 관서의 업무 처리 절차가 복잡하고 까다로운 데도 원인이 있지만 사회 전반에 비효율적인 전통적 요소가 남아 있으며 관계자들의 책임의식이 결여되었기 때문이다.

조르조 스퀸지 이탈리아 산업연맹회장은 이탈리아가 행정 간소화에 성공한다면 GDP의 4퍼센트에 해당하는 경제 개선 효과를 달성할 수 있을 것이라고 주장했다.

△▼△

재판이 지연되는 이유

이탈리아에서는 재판 역시 종결되기까지 시간이 오래 걸린다. 세계은행 조사보고서에 따르면 이탈리아는 181개국 가운데 민사소송 사건의 평균 소송기간이 156번째에 이를 정도로 재판 진행이 느린 나라로 분류된다. 2005년 EU가 실시한 EU 국가의 계약분쟁소송 평균 소송기간 조사에서도 영국, 프랑스가 각각 229일, 331일이 소요되는 데 비해 이탈리아는 무려 1,210일이 걸렸다.

이탈리아의 통계에 따르면 2012년 기준 민사사건의 2심까지의 평균 소송기간은 7년이며 여기에 재판이 대법원까지 갈 경우 34개월이 추가된다고 한다. 또 형사사건은 민사사건보다 6개월이 더 걸린다. 이렇게 소송이 오래 걸리다보니 2011년 현재 법원에 계류 중인 소송사건만 해도 약 900만 건(형사 340만 건, 민사 550만 건)에 이른다고 한다.

이와 같은 재판 지연으로 시민들이 소유권을 회복하거나 손해배상을 인정받는 데 많은 손해를 감내해야 하는 것은 부당하다. 그뿐만이 아니다. 이런 환경은 외국 기업의 투자를 기피하게 하고 이탈리아 경제에도 강력한 브레이크로 작용할 수 있다.

이처럼 소송기간이 다른 나라에 비해 오래 걸리는 이유는 중세 시대부터 내려오는 혼란스러운 법체계 때문이라고 한다. 예를 들어 1유로짜리 버스표를 재활용하다 걸린 경범죄도 법적으로는 3심 재판을 거쳐야 하는데다 심각한 범죄를 제외하고는 3심 재판이 종료될 때까지 구속되지 않는 점을 이용하여 피고인들이 대법원까지 상고하는 경향이 있어 사건이 누적된다. 게다가 화이트칼라 범죄에 대한 공소 시한이 당초 14년에서 7년으로 단축됨에 따라 사건을 맡은 변호사들은 이의를 계속 제기하면서 판결보다는 공소 시한에 따른 사건 기각을 노린다. 2012년 3월 현재 이탈리아 전체 재소자 6만 8,000명 가운데 42퍼센트인 2만 8,000명이 아직도 재판에 계류 중인 상태다.

미국 대법원이 연간 100건의 사건을 처리하는 데 비해 이탈리아 대법원은 8만 건을 처리하며 이는 프랑스나 독일의 100배에 해당한다고 하니 가히 이탈리아의 실상을 짐작할 수 있다. 여기에 변호사 수가 지나치게 많고 그 변호사들이 수임료를 더 받기 위해 재판을 계속 끌고 가는 것도 소송이 지연되는 요인 중 하나다. 이탈리아의 변호사 수는 24만 명이며 인구 10만 명당 290명으로 독일(168명), 프랑스(76명), 영국(22명)에 비해 많은 편이다. 이탈리아 변호사 가운데 대법원 소송 전문 변호사만 4만 명(프랑스는 24명)으로 프랑스 전체 변호사 숫자 5만 4,000명에 육박할 정도다.

한편 판검사는 약 9,000명으로 변호사에 비해 상대적으로 숫자가 적고 재판 환경이 열악하여 소송사건을 신속히 처리하는 데 어려움이 있다. 이탈로 기티 피아첸차 법원장의 말에 따르면, 지방 법원에 따라서는 판검사가 공석인 자리를 포함해서 정원이 부족한데다 판검사를 지원하는 인력도 턱없이 모자라고 사법행정의 전산화도 미흡하다고 한다. 또한 검사의 경우 자동차 유류비, 심문 관련 등기 비용, 복사 비용, 메모지 비용까지 개인이 부담해야 할 정도로 예산 지원이 충분하지 않다고 한다.

2001년 토리노 고등법원장이었던 마리오 바르부토 판사는 50년 동안 밀려 있던 사건을 포함하여 동 법원에 계류 중이던 민사소송사건 4만 건을 대폭 줄이는 작업을 진행했다. 그럼으로써 법원의 여러 가지 어려운 여건에도 불구하고 장기 계류 중인 사건을 대폭 줄일 수 있다는 선례를 남겼다. 이렇게 바르부토 고등법원장은 동료 법관들과 힘을 합해 대부분의 사건을 해결함으로써 토리노 법원은 2006년 유럽에서 가장 효율적인 법원으로 인정을 받았다. 이는 일부 다른 지방법원에 파급 효과를 가져오긴 했으나 전체 법원으로 확산되지는 못했으며 법원 소송 지연은 여전히 큰 과제로 남아 있다.

△▼△

우리와 다른 판검사 제도

이탈리아의 사법제도를 간단히 살펴보자. 우리나라와 달리 판검사인 법관과 변호사가 되는 길이 다르다. 법관은 법관 시험을 통과해야 하며 판사, 검사를 바꾸어가며 근무할 수 있다. 변호사는 별도의 변호사 시험으로 자격이 부여되며 판검사가 변호사가 되는 예는 거의 없다. 판사와 검사는 특수직 공무원으로 대우를 받고 보수는 일반 중앙공무원의 서너 배에 달한다. 판검사는 40년 이상 일하면 연금 혜택을 받게 되며 정년인 72세까지 일할 수 있다.

판검사의 전보나 승진 등의 인사 문제는 헌법상 독립기구인 최고 사법위원회에서 결정하며 최고사법위원회는 27명으로 구성된다. 위원장은 대통령이고 대법원장, 검찰총장은 당연직이다. 위원 가운데 16명은 법관 9,000여 명의 직접선거로 선출되고, 위원 8명은 상하원 합동회의에서 법학계 인사들 가운데서 선출된다.

우리나라와 다른 특징 중 하나는 우리는 판검사의 부정부패 소지를 없애기 위해 한곳에 오래 머물지 못하도록 단기간 근무 후 수시로 전보시키는 데 비해 이탈리아는 10년 동안 한곳에 근무할 수 있고 자기 직위에서 승진을 원하지 않을 때는 계속해서 같은 자리에서 10년 이상 근무도 가능하다. 따라서 많은 판검사들은 자기가 태어난 고장 주변 지역에서 근무하면서 정년을 맞는 게 일반적이다. 예를 들어 밀라노 출신으로 밀라노 법원 판사로 재직할 때 안토니오 디 피에트로 검사의 부정사건 수사 시 첫 영장을 승인한 이탈로 기티 피아첸차 지방법원장은 밀라노에서 70킬로미터 이내에 있는 3개 도시에서 30년 이상을 일해왔다.

한편 사법부의 독립성 못지않게 소송사건 관할 지방법원과 담당 판검사의 독립성도 매우 강하다. 1992년 디 피에트로 밀라노 지방 평검사를 중심으로 한 검찰 수사진이 사상 최대의 정치 부정부패 사건을 파헤친 '깨끗한 손'이 좋은 예라고 하겠다. 밀라노 시영 공단의 비리를 파헤치면서 시작된 '깨끗한 손'의 역할은 2차 대전 후 이탈리아 정치를 주도해온 5개 정당을 없애고 제2공화국을 탄생시켰을 정도로 역사적으로 중요한 의미를 갖는다.

소송 지연을 해소하기 위해서 2001년부터 지나친 소송 지연에 따른 피해를 보상하는 핀토 법을 시행 중이지만 크게 개선된 것 같지는 않다. 이 제도의 시행으로 2010년까지 소송 지연 보상금 2억 7,000만 유로를 지급했으며 2011년에만 보상 청구 건수와 보상액은 각각 5만 건(2003년 경우 3,500건), 1,100만 유로로 계속 증가하는 추세다. 최근 일부 전문가들은 경범죄는 벌금형이나 사회봉사활동으로 대체하고 민사소송의 경우 중재 또는 화해 방식을 많이 적용하는 방향으로 개혁이 이루어져야 한다고 주장한다.

△▼△

책임지지 않는 공무원들

일반 행정 역시 은행 및 법원 행정과 마찬가지로 절차가 까다롭고 복잡하며 업무 처리가 느리다. 게다가 구성원 개개인의 책임의식도 부족하다. 이것은 잘못을 해도 제대로 처벌하지 않고 넘어가는 사회 분위기에도 원인이 있다.

1980년대 중반 나카소네 일본 총리가 이탈리아를 공식 방문했을 때의 일이다. 이탈리아 총리와의 정상회담을 하러 가던 도중 나카소네 총리가 탄 의전 차량이 길 한가운데서 멈춰 서는 일이 발생했다. 원인은 차량 고장이었다. 나카소네 총리는 길에서 기다릴 수밖에 없었고 다른 차가 오고 나서야 차를 갈아타고 회담 장소로 갈 수 있었다.

어떻게 보면 국가 외교상 큰 결례가 되는 일이라고 할 수 있는 사건이다. 사건은 다음 날 신문에 보도되었지만 그렇게 심각하게 다루어지지 않았으며 이후 관련자 누구도 문책을 받았다는 소식을 듣지 못했다. 일을 하다보면 실수를 할 수도 있는 법이라고 관용되는 사회이기 때문일 것이다. 만일 다른 나라에서 그런 일이 일어났다면 어떻게 되었을지 궁금하다.

기업의 경제활동이 행정과 관련되는 것으로는 제반 경제, 산업 정책과 각종 인·허가 업무 등을 생각할 수 있다. 기업이 정부에 재화와 관급 공사를 제공하고 대금을 받으려면 시간이 오래 걸린다. 2010년 기준 관급 공사 대금을 정부로부터 받기까지 걸린 기간이 독일과 프랑스가 각각 36일과 56일인 데 비해 이탈리아는 186일로 유럽 국가들 가운데 가장 오래 걸렸다. 특히 일부 분야에서는 관급 사업 대금 지급에 더 오랜 시간이 걸린다. 2011년 기준, 건설 분야는 240일, 병원에 의약품을 납품하는 것은 1~3년이 걸리며 나폴리 보건소의 경우 4년 6개월이 지나서야 대금을 지불했다고 한다.

이와 같은 지불 지연은 기업의 임금 지불 지연, 부채 부담으로 이어지며 외국 기업의 대 이탈리아 투자 기피와도 이어져 경제활동에 지장을 주게 된다. 2013년 이탈리아 정부가 기업에 지불해야 할 금액이 총 900억 유로라고 하니 이는 기업활동에 적지 않은 영향을 미칠 수 있는 규모이며 일각에서는 이 금액을 공채로 지불하는 방안도 거론하고 있다고 한다. 2013년 4월 말에 출범한 레타 총리가 주도하는 정부도 우선 200억 유로부터 지불하는 등 관급공사 지불 지연 해소를 위해 노력하고 있다. EU는 2013년 3월부터 회원국들로 하여금 관급사업에 대한 지불 기한을 30일을 원칙으로 하고 특별한 사유가 있는 경우 60일로 연장하는 지침을 채택하여 준수하도록 유도하고 있는데 이탈리아의 오랜 관행이 과연 어떤 방식으로 개선될지 주목된다.

△▼△

철저한 직업공무원 제도

이탈리아 공무원 제도의 특징은 공무원의 신분이 철저히 법으로 보장된다는 점이다. 심각한 징계 사유에 해당하는 잘못을 저지르지 않는 이상 65세까지 정년이 보장된다. 그러다보니 공무원 사회가 오랜 관료주의적 관습에 매어 있고 새로운 변화에도 신속히 대응하지 못한다.

이탈리아 공무원을 만나보면 소관사항이나 의사결정과 관련하여 항상 듣게 되는 두 가지 말이 있다. 하나는 정치적(politico)이라는 말이며 다른 하나는 행정적(tecnico)이라는 말이다. 이것은 공무원의 소관사항이나 의사결정은 어디까지나 행정적이지 정치적이 될 수 없다는 의미이고 따라서 이탈리아에서는 정치적인 결정은 장·차관만이 할 수 있고 일반 공무원은 법규에 따라 주어진 임무를 집행할 뿐이다. 이탈리아는 의원이 장·차관직을 맡는 내각책임제이기 때문에 정책에 대한 책임은 공무원에게 있지 않고 장·차관이 정치적으로 책임을 진다. 따라서 중대한 사건이 발생하여 여론이 정부의 잘못을 질타하더라도 여야간 정치 문제로 논란이 될 뿐 관련 공무원이 사임하는 예가 거의 없다.

또 이탈리아 공무원이 우리나라 공무원과 다른 점은 직급 체계가 세분화되어 있지 않다는 것이다. 일반적으로 이탈리아 공무원은 업무 난이도나 근무 연한 등에 따라 직급이 다르지만 직위는 직원, 과장, 국장으로 단순화되어 있다. 우리의 경우 9급에서 1급까지의 직급을 가지면서 직위는 실무, 주임, 계장, 팀장, 과장, 부국장, 심의관, 국장, 조정관, 본부장 등으로 다양하다. 그러다보니 1~2년이 멀다하고 자리를 옮기고 직위를 바꾸게 된다.

이탈리아 공무원들은 한 부서에 배치되면 과장이나 국장이 될 때까지 10년이고 20년이고 한곳에 머물다시피 한다. 우리처럼 다른 과나 국으로 옮기는 경우가 드물다. 따라서 과장들은 적어도 20~30년 경력의 소유자이며 국장들은 60세 전후의 정년에 가까운 나이다. 60세에 임명된 이탈리아 육군참모총장이 65세 정년까지 재임함에 따라 후배 장군이 육군총장으로 승진하는 데 5년이 더 걸릴 수밖에 없을 정도로 직업군인의 신분도 일반 공무원처럼 철저히 보장된다.

참고로 이탈리아 공무원의 이동 통계를 보면 공무원의 81.1퍼센트가 최근 5년간(2001~2006년) 부서를 옮긴 적이 없으며 그 기간 중 한 번 옮긴 공무원도 전체의 15.6퍼센트에 불과하다. 이와 같이 한자리에서 오래 일하는 것은 한 우물을 파는 전문가 정신과 철저한 직업공무원제가 밑바탕이 되었기 때문으로 보이며 이는 공무원 조직뿐만 아니라 민간 기업을 포함한 모든 사회 조직에서도 흔히 볼 수 있는 현상이다. 일반 회사도 한자리에서 오래 일함으로써 그 분야의 전문가가 된 사람 자체가 중요하지 그의 직책은 별로 중요하지 않다. 예를 들어 우리나라에서 과장, 부장으로 번역되는 디렉터(Direttore=Director)는 이탈리아 일반 사회 조직에서는 의사결정의 최고 책임자를 의미한다. 그리고 사장은 전무(Direttore Amministrativo=Administrative Director)이며, 우리나라의 사장을 뜻하는 'Presidente'는 이사장에 해당한다. 이러한 현상은 조직이 안정을 유지하고 전문성을 높인다는 면에서는 장점이 있으나 능력주의가 필요하지 않으므로 적극성이 떨어지는 단점도 있다.

△▼△

매년 바뀌는 내각

어느 나라든 그 나라의 경제 상황은 정치의 안정 여부에 큰 영향을 받는다. 내각책임제 국가인 이탈리아는 늘 정치가 불안정하다는 평가를 받아왔다. 극우에서 극좌에 이르는 다양한 정치세력과 역사와 전통이 다른 지역을 대표하는 다당 난립 체제이다보니 연립정부 체제일 수밖에 없고, 또 정당간의 입장 차이로 내각이 빈번히 교체되었다. 2차 대전 후 1945년 알치데 데 가스페리 정부가 출범하고 69년이 지난 2014년 2월 현재 마테오 렌치 총리가 이끄는 정부까지가 64차 내각인 점을 생각하면 거의 매년 내각이 바뀐 셈이다.

1980, 90년대 이탈리아 정치 상황을 살펴보면 내각 교체는 연례 행사이다시피 했다. 매년 7월경이면 연립정부 참여 정당간의 의견 대립으로 연정이 붕괴되고 8월 초에 내각을 재구성한 다음 8월 10일 전후에 의회가 휴가에 들어가곤 했다. 마치 매년 정치적 힘의 균형을 정기적으로 측정해보는 듯한 모습이었다. 그도 그럴 것이 연정 참여 정당이 5개인데다 기업가나 노조의 입장 또한 제각기 달랐기 때문이다. 사실 의회에 진출한 정당은 10여 개이지만 정당 내 연합 군소파를 합하면 정당이 무려 40여 개에 이른다고 한다. 게다가 정치인 개개인의 독립성이 강하여 정치인의 수만큼 정당이 존재한다는 우스갯소리도 있다.

1992년 일명 '깨끗한 손', 밀라노 부정부패 사건을 계기로 이탈리아 정치 체제는 크게 좌파와 우파로 구분되는 양대 진영으로 구축되어 중도좌파, 중도우파 정부가 각각 5년씩(좌파 진영: 1996~2001, 우파 진영: 2001~2006) 의회 임기를 채우면서 안정을 유지했다. 그러나 이후 양대 진영이 주도하는 정부가 의회 임기를 다 채우지 못하고 조기 총선, 과도 내각과 같은 양상을 보이는 등 과거의 불안정한 체제로 회귀하는 듯한 모습을 보이고 있다.

베를루스코니 전 총리의 피소

2011년 11월 몬티 총리의 과도 내각이 들어선 것도 우파 진영의 주축인 자유국민당 실비오 베를루스코니 전 총리와 과거 국민연합의 당수인 잔프랑코 피니 전 하원의장의 불화가 도화선이 되었다. 이어 베를루스코니 전 총리가 탈세 및 미성년자 성매매 등의 혐의로 재판에 회부되자 국제 여론의 비난을 사게 되었고 이것은 국가 이미지에 부정적인 영향을 미쳤다. 결과적으로 이탈리아의 공채를 국제 금융시장에서 매각하는 데 있어서 높은 이자율을 부담해야 하는 등 경제적 위기를 맞게 되었다. 이때 구원투수로 등장한 사람이 EU 역내 금융시장 담당 집행위원이자 보코니 대학 이사장이었던 몬티 전 총리였다.

베를루스코니 전 총리에 대한 각종 스캔들이 꼬리를 물고 이어졌다. 그러자 전 세계 언론은 이탈리아의 정치, 경제가 과거 17년간 베를루스코니 전 총리에 의해 좌우된 것에 대해 매우 우려하는 시각으로 강력히 비판했다. 미디어 그룹을 소유하고 있는 베를루스코니 전 총리가 국정을 장악하면 언론 전체를 장악하게 될 위험성이 크고, 또 마피아 연루 의혹, 위증, 세금 포탈, 뇌물 수수, 미성년자 성매매 등의 혐의로 재판에 기소된 공인은 도덕적으로 용납될 수 없다는 입장이었다.

한편 이탈리아의 정부 구조를 보면 총리가 할 수 있는 역할은 대통령 중심제인 우리 대통령의 역할과 비교할 때 많은 차이가 있다. 행정 수반인 총리의 공식 직함은 내각회의의장(Presidente del Consiglio dei Ministri)이다. 다른 정당과 연정을 구성하고 있는 총리로서는 많은 장관직을 다른 정당 소속 인사가 맡고 있어 모든 정책을 강력하게 추진할 수 있는 입장이 되지 못한다. 자칫 다른 정당 소속 각료와 마찰이 발생하는 경우 내각 붕괴로 이어져 정치적 책임을 면할 수 없기 때문이다.

한편 자구책으로 공소시효 만료 기간을 7년으로 줄이고 총리를 포함한 최고위직 공직자에 대한 법원 소추금지법을 도입하는 데 성공한 베를루스코니 전 총리는 수많은 재판에서 상당 건수가 공소시효 만료에 의해 재판 절차가 중지되는 혜택을 입었다. 일부 사건은 유죄 판결이 났으나 대법원 최종 판결 시까지는 처벌되지 않기 때문에 베를루스코니 전 총리는 2013년 2월 자유국민당을 이끌고 총선에 출마했고 각종 스캔들로 인해 지도력이 크게 손상되었음에도 민주당을 추격하여 제2당의 위치를 유지했다.

여기서 베를루스코니 전 총리를 보는 이탈리아 국내 시각은 해외 여론과 큰 차이가 있음을 알 수 있다. 베를루스코니 전 총리는 각종 스캔들로 지도력이 손상되긴 했으나 선거 유세 과정에서 몬티 전 내각이 도입한 재산세(IMU)를 환급해주겠다는 포퓰리즘적인 공약을 제시하여 인기를 어느 정도 만회했다. 국민들이 베를루스코니 전 총리의 공적 생활과 사적 생활을 별개로 생각한다는 것을 알 수 있는 대목이다. 미성년자 성매매 피소건과 관련하여 베를루스코니 전 총리를 비난하는 사람들도 많지만 그보다는 사생활을 제대로 관리하지 못한 것을 더 큰 잘못이라고 생각하는 것 같다.

베를루스코니 전 총리는 그동안 600회 이상 경찰 방문을 받고 2,500회의 재판 심리가 이루어져 본인이 부담한 변호사비만 해도 2

억 유로에 달한다면서 좌파 성향의 사법부로부터 박해를 받고 있다고 항변했다. 사실 많은 이탈리아인들은 법관 다수가 좌파 성향이며 일부 검사들이 재판을 정치적으로 이용하는 사례가 있다고 생각한다. 기티 피아첸차 지방법원장의 말을 빌리면 법관이 재판을 정치적으로 이용하는 것은 잘못이며 일부 검사들이 그런 행태를 보이고 있다고 비판한다. 아울러 법관이 국회에 진출하는 것은 전 디 피에트로 검사의 예와 같이 매우 드문 일이지만 결코 바람직하지 않다고 지적한다.

아무튼 이탈리아 대법원은 2013년 8월 1일 세금 횡령 공모 혐의로 1, 2심에서 4년형을 선고받은 베를루스코니 전 총리에 대한 형량을 최종 확정했다. 베를루스코니 전 총리가 수많은 재판을 받았지만 실형을 선고받은 것은 이번이 처음이다. 그러나 교도소에 죄수가 지나치게 많이 수감되는 것을 막기 위해 2006년 제정된 사면법에 따라 형량은 4년에서 1년으로 줄고, 76세 고령임을 감안하여 교도소 수감 대신 가택연금이나 지역사회 봉사활동을 할 것으로 보인다. 베를루스코니에 대한 형이 확정되자 2년 이상 실형선고가 확정되는 경우 6년간 의원직이 금지되는 법규정을 적용하느냐 마느냐로 논란이 일었다. 정치적 논란 끝에 2013년 11월 베를루스코니는 상원의 가결로 의원직을 박탈당했다. 그러나 여전히 2014년 2월 39세 나이로 최연소 총리직에 오른 마테오 렌치 총리와 협상을 하는 등 정치적 영향력을 잃지 않고 있다.

경제 문제와 관련하여 정치적 안정은 매우 중요한 요소다. 과도

정부로 등장한 몬티 전 총리도 재정을 튼튼하게 하고 경기를 활성화하기 위해 많은 노력을 했으나 1년여 만에 물러나야 했다. 재정 개선과 관련해 좌파 진영은 정부 지출을 현재 상태로 유지하는 대신 세금을 인상할 것을 주장하는 반면 우파 진영은 세금을 인하하거나 현상 유지하고 정부 지출을 줄일 것을 주장한다. 이와 관련하여 과도 정부인 몬티 내각은 세금도 인상하고 정부 지출도 감축한다는 정책을 추진했으나 양측 모두로부터 충분한 지지를 이끌어내지 못했다.

앞에서 살펴본 바와 같이 이탈리아의 법원, 행정, 정치는 독특한 특징을 지니고 있다. 이는 경제 및 산업과 관련해서도 적지 않은 영향을 주는 요소지만, 단기간에 쉽사리 변화하리라고 기대하기는 어려울 것으로 보인다. 다만 이탈리아가 EU에 가입함으로써 관련 분야에서 EU의 결정과 지침을 따라야 하기 때문에 그동안 위와 같은 분야에서 느리지만 지속적으로 개선이 되어왔다.

06

깊게 뿌리내린
지하경제와 부패

지하경제의 규모

지하경제(shadow economy)란 국내총생산(GDP)에 포함되는 합법적인 경제활동이면서 소득세, 부가가치세, 사회보장기여금을 납부하지 않으려고 국가 당국에 숨기는 탈세와 관련된 비정상적인 경제활동을 의미한다. 매춘, 마약 거래, 밀수 등과 같은 불법적인 경제활동도 여기에 포함된다.

일정 수준을 넘어서는 규모의 지하경제가 국가의 경쟁력과 성장을 가로막는 요소가 된다는 사실은 이미 잘 알려져 있다. 생산 부문으로 자금 이동이 되지 않는다는 점과 지하경제의 수익에 대한 과세 불능은 국가의 생산적 재투자 여력을 그만큼 줄이고 국가 재정

적자의 원인이 된다.

이탈리아 경제의 특징 가운데 하나는 탈세가 만연하고 부정부패와 마피아 범죄단체에 의한 마약 거래, 상공인들에 대한 보호료 갈취 등이 지속적으로 이루어지고 있다는 점이다. 이는 이탈리아 경제에 직간접적으로 부정적인 영향을 준다. 한 나라 지하경제의 규모는 조사기관의 측정 방법과 시기 등에 따라 차이가 있지만 이탈리아 지하경제의 규모는 GDP에서 차지하는 비중이 작게는 17퍼센트에서 크게는 35퍼센트까지 이르는 것으로 조사되고 있다. 통계상 차이가 있겠지만 다른 선진국에 비해 이탈리아 지하경제의 규모가 큰 것으로 보고 있다.

EU의 지침에 의거해 매년 측정하는 이탈리아 통계청(ISTAT)의 통계에 따르면 2008년 기준 지하경제의 규모는 GDP의 16.3~17.5퍼센트, 금액으로는 2,250억 유로(337조 원)~2,750억 유로(412조 원)로 추정된다. 이탈리아 통계청의 통계 산출 방식에는 불법 생산 활동이 제외되어 있으며 탈세 형태는 저매출액 및 고비용 신고를 통한 탈세(GDP의 9.8퍼센트), 비정상적인 불법 노동을 통한 탈세(GDP의 6.5퍼센트)가 주를 이룬다. 불법 노동은 미신고 고용, 부업 등을 말하며 전체 고용 노동자의 11.9퍼센트에 해당하는 296만 명이 소득세는 물론 사회보장기여금을 탈세하고 있는 것이다. 한편 산업 분야별 탈세 비중을 보면 농업 32.8퍼센트(31억 유로), 제조업 12.8퍼센트(528억 유로), 서비스업 20.9퍼센트(2,129억 유로)다.

이탈리아 납세자협회지를 위해 KNBE(KRLS Network of Business

Ethics)가 조사 발표한 바에 따르면 이탈리아의 지하경제가 GDP에서 차지하는 비중은 2012년 상반기 기준 21퍼센트(3,400억 유로)로 프랑스, 독일의 약 2배이며 그리스 20.8퍼센트, 루마니아 19.1퍼센트, 불가리아 18.7퍼센트, 슬로바키아 17.2퍼센트, 사이프러스 17.1퍼센트 등에 비해 높은 편이다. 지하경제 가운데 탈세가 차지하는 규모는 GDP의 8.9퍼센트인 1,809억 유로이며 탈세 구조는 다음의 5개 항목으로 나누어 살펴볼 수 있다.

△▼△

탈세 구조

첫째, 피고용자 85만 명의 부업을 포함한 290만 명의 불법노동의 탈세 규모가 343억 유로다. 둘째, 중국 및 러시아 등 외국인을 고용하여 얻는 탈세를 포함해 이탈리아 내 마피아에 의한 탈세 규모가 782억 유로다. 셋째, 80만 개 주식회사의 78퍼센트가 연간 영업이익을 적자 또는 1만 유로 이하로 신고하여 납세를 기피하는 규모도 224억 유로인 것으로 추산된다. 넷째, 대기업 3곳 중 1곳이 이전 가격 산정(transfer pricing) 방식을 통한 탈세액이 224억 유로, 자영업자와 소기업의 영수증 미발행을 통한 탈세액이 378억 유로로 각각 추산된다.

아울러 KNBE는 이탈리아 경제산업 분야 및 지역별로 탈세 비중을 분석했는데 제조업이 32.7퍼센트로 가장 크고 이어 은행·보험업

32.2퍼센트, 상업 10.8퍼센트, 수공업 9.4퍼센트, 전문직 7.5퍼센트, 피고용자 7.4퍼센트 순으로 나타났다. 지역별로는 서북부 31.4퍼센트, 동북부 27.1퍼센트, 중부 22.2퍼센트, 남부 19.3퍼센트로 북부지역의 탈세 비중이 높았다. 이와 같이 단위 기업당 탈세 비율은 남부지역이 높은 것으로 알려져 있지만 전체로 볼 때 북부의 비중이 높은 것은 경제활동이 북부지역에 집중되어 있고 규모가 크기 때문이다.

한편 부헨과 슈나이더(2012)는 통화량 지표, 노동시장 참여율, 공식 GDP 등 다양한 경제적 측면을 고려한 MIMIC(Multiple Indicators and Multiple Causes) 모델을 활용하여 최근 12년간(1999~2010) OECD 39개국의 지하경제를 추정, 평균치를 도출했다. 이 조사에 따르면 GDP 대비 이탈리아 지하경제의 비중은 26.9퍼센트로 미국 8.7퍼센트, 영국 12.7퍼센트, 프랑스 14.8퍼센트, 독일 15.7퍼센트의 배에 달하며 한국의 26.3퍼센트 수준을 약간 상회하는 것으로 나타났다. 그러나 불가리아 33.7퍼센트. 사이프러스 27.7퍼센트보다는 낮았다.

이탈리아 중앙은행도 현금 수요 접근방식을 사용하여 지하경제 규모를 조사했는데 이 조사에 따르면 2008년 이탈리아 지하경제 규모는 GDP의 31.1퍼센트인 4,900억 유로로 추정된다. 이는 탈세 18.5퍼센트(2,900억 유로)와 불법 경제활동 12.6퍼센트(2,000억 유로)로 구분된다.

△▼△

세금별 탈세 규모

지하경제 규모가 크다보니 이탈리아 정부는 재정 적자를 해결하기 위해 공정한 과세를 위한 탈세 방지 활동을 지속적으로 전개해오고 있다. 한동안 식당 이용자에게 영수증을 발급하지 않거나 이용자가 영수증을 받지 않을 때 해당 식당은 물론 이용자에게도 벌금을 부과하는 정책을 시행했다. 이탈리아에서 고속도로를 달릴 때 경찰이 대형 화물차를 세우고 검문하는 것을 종종 볼 수 있는데, 이는 속도위반보다는 이동 물품에 대한 부가가치세를 납세했는지를 단속하기 위해서인 경우가 더 많다. 이탈리아에서는 물품을 옮길 때 부가가치세 납세필증을 소지해야 하며 이를 어겼을 경우 벌금을 내야 한다.

이와 같은 부가가치세 탈세 방지 제도에도 불구하고 2012년 감사원 보고에 따르면 2007~2009년에 부가가치세 과세 대상의 29.3퍼센트가 탈세한 것으로 추정되며 남부지역은 그 비율이 40.1퍼센트에 달한다. 한편 국세청은 2009년 부가가치세 탈세 규모가 GDP의 16.4퍼센트인 것으로 추정했다(G. 보르톨루시, 2012). 실제로 이탈리아 세무당국이 매년 사업장을 상대로 영수증 발급 여부를 단속한 결과 2012년의 경우 32.8퍼센트가 적발되어 3곳 중 1곳이 탈세한 것으로 나타났으며 적발된 업체는 영업 정지 처분을 받았다. 이 수치는 2011년의 24.8퍼센트에 비해 크게 증가한 것으로 경기침체의 영향 때문인 것으로 보이며, 남부지역의 경우 영업 정지 처분 비율이 50퍼센트까지 이르는 것으로 추정한다.

이와 같은 단속은 주로 고정 점포를 대상으로 이루어지는 경우에 해당하며 주택, 가정용품 수리 등에 종사하는 자영업자가 수리 작업을 할 때 영수증을 주고받는 일은 여전히 드물다. 영수증을 받는 경우 부가가치세만큼의 비용이 증가하기 때문에 고객도 암묵적으로 탈세에 동조하는 것이며 이는 부가가치세는 물론 소득세 등 다른 관련 세금도 함께 탈세하는 셈이다.

주요 세금으로는 간접세인 부가가치세(IVA)와 직접세인 개인소득세(IRPEF), 법인소득세(IRES), 생산활동지방세(IRAP) 등이 있다. 일반 부가가치세는 22퍼센트(농산품은 4퍼센트, 10퍼센트)이며 개인소득세는 소득을 5개 등급으로 구분하여 각각 23퍼센트, 27퍼센트, 38퍼센트, 41퍼센트, 43퍼센트의 세율을 부과하고 있다(우리나라는 5개 등급으로 최저 6퍼센트~최고 38퍼센트다). 또 법인소득세는 27.5퍼센트이며 생산활동지방세는 기업 매출액의 3.9퍼센트로 세율이 전반적으로 우리나라보다 높은 편이다.

이탈리아 국민의 개인소득세 탈세 규모는 전체 잠재 과세 대상의 26퍼센트 정도로 추산되며 이 가운데 자영업자의 탈세(자영업자의 60퍼센트)가 피고용자의 탈세(피고용자의 10퍼센트)보다 훨씬 많다고 한다(산토로, 2010). 법인세의 경우는 2007~2009년 연평균 잠재 법인세 대상의 19.4퍼센트가 세금을 회피한 것으로 보며 남부지역은 29.3퍼센트 수준이라고 한다(이탈리아 감사원, 2012). 이는 사회 전반에 탈세가 만연해 있음을 의미한다.

△▼△

탈세 방지 노력

몬티 전 내각은 출범 직후인 2011년 12월 30일 탈세 방지책의 일환으로 1956년 동계 올림픽이 개최되었던 이탈리아의 대표적인 겨울 휴양지인 코르티나 담페초에 80명의 세무요원을 전격 투입하여 세무 단속을 실시했다. 그 결과 호텔, 식당, 커피숍 등에서 세수입이 전년 대비 300퍼센트가 증가하고 명품 가게에서는 400퍼센트가 증가했다. 아울러 고급 승용차 251대의 소유주에 대해 점검한 결과 119대는 회사 명의로 되어 있고 42대는 차주의 연간 소득이 3만 유로(한화 4,500만 원) 이하로 신고된 것으로 파악되었다. 소득이 낮은데도 고급 승용차를 갖고 있다는 것은 탈세를 의심해볼 만한 상황이라는 의미다.

이런 결과에 고무된 몬티 전 내각은 다른 휴양지들은 물론 명품 상가를 대상으로 세무 단속을 확대 실시했다. 더불어 자가용 항공기, 요트, 고급 승용차, 승마용 말 등의 사치품을 소유하고 있는 많은 사람들이 그와 같은 사치품을 소유하고 유지하기에는 턱없이 낮은 수준의 소득을 신고한 것을 발견하고 소득 수입원 조사를 실시했다. 납세자의 소득을 기초로 세금을 부과하는 기존 방식과 달리 납세자의 지출 규모를 조사하여 적정 세금을 부과하기 위한 것이었다. 이후 정부는 이 시책을 구체화하여 소득 척도인 주택, 차량, 보험, 교육, 여가활동, 투자 등 납세자의 지출 내역을 조사하는 방식을 도입하여 불성실한 납세자를 색출하는 등 그동안 간과했던 세원 확보에 주력했다.

그러자 재미있는 현상이 벌어졌다. 이탈리아 해안에 정박해 있던 요트들이 세무조사를 피하기 위해 프랑스 남부나 크로아티아 등 인근 국가로 옮겨갔던 것이다. 그 바람에 이탈리아 요트 정박장 사업이 침체에 빠지고 실업을 유발하는 부정적인 효과를 가져왔다. 아울러 많은 차주들이 세무 단속 전에 값비싼 차량을 매각하려고 한꺼번에 시장에 내놓다보니 중고시장에서 고급 승용차의 값이 크게 내려갔다. 고급 스포츠카 페라리의 2012년 해외 판매량은 기록적으로 증가한 데 비해 국내 판매는 전년 대비 56.5퍼센트 감소했고 마세라티(-72.4퍼센트), 람보르기니(-16.8퍼센트), 포르셰(-21.8퍼센트)도 같은 현상을 보였다.

이탈리아의 탈세 문제는 역사 및 문화와도 관련이 있다. 부헨과 슈나이더(2012)가 분석한 OECD 국가의 지하경제 행태를 보면 조세 부담이 높을수록, 과세 규제가 많을수록, 자영업자가 많을수록, 또 실업이 증가할수록 지하경제가 늘어날 가능성이 높다고 한다. 아울러 현금 거래 비중이 높을 경우, 정부 지출이 증가하여 민간 부문을 잠식하는 경우, 노동 규제가 과도할 경우, 사회에 부패가 만연한 경우에도 경제 주체들의 지하경제 진입이 증가할 가능성이 크다고 한다(이종규, 2013).

이와 같은 상관관계에 비추어볼 때 높은 과세, 높은 실업률, 많은 자영업자, 높은 현금 거래 비중, 복잡하고 비능률적인 행정 체계 등을 고려하면 이탈리아는 지하경제의 비중이 클 수밖에 없다고 하겠다. 이와 관련하여 이탈리아 재경부의 마리아 칸나타 국장은 현재 정부가 탈세 방지를 위해 취하고 있는 조치가 경제 일반에 일부 부정적인 효과를 야기하고 있음을 무시할 수는 없겠으나 국민들의 납세 의무에 대한 인식을 변화시키고 있다는 점에서 볼 때 점차 건전한 납세 문화가 정착하지 않겠느냐는 낙관적인 견해를 보였다.

△▼△

자금의 해외 도피

이탈리아에서 육로로 스위스나 프랑스 등으로 이동할 때 국경에서 이탈리아 세관원들이 검문을 하는 모습을 볼 수가 있다. 밀수와 자금의 해외 도피가 종종 있기 때문에 이를 단속하는 것이다. 1만 유로 이상의 현금을 신고 없이 해외로 반출하는 것은 법적으로 금지되어 있으며 적발될 경우 반출 금액의 5~15퍼센트를 벌금으로 내야 한다.

2009년 기준 스위스, 룩셈부르크, 몬테카를로 등에 도피해 있는 이탈리아인의 자금 규모는 약 3,000억 유로로 추정되었다. 이탈리아 정부는 2010년 스위스에 도피해 있는 자금 1,000억 유로를 정상화시키면서 5퍼센트의 세금을 부과하여 50억 유로의 세수입을 거둬들인 바 있다. 최근에도 재정 적자를 해소하기 위해 해외 도피 자금을 적발하고 이에 대해 과세하는 방안이 거론되고 있다.

해외 도피 자금에 25퍼센트의 벌금을 부과하는 독일, 영국처럼 이탈리아가 해외 도피 자금에 대해 중과세하는 경우 수백억 유로의 세수입 효과를 거둘 수 있을 것이다. 그러나 해외로 불법 반출한 자금을 제대로 파악하기가 쉽지 않다는 것이 문제다.

△▼△

'깨끗한 손', 그 후

앞에서 언급했듯이 부정부패는 지하경제와 관련이 있다. 국제투명성기구가 매년 조사하는 부패지수(CPI) 관련 국가별 순위를 보면 2012년 이탈리아는 72위를 차지할 정도로 국가 전체적으로 청렴도가 매우 낮은 것으로 분류되었다. 이는 독일(13위)은 물론, 영국 및 일본(17위), 미국(19위), 프랑스(22위), 한국(45위)에 비해 크게 뒤지며 마케도니아(69위), 남아프리카공화국(69위), 보스니아(72위)와 비슷하다.

감사원이 발표한 바에 따르면 연간 부정부패 연루 규모는 2011년 기준 약 600억 유로(한화 90조 원)로 추산하고 있으나 실제로는 그보다 훨씬 많을 것으로 보고 있다. 2011년에 적발된 부정부패 규모가 8,500만 유로에 불과한 것이 이를 반증한다. 이탈리아의 경우 주로 의료 분야와 연간 GDP의 8.5퍼센트(2011년 1,060억 유로)에 달하는 공공입찰을 중심으로 정당, 의회, 행정, 민간과 관련된 유착 비리가 많이 발생하며 행정 지연, 서비스 비능률 등은 기업 성장에 있어

걸림돌이다.

이탈리아는 1992~1996년 대규모 부정부패 일소 사건을 경험했다. 일명 '깨끗한 손'으로 불린 밀라노의 젊은 검사들이 주축이 되어 불법 정치자금과 뇌물수수 등 정치권 부정을 파헤쳤는데 전직 총리 4명을 포함하여 정·재계 인사 4,520명이 수사 대상이 되었고 그중 1,280명이 유죄 판결을 받았다(마펠리와 산투치, 2012). 수사 과정에서 대기업 회장, 정치인 등 13명이 자살했고 1,100명은 무죄 판결을 받았지만 이는 586명이 공소시효 만료 혜택을 받은 결과다.

이와 같은 대규모 비리 수사 사건을 통해 2차 대전 이후 이탈리아 정치를 주도해왔던 기독교민주당을 비롯하여 연정에 참여했던 주요 5개 정당이 사라지게 되었고, 이후 실시된 총선에서는 전체 상하원 의원의 73퍼센트가 물갈이가 되었다.

따라서 이 사건은 이탈리아의 정치적 혁명이라 할 수 있으며 정치사적 관점에서는 이탈리아가 제1공화국에서 제2공화국으로 전환하는 계기가 되었다.

당시 정치권의 부정부패와 비리는 이권과 관련이 있는 정부 요직 및 국영, 공영 기업체의 임원 자리를 연립정부에 참여한 정당 소속 정치인으로 채운 다음 그들로부터 정치자금을 받아내는 방법으로 이루어졌다. 즉 정부 또는 공기업 공사 발주 및 구매 계약과 관련하여 높은 가격으로 낙찰을 받도록 한 다음 그 대가로 리베이트를 받아 정치자금으로 사용했던 것이다. 당시 부정의 특징은 공공자금이 정당의 정치자금과 직접 연결된 것으로서 '깨끗한 손' 수사를 계기로 그러한 형태의 부정은 많이 자취를 감추었다.

그 사건 이후 20여 년이 지난 지금은 기업인이었던 베를루스코니 전 총리가 정계에 들어선 것처럼 많은 기업인들이 직접 정치에 참여하여 눈에 띄지 않게 자기 기업의 이익을 도모하는 방식으로 나타나고 있다(마펠리와 산투치, 2012). 따라서 정부는 부정부패 방지책의 일환으로 2012년 11월 새로운 부패방지법을 도입하여 기업인과 정치인의 부정부패에 대한 처벌을 강화하고 준법 문화를 확산하기 위해 노력하고 있다.

△▼△

마피아 범죄 경제

이탈리아 경제에서 범죄 경제의 비중을 무시할 수 없다. 범죄 경제는 범죄 조직에 의한 마약, 밀수, 상공인에 대한 보호료 갈취 등과 같은 각종 불법적인 경제 활동으로 이루어진다. 이탈리아에서는 마피아라는 범죄 조직이 오래전부터 활동해오고 있다.

마피아는 19세기 중엽 중앙정부의 통제력이 미치지 않는 시칠리아 지역에서 자의적인 행정 및 사법조직으로 성장하여 이탈리아 국내는 물론 이민을 통해 미국 사회에 뿌리내린 지 1세기가 넘는다. 미국 사회에서 마피아 조직이 1920년대 미국의 금주법을 이용하여 부를 축적하며 세력을 급속히 확대해나가는 과정에서 생겨난 마피아 조직간의 충돌 등은 신문지상이나 영화 등을 통해 많이 소개되었다.

마피아는 이권이 있는 곳이면 어느 곳이든 손을 댄다. 마약 거래, 밀수, 보호료 갈취 등은 물론이고 정치권에도 손을 뻗어 각종 관급 공사나 구매 사업에도 개입한다. 그 과정에서 마피아 내부의 이익 다툼으로 대규모 살상사건이 발생하여 고질적인 사회 문제가 되고 있다. 특히 폭력을 사용하여 기업으로부터 보호료를 갈취하는 행위는 기업의 정상적인 영업, 투자 활동을 저해함은 물론 경제 발전에 부정적인 영향을 미친다.

마피아의 불법 활동에서 생긴 소득을 계산하기란 무척 복잡하고 어려운 일이다. 이탈리아 수사 당국이 지금까지 고발이나 압수 등으로 몰수한 자산 규모가 200억 유로에 달하지만 여기에는 적발되지 않은 더 많은 불법 소득이 빠져 있다.

마피아의 본산인 시칠리아의 예를 들어보자. 마피아는 후견 명목으로 상공인들로부터 피초(pizzo)라는 보호료를 걷는데, 시칠리아 상공인의 80퍼센트가량이 그러한 보호료를 내고 있다고 한다. 소매상은 매달 457유로(한화 약 68만 원), 호텔과 식당은 578유로(약 86만 원), 건설업자는 2,000유로(약 300만 원)를 내고 있는데, 주도인 팔레르모 시의 마피아 수입이 연간 1억 6,000만 유로, 시칠리아 섬 전체는 팔레르모 시의 10배에 이를 것으로 추산한다(《일 솔레》). 2009년 사회투자연구원(CENSIS)은 남부지역 상공인 1,300만 명이 마피아에게 내는 보호료 명목의 피해액이 1,300억 유로에 달한다고 발표했다(길머, 2012).

아울러 마피아에 대항하여 결성한 이탈리아 상공인 협회(SOS Impresa)는 매년 마피아 관련 조사보고서를 내놓는데 2012년 보고서에서는 마피아의 경제활동 규모를 1,380억 유로, 이익 규모를 1,050억 유로로 추산했다. 그러나 그 보고서와 관련한 데이터의 출처와 추산 방법의 정확성은 미흡한 것으로 평가되고 있다.

한편 이탈리아 중앙은행은 현금 수요와 GDP 간의 관계를 계량 분석하여 불법경제 규모를 GDP의 10.9퍼센트로 추정했다. 또한 중앙은행은 별도의 방법으로 횡령과 불법 시장 활동 관계를 분석하여 불법자금의 규모를 GDP의 7~8퍼센트로 추정하기도 했다. 이탈리아 중앙은행의 보고서는 모든 불법 경제를 마피아 범죄로 간주하고 있다는 점에서 다소 무리가 있으나 이탈리아 하원에 설치된 반마피아 위원회는 위 두 보고서를 기초로 마피아의 활동 규모를 1,500억 유로로 추정했다.

그러나 최근 이탈리아 내무부가 학계와 공동으로 국내외 공식 수사 문서를 기초로 마피아 조직의 주요 활동별 수입 규모를 조사한 바에 따르면 이 수치는 급격히 작아진다. 즉 마피아가 연간 취할 수 있는 수익 규모는 GDP의 1.7퍼센트로 평균 275억 유로(최저 177억, 최대 337억)이며 주요 활동은 마약 거래, 보호료 갈취, 매춘, 인신 거래, 상품 위조, 사채, 담배 밀수, 쓰레기 처리, 무기 밀수, 도박 순으로 분석했다.

△▼△

4대 마피아 조직

이탈리아에서 마피아의 주요 활동무대는 남부 4개 주다. 4개 조직인 코자 노스트라(시칠리아), 카모라(나폴리), 은드란게타(레조 칼라브리아), 사크라 코로나 우니타(풀리아)가 활발하게 활동하고 있다. 일부는 중북부의 일부 대도시에도 진출하여 남부지역과 관계를 유지하면서 활동하고 있다. 이 가운데 조직별 수익 규모를 보면 나폴리 37억 유로, 레조 칼라브리아 34억 유로, 시칠리아 18억 유로, 풀리아 11억 유로 정도다(이탈리아 내무부, 2013).

그렇다면 경제 및 생산 활동을 저해하는 경제범죄 조직인 마피아의 활동이 지속되는 상황에서 마피아 범죄 척결을 위한 정부의 노력이 얼마나 성과를 거둘 수 있는지에 대한 의문이 제기된다. 이탈리아 치안 병력은 지속적으로 마피아를 추적하여 체포하기도 하고 때로는 대규모 기습 작전을 통해 일시에 수많은 마피아 용의자를 검거하기도 한다. 또 수십 년간 도피 생활을 하던 마피아 두목을 체포하여 종신형에 처하기도 한다. 그러나 마피아의 활동을 억제하는 데는 별 효과가 없었다.

이탈리아에는 1970, 80년대에 '붉은 여단'이라고 불린 극좌파 무장조직 정치테러단체가 있었다. 공권력에 도전하면서 정치인, 법관, 경찰은 물론 1978년에는 알도 모로 당시 총리까지 납치하여 살해하는 등 모두 75명이 희생되었다. 그러던 것이 1982년 붉은 여단에 납치되었던 나토군 소속 미군 병참 장군이 구출된 것을 계기로 붉은 여단은 완전히 붕괴되었다. 붉은 여단은 지하조직에 불과했기 때문이다. 그러나 마피아는 오랜 세월을 거치며 사회 깊숙이 뿌리내리고 있기 때문에 제거하기가 쉽지 않다. 시칠리아의 500만 인구 가운데 자신도 모르게 마피아와 직간접적으로 연결된 사람들도 다수 있을 것이다.

△▼△

남북의 격차와 남부개발기금

이탈리아 남부지역은 북부지역에 비해 경제적으로 낙후되어 있다. 이 같은 남북간 격차는 이탈리아는 물론 EU에도 고민거리를 안겨준다. 남부지역은 공업이 발달하지 못하여 농업이 중심이라고는 하나 시칠리아 일부 지역을 제외하고는 지형 자체가 척박한 산악이 주를 이루고 있어 농업 생산력도 북부에 비해 크게 떨어진다. 풍부한 일조량에도 불구하고 수익성이 낮은 포도, 오렌지, 레몬, 올리브 등을 주로 생산한다.

반면에 북부지역은 공업지대이면서 광대한 롬바르디아 평원에서 다양한 곡물을 일구어낸다. 이와 같은 사정으로 이탈리아 전체 인구의 3분의 1이 살고 있는 남부지역의 소득은 중·북부지역 소득의 60퍼센트에 지나지 않는다.

이탈리아 남부의 수도라고 할 수 있는 나폴리는 고대 그리스, 로마 시대 때 신도시로 건설되어 18세기에는 유럽에서 런던, 파리 다음으로 융성했던 큰 도시로 경제, 학문, 예술의 중심지 역할을 했다. '오 솔레미오', '돌아오라 소렌토로' 등의 주옥같은 나폴리 민요가 생겨난 문화 도시이기도 하다. 그러나 중세 시대 이래 북부지역이 도시국가들간의 경쟁으로 사회자본이 축적된 데 반해 남부지역은 단일 왕국 체제가 지속되면서 사회자본이 축적되지 못해 근대 경제 발전의 기반을 구축하지 못했다.

북부지역이 공업화를 이루는 데 있어 남부지역도 큰 역할을 했다. 1955년부터 1971년까지 900만 명에 달하는 남부 인력이 북부로 이주하여 북부지역 산업화에 필요한 노동력을 공급했다. 아울러 남부에서는 남아도는 인력이 군인, 경찰, 공무원 등의 관공서 인력으로 흡수되었다. 따라서 남부지역은 전체 인구의 35퍼센트와 전체 기업의 33퍼센트를 가지고 국내 총생산의 24퍼센트를 생산하는 데 비해 중·북부지역은 65퍼센트 인구와 67퍼센트의 기업으로 전체의 76퍼센트를 생산하고 있어 양 지역간 생산성 격차는 더 커질 수밖에 없었다.

이탈리아 정부는 남북의 경제 격차 해소를 위해 2차 대전 직후부터 남부개발기금을 설립, 1951년에서 1992년 사이에 총 1,400억 유로에 해당하는 막대한 개발자금을 지속적으로 투입했다. 매년 평균 33억 유로(GDP의 0.5퍼센트)에 달하는 이 기금의 일부는 중화학공업 기반을 만들기 위해 사용되었지만 주로 도로 등 사회간접자본 건설 사업에 투자되었다. 그러나 그 기금이 남부지역 개발에 얼마나

기여했느냐에 대해서는 논란이 계속되어왔다. 앞서 지적한 것처럼 비능률적인 행정 절차 등으로 사업들이 지연되어 제대로 성과를 내지 못했기 때문이다. EU에서도 최근 7년간(2007~2013) 인적 자원 개발과 사회자본 강화를 위해 EU 개발기금 594억 유로를 지원했으나 행정 절차 지연 등으로 현재 사업 추진 실적이 60퍼센트에도 미치지 못하고 있다.

그동안 투입된 남부개발기금이 소기의 성과를 내지 못한 것은 이 자금이 정치적으로 이용되면서 부정부패와 연루되고 무엇보다 상당한 금액이 마피아의 손으로 흘러들어갔기 때문이다. 남부지역 인구가 전체 인구의 3분의 1에 이르다보니 정치권은 남부에 본거지를 둔 마피아와 유착될 수밖에 없다. 여기에 마피아는 자신들과 친분관계가 있는 사람을 정계나 관계로 밀어올림으로써 몸집을 더욱 키워가고 있다.

이상에서 볼 때 이탈리아의 경제 환경은 다른 선진국에 비해 열악한 면이 많다. 무엇보다 노동시장이 경직된 상황에서 조세 부담도 높고 민사재판 지연 등 국가 기능이 효율적으로 기능하지 못하며 금융 분야도 신용사회적 체제가 아직 제대로 갖추어지지 않았고 지하경제가 차지하는 비중도 높다.

이 같은 환경에서 기업이 이익을 내고 성장하기에는 많은 어려움이 있다. 그럼에도 기업들은 이탈리아가 세계 8위의 경제대국의 위치를 유지하는 데 큰 몫을 담당하고 있다. 더욱이 이탈리아 기업은 개미군단과 같은 수많은 중소기업이 중심이 되어 국가 경제 발전의 주역을 담당하고 있다.

다음 장에서는 이탈리아를 경제를 떠받치는 힘인 중소기업의 구조와 특징에 대해 살펴보기로 한다.

CHAPTER 03

이탈리아
중소기업의
구조와 특징

Italy economy

01

중소기업의
탄생

공방에서 출발하다

로마 제국 멸망 이후 주요 유럽 국가들이 절대왕조 체제로 중앙집권을 강화하는 동안 이탈리아 반도에서는 도시국가들마다 어느 정도 자치를 누리면서 정치적으로는 경쟁하는 다원 체제가 19세기 중엽 통일될 때까지 계속되었다. 당시 도시국가들은 일상생활에 필요한 물품과 도시국가 방어에 필요한 무기 등을 확보하기 위한 자급자족 체제로 생산활동을 하면서 다른 도시국가들이나 지중해의 다른 나라들과 교역했다. 12세기 십자군 전쟁 발발을 계기로 베네치아와 같은 해안 도시국가는 동서양 교역의 교두보 역할을 하면서 상업과 제조업의 발전에 기여했다.

당시 수많은 도시국가들에서 직물 및 의류, 가죽, 신발, 가구, 도자기, 철제품, 금세공품 등이 장인제(artigianato) 방식으로 생산되었고 4~5명으로 구성된 공방(bottega)은 생산활동의 중심으로서 이탈리아 중소기업의 모태가 되었다. 공방을 중심으로 한 제품 생산은 물이 풍부한 계곡 지역이나 물자가 풍부한 지역, 그리고 교역이 활발한 지역에서 특화되어 발전했다. 12세기 피렌체의 모직물, 루카의 견직물 등을 예로 들 수 있다.

이탈리아 중북부에 위치한 중세 도시 크레모나의 공방들은 300년 전부터 스트라디바리, 과리네리와 같은 세계 최고 명품 바이올린을 만든 전통을 지금까지 이어오고 있다. 이들 바이올린은 보존 상태에 따라 대당 수백만 달러에서 1,500만 달러에 이르며, 지금도 1,900여 명의 후예들이 150여 개의 공방에서 악기를 만들고 있다.

이처럼 가내수공업 형태의 공방은 대를 이어 계승되면서 한 직종에 평생 종사함에 따라 자연히 장인기업이 되었고 가족경영 체제로 이어져 오늘날의 중소기업으로 발전했다.

한편 많은 도시국가들은 교역을 위해 금화 등으로 된 화폐를 주조하여 이탈리아 반도는 물론 지중해 여러 나라로 유통시키면서 경제활동을 확대해나갔다. 12~14세기에 30여 개의 이탈리아 도시들이 각각 화폐를 제조한 점을 보면 규모는 작지만 각 도시들 차원에서 독자적인 경제활동이 활발했음을 짐작할 수 있다. 큰 도시에서는 일부 상인들이 중심이 되어 많게는 수십 명을 고용하는 회사를 운영, 현대 주식회사의 기원을 만들기도 했지만 대체로 소규모 장인 공방

체제가 주를 이루었다.

이와 같은 역사적 배경을 바탕으로 이탈리아 산업은 1800년대 중반 통일 이후에도 소자본에 기반을 둔 중소기업에 의존할 수밖에 없었다. 따라서 중소기업 위주의 이탈리아는 근대 산업화에 필요한 대규모 자본을 원활하게 확보할 수 없어 영국, 독일, 프랑스 등 다른 주요 유럽 국가에 비해 산업화가 늦어졌다.

△▼△

대기업의 등장과 변화

이탈리아는 1861년 통일 후 선진국을 따라잡기 위해 경제 발전에 관심을 가지면서 국가 주도로 철강 등 중공업 분야에 투자했으며 일부 민간 대기업들도 자동차, 전력, 고무, 화학 등의 사업에 진출했다. 1866~1913년에 제철, 철도 등 중공업 발전을 위하여 국영기업에 자금을 쏟아부은 결과 공공투자 규모는 독일, 프랑스, 영국, 일본, 미국보다 많았으며(비안코, 2003) 피아트, 몬테카티니, 피렐리, 에디손사와 같은 민간 대기업이 등장했다. 1933년에는 국영지주회사인 산업재건그룹(IRI)을 설립하여 철강, 조선, 항공, 에너지, 통신, 방송, 도로, 금융 등 기간산업의 발전을 주도했다. 이후 2차 대전을 겪으면서 한동안 침체의 늪에 빠졌다가 1948년 마셜 플랜의 지원으로 다시 경제 발전의 토대를 마련할 수 있었다.

전후 폐허 상황에서 산업예비군, 특히 남부지역의 유휴 인력은 북부지역의 산업화에 든든한 지원군이 되어주었으며, 정치적 안정과 원만한 노사관계도 성공적으로 경제를 발전시킬 수 있는 환경이 되었다. 많은 자본이 필요한 자동차, 철강, 중공업 설비, 석유화학 분야의 발전은 국영지주회사인 산업재건그룹과 국가석유화학그룹(ENI)이 주도했으며, 섬유 및 의류, 신발, 가구, 식품가공 등의 전통산업 분야는 민간 중소기업이 맡았다. 즉 1950년대와 1960년대에 이룩한 이탈리아의 기적적인 경제 발전은 국영 대기업과 민간 중소기업이 양대 축을 이루며 이끌었다고 볼 수 있다.

IRI 국영지주그룹은 산하에 1,000여 개의 기업을 거느리면서 고용 인원 55만 명, 연간 매출액 675억 달러로 세계 7위 규모의 기업으로 성장했다. 아울러 석유화학, 가스, 중공업 기계 분야의 ENI, EFIM 국영그룹도 세계적인 기업이 되었다. 민간 분야에서는 피아트, 올리베티, 피렐리, 몬테카티니와 같은 대기업이 두각을 나타냈으나 미국이나 독일 기업에 비해 상대적으로 규모가 작았다. 1970년대부터는 노조활동이 활발해지면서 노동자들의 목소리가 커지기 시작했고, 노조의 임금 인상 요구는 특히 대기업에 부담으로 작용했다.

임금 인상 등 근로 조건 개선은 국영기업의 경쟁력 또한 저하시켜 적자를 야기했고 그러한 적자를 정부 지출로 충당하다보니 국가부채가 계속 늘어나 국영 대기업을 통한 경제발전 추진은 한계에 맞닥뜨렸다. 민간 대기업들도 상황은 마찬가지였다. 한편 EU에 주역 국가로 참여한 이탈리아로서는 EU 규정 때문에 더 이상 마음대로 정부 지출을 통해 국영기업이나 민간 대기업에 자금 지원을 할 수 없게 되었다. 아울러 EU 참여를 위해 국가 부채를 줄여야 하는 것도 대기업에 대한 정부보조금 지급에 있어서 또 다른 제약으로 작용했다. 이어 1970년대의 석유 위기, 만성적인 인플레이션, 경기 침체 등의 국제적 환경은 대기업의 활동을 더욱 어렵게 만들었다.

그 결과 재정 개선, 자원 재배분을 통한 경제체제 개선, 재정적자 감축을 통한 EU 참여, 부정부패 방지 등의 이유로 IRI, EFIM 두 국영 그룹은 1979년부터 일부 독점적 첨단전략산업을 제외하고는 부문별로 민영화되기 시작했다. 이들 국영기업은 점진적인 매각 절차를 거쳐 2000년 완전히 해체되었으며 당시 매각된 민영화 대금 규모는 IRI 그룹 1,220억 유로를 포함하여 총 1,400억 유로에 달했다(비루치와 피에로본, 2007). 아울러 경쟁력이 떨어지는 올리베티와 몬테디손 등의 민간 대기업도 문을 닫거나 합병 등을 통해 다른 기업에 흡수되었다. 살아남은 피아트 같은 대기업도 노조의 임금 인상 요구와 파업으로 경쟁력에서 다른 나라에 밀리면서 점차 사업을 축소해야만 했다.

이탈리아는 경제대국임에도 불구하고 최근 《포춘》에서 선정한 세계 500대 기업에 들어가는 기업이 9곳에 불과하며 그나마 제조업 분야는 3곳뿐이다. 석유·화학 분야의 ENI, 과거 IRI 산하 항공·우주·군수산업 분야의 핀메카니카 국영기업그룹, 그리고 민간 기업인 피아트 그룹이다. 나머지는 우니크레디트 은행, 인테자 산파올로 은행과 에넬(전력), 텔레콤(통신), 제네랄리(보험), 이탈리아 우정국(우편) 등 공공서비스 분야의 기업이다.

△▼△

중소기업의 역할

천 년을 이어온 수공예 기술을 바탕으로 한 섬유, 신발, 가구, 식품가공 등의 전통분야 장인 공방이 기업 형태로 발전하면서 수많은 중소기업군을 형성했다. 다양한 분야의 중소기업은 소수 대기업과 함께 1950, 60년대에 이탈리아를 산업국가로 만드는 데 중추적 역할을 담당했다. 시대적으로 보면 1950년대에 중소기업이 늘어나는 추세를 보이다가 1960년대에 유럽 경제 붐 기간 동안 대기업의 인수 및 합병으로 중소기업의 증가세가 다소 주춤했다. 그러다가 1970년대에 들어서면서 중소기업의 비중과 역할이 더욱 확대되었다.

1960년대 말부터 노사 분규와 노사간 대립이 격화되었다. 이어 석유 위기로 인한 경기 침체 등으로 국제 경제 환경이 불안정해지자 상황 변화에 빠르게 대처할 수 있고 유연성이 강한 가족기업, 중소기업의 역할이 중요해졌다. 이들 중소기업은 상품 전문화를 통해 틈새 시장을 찾는 전략으로 시대 변화에 발 빠르게 대처했다. 아울러 장인제 방식으로 만든 상품으로 개방된 세계 시장에 진출했다.

1960, 70년대에 수송 및 통신이 발달하고 전자·자동화 시스템이 도입되는 환경에서 다양한 소비재에 대한 수요가 증가함에 따라 중소기업들은 생산 활동을 더욱 넓혀나갔다. 1970, 80년대에는 중소기업의 장점인 전문화와 유연성을 통해 대기업의 경직성을 보완했다(비안코, 2003). 노사 분규의 해결 방안으로 중소기업 붐이 다시

일어난 것이다. 임금 인상 등의 어려운 여건에 있는 대기업과 중소기업 간 상호 수평적 분업을 강화함으로써 중소기업은 대기업에 노동을 공급하는 역할을 했으며 이는 대기업에 부족한 유연성을 보완하는 효과를 가져왔다.

한편 중소기업 상호간의 수평적 분업 강화도 중소기업의 경쟁력을 높이는 데 한몫했다. 1970년대 전반기부터 중소기업들은 과거 전통산업 지역을 중심으로 클러스터, 즉 산업지구(DI, Distretti Industriali)를 조성하여 협력하기 시작했다(주디체, 2012). 프라토(섬유), 카르피(의류), 비제바노(신발), 브리안차(가구) 등이 대표적인 예로, 이들 산업 클러스터 내 중소기업들은 점차 경제의 핵심적 역할을 담당하기에 이르렀다. 이처럼 중소기업이 대기업보다 더 이익을 내고 투자와 생산성이 증가하자 이탈리아의 중소기업은 세계적인 관심과 연구의 대상이 되었다.

02

히든 챔피언을 넘어서

중소기업은 힘이 세다

이탈리아 중소기업은 경제와 산업의 동력으로서 GDP 산출, 고용 창출, 지역간 경제발전 격차 해소 등을 실현하는 데 핵심적인 역할을 담당한다. 2006년 EU 지침에 따라 기업은 극소기업, 소기업, 중기업, 대기업으로 분류되는데(〈표2〉 참조), 중소기업은 종사자 250명 미만 또는 매출액 5,000만 유로 이하인 기업이다. 따라서 이탈리아 중소 기업은 300명 미만을 중소기업으로 분류하는 우리나라와 비교할 때 약간 작은 편이다.

2010년 기준으로 농업 분야를 제외한 이탈리아의 전체 기업 수 는 446만 개(농업 분야 포함 시 611만 개)이고 그중 중소기업이 전체 사업체의 99.9퍼센트를 차지하며 전체 산업인구의 81.1퍼센트를 고용하면서 총부가가치의 69.6퍼센트를 창출하고 있다.

특징적인 것은 종사자가 10명 미만인 극소기업이 전체 기업체의 95.1퍼센트를 차지한다는 사실이다. 이를 서비스 분야와 제조업 분야로 구분해보면 서비스 분야의 비중이 97.6퍼센트로 제조업 분야의 82.3퍼센트에 비해 높다. 우리나라와 비교하면 2010년 기준 우리나라 중소기업은 사업체 수에서는 전체의 99.9퍼센트로 이탈리아와 비슷하나 종사자 수와 부가가치의 비중에 있어서는 각각 86.8퍼센트, 47.4퍼센트로 이탈리아(81.1퍼센트, 69.6퍼센트)에 비해 고용 비중은 높고 부가가치 비중은 낮은 편이다. 아울러 이탈리아 중소기업은 수출에 있어서도 전체 수출의 54퍼센트를 차지하고 있다.

〈표2〉 이탈리아 기업 규모별 기업 수와 비중(2010년 기준)

	고용 인원	매출액	기업 수	비중
극소기업	10명 미만	200만 유로 이하	4,241,909	95.1%
소기업	50명 미만	1,000만 유로 이하	193,605	4.3%
중기업	250명 미만	5,000만 유로 이하	21,770	0.5%
중소기업 합계			4,457,284	99.9%
대기업	250명 이상	5,000만 유로 이상	3,707	0.1%
총 계			4,460,991	100%

※ 출처: 이탈리아 통계청 통계 분석(2013년)

〈표3〉 유럽 주요국의 기업 규모별 기업 수, 고용, 부가가치 비중

(금융 분야 제외, 2012년 9월 기준. %)

	극소기업	소기업	중기업	중소기업	대기업
(기업 수 비중)					
이탈리아	94.6	4.8	0.5	99.9	0.1
독일	83.2	13.7	2.9	99.5	0.5
프랑스	93.1	5.8	0.9	99.8	0.2
영국	89.5	8.6	1.5	99.6	EU
EU 27개국 평균	92.2	6.5	1.1	99.8	0.2
(고용 비중)					
이탈리아	46.5	21.4	12.3	80.2	19.8
독일	19.2	23.0	20.6	62.8	32.2
프랑스	27.8	20.2	15.8	63.8	36.2
영국	20.5	18.6	15.1	54.2	45.8
EU 27개국 평균	29.6	20.6	17.2	67.4	32.6
(부가가치 비중)					
이탈리아	29.4	22.7	16.2	68.3	31.7
독일	14.9	18.4	20.1	53.9	46.1
프랑스	26.3	17.4	15.2	58.9	41.1
영국	18.5	14.8	16.4	49.7	50.3
EU 27개국 평균	21.2	18.5	18.4	58.1	41.9

※ 출처: 이탈리아 경제개발부(2013년)

한편 독일, 프랑스, 영국과 비교해도 〈표3〉에서와 같이 사업체 수, 종사자 수, 부가가치 등 모든 면에서 10명 미만의 이탈리아 극소기업의 역할이 두드러진다. 또한 사업체 수, 종사자 수, 부가가치 면에서 이탈리아 대기업, 중기업이 차지하는 비중이 다른 나라에 비해 낮은 반면 종사자 수, 부가가치 면에서 소기업의 비중은 다른 나라보다 높다. 이는 이탈리아가 불황을 이겨내고 경제를 발전시키는 데 있어 극소기업, 소기업이 크게 기여했음을 의미하며, 이탈리아 산업 발전 모델이 세계 유일의 독특한 모델로 평가받는 이유이기도 하다(주디체, 2012).

건설업을 제외한 제조업 분야의 기업체는 전체 기업체의 10.9퍼센트인 48만 7,000개이며 전체 종사자의 26.9퍼센트인 473만 명이 제조업에 종사하고 있다. 제조업 분야에서 사업체 수와 종사자 수의 비중을 기업 규모별로 보면 극소기업 81.6퍼센트, 소기업 15.9퍼센트, 중기업 2.2퍼센트, 대기업 0.3퍼센트다. 종사자의 비중은 극소기업 23.4퍼센트, 소기업 30.9퍼센트, 중기업 21.5퍼센트, 대기업 24.2퍼센트다.

중소기업은 유럽 경제에서 중추적 역할을 담당한다. 〈표3〉에서와 같이 2012년 기준 EU 중소기업체 수는 금융 분야를 제외한 EU 전체 기업체의 99.8퍼센트를 차지하며 이 가운데 극소기업, 소기업, 중기업의 비중이 각각 92.2퍼센트, 6.5퍼센트, 1.1퍼센트이고 대기업의 비중은 0.2퍼센트에 불과하다. 따라서 EU 경제·산업 정책도 중소기업에 중점을 두고 각종 규정을 시행하고 있으며 이탈리아도 EU 중소기업 정책의 틀에서 중소기업 발전을 지원하고 있다.

△▼△

말벌이 날 수 있는 이유

이탈리아는 다른 유럽 국가와 비교할 때 산업의 규모와 분야에서 매우 특징적이다. 앞에서 살펴본 바와 같이 기업체 수에서 극소기업과 소기업의 비중이 주요 선진국 가운데 가장 높고 부가가치도 큰 비중을 차지한다. 산업 분야의 특징과 관련하여 제조업은 크게 메이드 인 이탈리아(Made in Italy) 산업, 기계 산업, 기타 제조업으로 구분된다. 메이드 인 이탈리아 산업은 이탈리아가 오래전부터 고품질 제품으로 세계 시장을 선도해오고 있는 식품, 섬유 및 의류, 가죽 및 신발, 목재, 펄프, 인쇄물, 가구, 비철금속 및 기초 금속 등의 산업이다. 기계 산업은 각종 기계와 의료장비가 해당하며 유류, 화학품, 전자, 수송장비 등은 기타 제조업에 속한다.

관련하여 2006년 기준 기업체 수에서 메이드 인 이탈리아 산업이 전체의 절반 이상(50.9퍼센트)을 차지했고 기계 산업과 기타 제조업의 비중은 각각 17.3퍼센트와 31.8퍼센트였다. 고용에서 메이드 인 이탈리아 산업, 기계 산업, 기타 제조업의 비중은 각각 42.8퍼센트, 21.4퍼센트, 35.8퍼센트이며 부가가치에서는 각각 37.8퍼센트, 23.7퍼센트, 38.4퍼센트였다. 두 전통산업 분야의 비중이 업체 수, 고용, 부가가치 면에서 61~68퍼센트에 달하는 것은 이탈리아 산업이 주로 전통산업인 메이드 인 이탈리아 산업과 기계 산업에 기반하고 있음을 나타내며 이러한 이탈리아의 특정 산업 특화 모델은 최근

30년간 별다른 변화가 없었다.

중소기업간 클러스터를 통한 상호 협력은 적어도 부분적으로는 규모가 작다는 한계를 극복하는 데 도움이 되었다. 기업들은 클러스터 내에서의 상호 협력은 물론 클러스터 밖으로 협력 범위를 확대하여 협력계약 체결 등을 통해 연대함으로써 규모 경제의 효과를 보완하기도 한다. 한편 이탈리아 생산 구조의 또 다른 특징은 대기업이 소수에 불과하다는 것인데 이는 전자, 화학 등의 전략적인 분야에서 올리베티, 몬테디손과 같은 대기업이 퇴출되었기 때문이다. 그리고 소수의 중기업이 독일의 히든 챔피언과 같은 중요한 역할을 수행하고 있다. 1990년대 히든 챔피언의 특징을 가진 4,000여 개의 중기업이 형성되어 세계화 과정에 능동적으로 참여한 것에 대해 전문가들은 그들의 세계 시장에서의 선도적 위상을 감안하여 '제4의 자본주의(quarto capitalismo)'라고 부른다.

그렇다면 이탈리아에서 중소기업, 특히 극소기업과 소기업이 발달한 이유는 무엇일까?

우선 앞에서 언급한 대로 도시국가로 분할된 환경에서 자본이 부족하고 시장이 협소함에 따라 기업이 클 수 없었던 역사적 배경이 있다. 그리고 현대에 와서는 상대적으로 노조의 압력을 덜 받는 중소기업이 대기업보다 활동 영역을 넓히기 쉬웠고, 이는 중소기업의 사회적 역할이 더욱 커지는 이유가 되었다.

그 밖에 이탈리아에서 중소기업이 발달하게 된 원인으로 아래와 같은 점을 들 수 있다.

이탈리아 중소기업은 종종 말벌에 비유된다(주디체, 2012). 과거 수십 년간 물리학자들은 말벌에 흥미를 갖고 연구를 계속해왔다. 말벌의 몸통 무게를 따져보면 중력을 이기기에는 날개의 넓이가 충분하지 않아 도저히 날 수가 없는데도 자유롭게 날아다니는 것이 미스터리였던 것이다. 그와 같은 맥락에서 이탈리아 중소기업들이 규모도 작고 자본도 부족하며 경영 교육도 제대로 받지 못한 경영자들이 회사를 운영하는데도 어떻게 해서 그처럼 기업을 유지할 수 있느냐는 것이다. 소규모, 유연성, 적응력 등과 같은 전통적인 패러다임만으로 헤쳐나가기에는 현실이 녹록지 않아 보이기 때문이다.

결국 학자들은 말벌이 다른 곤충들보다 훨씬 빠른 움직임, 즉 초당 230회에 달하는 엄청난 날갯짓으로 날 수 있다는 사실을 발견했다. 이탈리아 중소기업이 말벌에 비유되는 것은 날기 위해 쉼 없이 날개를 움직이는 말벌들처럼 생존을 위해 부단하게 발버둥 치기 때문이다.

△▼△

해고가 가능한 15인 미만의 소기업

이탈리아는 세계 시장 수출을 기준으로 볼 때 유럽에서 독일 다음으로 제조업이 강한 나라임은 물론 1인당 산업 생산을 기준으로 봐도 독일 다음으로 일본, 미국보다 앞선 세계 2위의 제조업 강국이다(MEF, 2013). 그 배경에는 개미군단과 같은 강한 극소기업과 소기업이 있다. 이탈리아 제조업 사업체 48만 7,000개 가운데 9인 이하 극소기업이 전체의 81.6퍼센트를 차지하므로 15인 미만 기업의 숫자는 전체 기업의 85퍼센트 내외가 될 것으로 짐작된다.

이탈리아에서 극소기업과 소기업이 발달할 수 있었던 이유 중 첫 번째로 꼽는 것은 종사자 15인 미만의 소기업의 경우 노조의 압력과 간섭을 덜 받았기 때문이다. 근로자보호법 제18조에 따르면 15인 미만 소기업은 종업원을 해고한다 해도 적정한 보상만 한다면 15인 이상의 기업처럼 법원으로부터 복귀명령 판결을 받지 않으므로 해고가 자유롭다. 20여 년 전에 이러한 소기업의 혜택을 폐지하자는 주장이 대두되어 관련 법안의 수정을 국민투표에 회부했으나 부결되었다. 그러나 노조측에서는 피고용자의 권익을 내세워 지금도 소기업의 해고 권리를 폐지할 것을 주장하고 있다.

△▼△

유연성과 특화

둘째, 기업 규모가 작아서 외부 환경 변화에 발빠르게 대처할 수 있고, 특정 분야에 대한 전문화 및 특화도 가능하다. 즉 규모가 작은 기업은 경쟁에서 살아남기 위해 유연성 있게 수요자의 기호에 부응하면서 다양한 고급 제품을 시장에 내놓을 수 있다.

1988년 중반 무렵이다. 대선에서 실패한 고 김대중 전 대통령이 영국에 체류하면서 평민당 총재 자격으로 많은 의원들과 기자단을 대동하고 이탈리아를 방문하여 정계 인사들을 만났다. 당시 김 전 대통령은 이탈리아 기독교민주당의 당서기장을 역임한 원로 정치가 플라미니오 피콜리 국제기민당 총재와 환담하는 자리에서 이탈리아 중소기업 발전에 대해 깊은 관심을 보이며 피콜리 총재에게 그 비결을 물었다. 피콜리 총재는 이탈리아 중소기업들이 소비자의 숨소리를 들어가며 제품을 만들고 있다고 답했다. 그만큼 중소기업들이 소비자의 취향 변화에 촉각을 곤두세우고 유연성 있게 제품을 만들고 있다는 뜻이었다. 그러자 김 전 대통령은 이탈리아의 이런 강점을 배울 필요가 있다면서 평민당 전문위원을 파견하겠다고 말했고, 얼마 지나지 않아 당 전문위원 2명이 한 달 동안 이탈리아의 여러 기관을 돌아보며 꼼꼼하게 살폈다.

△▼△

왕성한 기업가 정신

셋째, 소기업의 왕성한 기업가 정신이 기업을 강하게 만든다. 15인 미만 기업의 경우를 살펴보면, 소기업은 사업주와 그 가족, 그리고 피고용자들로 구성된다. 여기에서 피고용자들은 법정 근로 조건에 따라 1주일에 40시간을 일하며 연중 한 달은 유급휴가에 병가, 출산휴가 등으로 사용할 수 있다.

반면, 사업주와 그 가족은 사정이 다르다. 밤낮이 따로 없고 주말은 물론 휴가도 제대로 쉬지 못한다. 많은 사업주들의 거주지가 공장 가까이에 있거나 공장 내에 있는 것은 일의 편의성 때문이다. 또한 직원들의 이직을 막고 일의 능률을 높이기 위해 노력하는 한편 협력 업체들과도 좋은 관계를 유지하기 위해 애를 쓴다. 더욱이 국내외적으로 치열한 경쟁에서 살아남기 위해서 품질의 고급화와 새로운 상품의 개발을 위해 말벌처럼 부단히 노력한다. 그러다보니 위험을 무릅쓰고 무리하게 사업을 확장하기보다는 신뢰와 안정을 우선시하면서 밤낮으로 끊임없는 혁신 활동을 통해 질적 향상을 추구할 수밖에 없다.

△▼△

일에 대한 자부심과 천직 의식

넷째, 이탈리아 소기업의 힘은 자신의 일에 대한 자부심과 천직 의식에 기반한다. 이탈리아에서는 개인이나 기업 할 것 없이 한 우물을 파는 의식과 풍토가 강하다. 사람이 한 직종에서 오래 일하다보면 전문가가 될 가능성이 높아진다. 많은 세계적인 명품이 이탈리아에서 만들어지고 있는데 이는 공장에서 단기간 일한 직공들에 의해서가 아닌 짧게는 10년에서 길게는 수십 년 동안 경험을 쌓은 전문 장인들의 감각적인 손끝에서 만들어진다. 그들의 작업은 육체노동이 주가 되기 때문에 단기간에 숙련하기가 쉽지 않고 오랜 경험을 필요로 한다. 세계적 명품인 프라다 핸드백이나 구두를 만든다거나, 한 벌에 5만 유로(한화 7,500만 원)를 호가하는 키톤 양복을 재단하는 것이 그렇다. 또 대리석을 깎아내거나 최고급 스포츠카인 페라리를 조립하는 것 역시 학교에서 배운 지식보다 숙련된 기술이 필요하다.

이탈리아 사람들은 직업의 귀천을 가리지 않고 자신이 선택한 일을 평생 하려는 경향이 강하다. 우리나라는 대학에 가지 못하면 인생의 큰 실패로 여기는 사회 분위기 때문에 공부에 큰 뜻이 없거나 집안 형편이 어려운데도 무리를 해서라도 대학에 가려고 한다. 이탈리아에서는 학비가 거의 들지 않는데도 소수만이 대학에 진학한다. 그 저변에는 학력의 고하, 직업의 귀천에 전혀 개의치 않는 국민성이 깔려 있다. 주어진 일을 천직으로 생각하며 한 우물만을 파는 꾸준함과 성실함 때문에 세계 최고급 제품을 만들어낼 수 있는 것이다.

필자는 이탈리아의 여러 산업 클러스터를 돌아본 적이 있다. 그때 인상적이었던 것은 전통적인 산업에 기반한 기업들의 경우 그 지방 실업계 고등학교 출신이 숙련 기술직의 주축을 이루고 있었으며, 대졸자는 매우 적었다. 기업에 따라서는 중졸 이하의 직원도 많았다. 앞서 언급한 바와 같이 이탈리아는 25~64세 인구 가운데 최종 학력이 중졸인 경우가 44.3퍼센트인데, 이것은 산업 현장에도 그대로 적용되었다. 첨단기술 산업 분야 기업인 경우에도 대졸자가 전체 종업원의 10퍼센트를 넘지 않았다.

카네파(매출 1억 유로, 직원 700명)사는 코모 실크 산업 클러스터에서 3대 선두기업의 하나로 루이비통 등에 각종 디자인, 염색 실크 제품을 공급하며 자사 고유 브랜드도 보유하고 있다. 세계 최고의 실크제품을 만드는 이 회사 사주의 아들인 알폰소 사이베네 카네파에게 직원 가운데 대졸자가 얼마나 되느냐고 묻자 그는 대졸자가 있는지

조차 모르겠다고 답했다. 일을 하는 데 있어 대학 졸업 여부는 중요하지 않다는 반응인 것이다. 각 부서의 기술자는 대부분 코모에 있는 실크기술학교 출신이었다.

에어버스 여객기, 유로파이터 전투기 제조회사에 주요 부품을 납품하는 엘레트로니카 아스터(매출 2,500만 유로, 직원 140명)사는 고도의 정밀전자 제품을 만든다. 이 회사의 사주인 움베르토 디 카푸아의 말에 따르면 직원 중 대졸자가 10퍼센트 정도이며 숙련된 실업계 고등학교 출신 직원이 제품을 생산 및 개발하는 데 별 어려움이 없다고 한다. 보잉, 에어버스에 공작기계를 판매하는 잡스(매출 5,000만 유로, 직원 200명)사의 CEO인 마르코 리벨리에 따르면 회사 내 대졸 출신이 10퍼센트 정도로, 고졸 출신과 함께 첨단기술 제품을 연구, 개발한다고 한다.

이탈리아는 대리석으로도 유명하다. 특히 피사의 사탑에서 60킬로미터 북쪽에 있는 1,800미터 높이의 카라라 산은 흰 대리석으로 덮여 있다. 로마 시대부터 이곳의 질 좋은 대리석으로 조각이나 신전 등을 만들었고, 중세에는 미켈란젤로가 '피에타', '다비드'와 같은 불후의 걸작을 조각했으며, 피사의 사탑을 만드는 데 필요한 1만 4,453톤의 대리석도 이곳에서 가져왔다고 한다. 질 좋은 대리석이 많다보니 관련 공방도 많다.

언젠가 그곳의 한 공방을 방문한 적이 있다. 80세와 70세의 두 장인 형제가 외국인 예술가가 창작한 손바닥 크기의 조각 모형을 옆에 놓고 사람 키만한 큰 대리석 덩어리를 깎아내는 작업을 하고 있었다. 드릴로 대리석을 깎아낼 때마다 하얀 돌가루를 뒤집어써야 하는 열악한 작업 환경이었다. 형은 60년째, 아우는 50년째 이 일을 해오고 있다고 했는데, 고령의 나이에도 일에 대한 열정이 넘쳤다. 필자는 그 모습에 깊은 인상을 받고 그만큼 오랜 경력을 쌓았으니 직접 조각품을 만들어도 되지 않겠느냐고 물었다. 그러자 팔순의 형은 자신들은 석공일 뿐 작품을 창작할 능력이 없으며 오로지 남이 창작한 모형(미니어처)을 원하는 크기로 깎아줄 뿐이라고 했다. 그러고는 1960, 70년대만 해도 이곳에 공방이 200여 개가 있었는데 지금은 소수만이 남아 있다며 아쉬움을 나타냈다.

이와 같이 이탈리아에서는 학력이나 경륜의 길고 짧음은 물론 직업의 귀천이 그 사람을 평가하는 중요한 척도가 되지 않는다. 또 직업도 상하 수직관계가 아니라 분업의 차원에서 각자가 주어진 일을 충실하게 하는 것이 무엇보다 중요하다는 의식이 저변에 깔려 있다. 학력과 지위가 높은 사람은 그만큼 책임이 뒤따르는 어려운 일을 하면서 고민해야 하고 단순 직종에 종사하는 사람은 복잡하지 않은 일을 하는 데에 만족하는 분업의식이 강한 것이다.

△▼△

기업가의 겸손

이탈리아 기업문화의 또 다른 특징은 많은 사람들이 겸손이 몸에 밴 자세로 일한다는 것이다. 앞에서 예를 든 12명 규모의 가구 공장을 운영하고 있는 치테리오 사장과 2012년 말 인터뷰하면서 그동안 알지 못했던 사실을 알게 되었다. 본인, 형, 딸을 포함해서 12명이 일하는 작은 가구 제조업체이지만 1990년 걸프전이 발발하기 전까지는 이라크 사담 후세인의 궁에 100만 유로 값어치의 가구를 공급하고 실내장식을 담당했다고 한다. 결과물이 매우 만족스러웠는지 후세인 대통령의 최측근인 경호실장이 그를 후세인 대통령에게 직접 소개했다고 한다. 그뿐만이 아니다. 카다피 궁과 밀로세비치 궁에도 가구를 공급하고 실내장식을 해준 적이 있고 현재는 2014년 동계 올림픽 개최 장소인 소치에 건립 중인 푸틴이 머물 숙소에 가구를 장식하는 일을 하고 있다고 한다.

우리나라 같으면 그와 같은 실적을 회사 카탈로그에 싣고 대대적으로 홍보를 하겠지만 치테리오사의 카탈로그에는 아무런 언급조차 없었다. 필자가 왜 그러한 사실을 적극 홍보하지 않느냐고 묻자 치테리오 사장은 대답 대신 "자신의 가구를 산 국가원수들이 왜 죽는지 모르겠다"는 농담을 하며 웃었다. 그 모습을 보고 중소기업가의 겸손한 태도가 달리 보였으며 기업을 운영하는 데 있어 허식은 필요하지 않다는 뜻으로 해석했다.

제일모직에 상표 라이선스를 제공하고 있는 팔질레리(매출 1억 4,000만 유로, 직원 950명)사의 예도 비슷하다. 공장 내에 큰 직원 식당이 있는데, 이곳에서는 상하 구분 없이 전 직원이 10미터가 넘는 긴 테이블에 앉아 식사를 한다. 잔프랑코 바리차 사장은 외국인 고객을 비롯하여 귀한 손님이 왔을 때에도 직원 식당으로 데리고 간다. 필자도 바리차 사장과 함께 그 식당에서 식사를 했다. 그런데 놀랍게도 고급 식당에서나 먹을 수 있는 풀코스 식사가 제공되었다. 사장이든 말단 직원이든 모두가 같은 공간에서 음식을 먹었다. 그 외에 직원을 대하는 여러 가지 면에서도 바리차 사장은 겸손한 자세가 몸에 배어 있었다.

△▼△

고향 가까이 살며 일한다

다섯째, 대부분의 이탈리아 사람들은 주어진 직업을 평생 천직으로 생각하며 살아가는데 이는 본능에 가까울 정도로 고향에서 멀리 떨어져 살기를 싫어하는 것과 직접적인 관련이 있다. 그들은 어려서부터 무엇을 할까를 꿈꿀 때 자기가 희망하는 일을 하기 위해 외지로 나가기보다는 고향 가까이에서 할 수 있는 일을 찾는 것 같다. 남부지역처럼 산업이 낙후하여 주변에 일자리가 없는 경우에는 군인, 경찰, 공무원 등의 직업을 선택해서 다른 지역으로 나가서 살 수밖에 없다. 하지만 공업화가 이루어진 북부지역에서는 멀리 갈 필요 없이 집 가까이 있는 기업에 다니면 된다.

남부지역 출신을 포함하여 많은 이탈리아인은 다른 지역에서 살게 되더라도 기회가 되면 고향 가까이로 옮겨 정년까지 그곳에서 일하려는 욕구가 강하다. 고향 가까이 살면 마음이 안정되어 한 직종에 전념할 수 있게 되므로 시간이 갈수록 숙련도가 더욱 높아지고 장인의 경지로 발전할 가능성이 높다.

아래의 관련 통계를 보면 이탈리아 사람들이 얼마나 자기 고향 가까이에서 살며 일하기를 원하는지를 알 수 있다. 최근 이탈리아 사회투자연구원(CENSIS)이 조사 발표한 바에 따르면 이탈리아 전체 인구 가운데 31퍼센트가 부모와 살고 있고, 42.3퍼센트는 부모 집에서 도보로 30분 이내 떨어진 곳에서 산다고 한다. 즉 전체 인구의 73퍼센트가량이 자기가 태어난 고장에서 일하며 사는 것을 알 수 있다. 연령대로 보면 18~29세는 60.7퍼센트가 부모와 함께, 26.4퍼센트가 부모와 30분 이내 거리에 살고, 30~45세는 25.3퍼센트가 부모와 함께, 42.5퍼센트가 30분 이내 거리에 살며, 45~64세는 11.8퍼센트가 부모와 함께, 58.5퍼센트가 30분 이내 떨어진 거리에 각각 살고 있다고 한다.

밀라노에서 동쪽으로 50킬로미터 떨어진 인구 2,300명의 발두자는 금속 주물 산업 클러스터로 유명하다. 94개 사업체 가운데 34개가 시내에 자리 잡고 있다. 회사 직원들 대부분은 걷거나 자전거를 이용하여 출퇴근하며 점심시간에는 집에 가서 식사를 하기도 한다.

특히 18~29세의 청년들이 부모와 함께 사는 경우가 10년 전에 비해 10퍼센트가 증가했다고 한다. 이는 청년 일자리가 부족하여 적지 않은 청년들이 실업 상태에 있기 때문이기도 하지만 집 가까이에 살려는 마음이 크게 작용한 결과라고 하겠다. 청년들이 고향을 벗어나 직장을 구하려 하지 않는 데는 또 다른 이유가 있다. 타지에서 직장을 구할 경우 주택 임대료 등을 내고 나면 남는 돈이 얼마 되지 않기 때문이다. 독일, 프랑스, 영국, 네덜란드, 덴마크에서는 이러한 청년 취업 문제 해소의 일환으로 사회주택(social housing)을 지어 제공하고 있으며 이탈리아도 2007년부터 5억 4,000만 유로의 기금을 책정하여 사회주택 사업을 시작했다.

필자가 잘 아는 이탈리아 청년 경제학자의 예를 들어보겠다.

28세인 A씨는 시칠리아 섬 남부 작은 도시 출신으로 최근 경제학 박사 학위를 마치고 북부지역 대학의 계약직 조교수로 있는 전도 유망한 학자다. 그는 최근 네덜란드 일류 대학으로부터 부교수 제의를 받았지만 거절했다. 평생을 운전기사로 일한 아버지와 멀리 떨어져 살고 싶지 않았기 때문이다.

그의 소망은 소박하다. 아버지 곁에 살면서 고향 가까운 대학에서 학생들을 가르치는 것이다. 그것이 힘들면 출신 지역 가까이 있는 상공회의소와 같은 기관에서 조사 담당 일을 하는 것이다. 그는 미국의 명문 대학으로 가서 박사 학위를 받을 수도 있었지만 자신의 고향과 나라를 떠나서 살고 싶지 않아서 그렇게 하지 않았고 그 마음은 지금도 변함이 없다고 한다.

이와 같이 이탈리아 청년들의 고향을 사랑하는 마음은 천직 의식과 함께 중소기업 발전의 밑거름이 되었다고 하겠다. 사실 이탈리아 청년들 가운데 외국에서 유학하는 학생은 다른 나라에 비해 적은 편이다. 외국 유수한 대학에서 학위를 마친다 해도 이탈리아로 돌아와 자리를 잡기란 여간 어려운 일이 아니다. 현재 미국, 유럽 등의 대학 또는 국제기구에 근무하는 많은 이탈리아인 가운데 이탈리아에 돌아와 일하기를 희망하는 석학들이 많지만 그들이 일할 곳이 마땅치 않다고 한다. 모든 일자리가 고향 가까이에서 살며 자신의 일을 천직으로 생각하는 사람들로 이미 채워졌기 때문이다.

△▼△

자생적 산업 클러스터의 발달

여섯째, 중소기업이 발전할 수 있는 또 다른 이유로 동종 혹은 유사 업종의 기업들이 지리적으로 가까운 곳에 모이면서 형성된 산업 지구인 클러스터를 빼놓을 수 없다. 그러한 산업지구가 이탈리아 전역에 걸쳐 200여 개에 이르며, 이들 산업지구를 중심으로 중소기업들은 상호 유기적인 협력을 통하여 규모가 작은 약점을 보완하고 있다. 산업 클러스터에 대해서는 뒤에서 자세히 설명하겠지만 중소기업들은 많은 인력과 복잡한 과정이 요구되는 완제품을 상호 협력을 통해 만들고 있다.

이와 같은 산업 클러스터는 비공식적인 집합체의 형식을 도입하여 기업간 질적 협력관계를 도모하는 한편 최근에는 기업간 네트워크 계약의 체결이 활성화되면서 기업간 집합(aggregation)이 확산되고 있다. 또한 기업들끼리 그룹을 만들어 경쟁력을 강화하여 글로벌화하는 시장에 대응해나가고 있다.

△▼△

내수보다 해외시장 겨냥

마지막으로 이탈리아 중소기업이 강한 것은 내수보다 해외시장을 겨냥하여 제품을 만들기 때문이다. 이탈리아는 세계 8위의 수출국가로서 2010년 기준 제조업 분야 기업의 절반에 가까운 20만 6,000개가 GDP의 25.8퍼센트를 해외에 수출하고 있다. 이 가운데 중소기업의 수출이 54퍼센트를 차지하고 있으며 그와 같은 수출 비중은 계속 늘어나는 추세다.

03

중소기업을 바라보는
두 시각

중소기업의 약점과 강점

중소기업이 천 년의 역사를 자랑하며 지금까지 이어져 내려오고 이탈리아의 경제 발전에 기여한 데 대해 의심의 여지는 없다. 그리고 지금도 이탈리아 경제에서 중소기업이 차지하는 막중한 비중을 생각하면 그 중요성에 대해서도 이견이 없다. 그러나 세계시장이 글로벌화하는 등 환경이 변화함에 따라 규모가 작은 중소기업으로 이탈리아 경제를 제대로 이끌어나갈 수 있느냐를 놓고 전문가들 사이에서 의견이 분분하다. 한쪽에서는 그동안 자주 사용해오던 '작은 것은 아름답다(piccolo è bello)'라는 말이 더 이상 의미가 없으므로 중소기업 중심의 구조에서 벗어나야 한다고 주장한다. 또 다른 쪽에서는 중소기업이 그동안 해온 막중한 역할을 계속해서 살려나가야 한다는 입장이다.

중소기업의 단점으로 우선 지적되는 것은 규모 경제에 있어 불리하고 낮은 생산성으로 인해 저성장에 머물 수밖에 없다는 점이다. 가족기업이 주를 이루다보니 경쟁을 싫어하고 실적보다는 이해관계, 정실주의, 충성심 등 가족의 힘이 작용한다. 또한 소유와 경영이 분리되지 않아 저자본의 틀을 벗어나지 못한다. ICT 기술을 충분히 사용하지 않고 혁신활동도 부족하여 고수익, 자본집약 산업 분야에서 매우 취약하다. 그뿐만이 아니다. 근로자에게 낮은 임금을 지불함은 물론 일부 기업이 탈세, 불법노동 등에 의존하고 있어 선순환적 산업 발전을 기대하기가 어렵다. 그러다보니 시간이 지날수록 기업의 대외 경쟁력이 떨어지고 가족간의 기업 승계가 감소하는 등 중소기업의 장점이 줄어들 수밖에 없다.

한편, 중소기업의 장점을 주장하는 쪽에서는 규모가 작고 오랜 연륜을 바탕으로 상황 변화에 유연하게 대처할 수 있는 것은 물론 전문 분야에 특화되어 있으므로 고품질의 제품을 다양하게 생산할 수 있어 세계 틈새시장에서의 경쟁력을 확보할 수 있다고 말한다. 그리고 가족 관리 체제가 언뜻 보기에는 매우 단순한 조직 모델 같지만 그만큼 강한 리더십과 추진력을 지닐 수 있다는 것이다. 또 중소기업에는 계속하여 혁신하지 않으면 몰락한다는 의식이 팽배하여 연구개발에 많은 돈을 투자하지 않으면서도 효율적으로 놀라운 혁신을 달성해나가는 능력을 가지고 있다는 것이다. 아울러 지역에 뿌리를 내리고 있어 협력기업과도 유기적인 관계를 맺는 것도 강점으로 꼽았다(주디체, 2012).

△▼△

달콤한 인생이여 안녕

《이코노미스트》는 2005년 11월 26일자에 '달콤한 인생이여 안녕(Addio, Dolce Vita)'이라는 제목으로 이탈리아 경제에 대한 특집 기사를 실었다. 이탈리아어로 달콤한 인생을 의미하는 '돌체 비타(Dolce Vita)'는 이탈리아 영화계의 거장인 페데리코 펠리니 감독이 1960년 제작하여 당시 세계적인 화제를 일으켰던 영화의 제목으로 쓰인 이래 풍요로운 이탈리아를 비유하는 말로 자주 사용된다. 그러나 《이코노미스트》는 아래와 같은 내용으로 이탈리아의 풍요로운 생활은 더 이상 지속되지 못할지도 모른다고 지적하면서 이탈리아 경제를 비판했다.

"아름다운 역사 도시들, 놀라운 예술문화, 좋은 음식과 포도주, 장수와 가족간의 유대 등을 보면 이탈리아에서의 삶은 달콤하게 보인다. 1987년에는 이탈리아 경제가 영국을 앞지르기까지 했다. 그러나 그 이후 15년간 이탈리아 경제는 유럽 국가들 가운데 가장 저조한 성장세를 보여 2005년 이탈리아 경제 규모는 영국의 80퍼센트로 줄어들었다. 이탈리아 경제의 중추인 가족 소유 소기업은 비용 증가, 생산성의 제자리걸음 또는 하향으로 인해 계속 압박을 받고 있다. 경제력은 급속히 쇠퇴, 세계 무역에서의 비중과 외국인 직접투자는 낮아졌다. 세계경제포럼은 이탈리아의 국가 경쟁력을 아프리카 보츠와나보다 한 단계 위인 42위로 분류했다. 섬유, 신발, 가구, 백색 가전제품 등의 산업에 특화된 이탈리아 중소기업들은 중국 등 아시아 국가들의 추격을 받고 있다.

경기 하향으로 생활수준은 낮아지고 2002년 1월 유로존 가입 이후 생활비는 비싸져 사람들은 휴가를 줄이거나 취소하고 신규 자동차 구입도 나중으로 미루고 있다. 경제에 활기가 떨어져 많은 문제들이 생겨나고 인프라도 삐걱거린다. 교육은 뒤처지고 연구 개발도 부진하며 탈세, 무허가 건축, 조직범죄, 부정부패 등 사회신뢰도 역시 떨어진다. 15~64세 취업인구 비율은 57퍼센트로 영국(73퍼센트), 독일(66퍼센트)에 비해 낮으며 특히 남부지역 청년들의 높은 실업률은 큰 문제다. 거기에 정치 불안정도 경제에 부정적인 영향을 준다. 18세기 말 나폴레옹의 점령으로 무역 중심지였던 베네치아는 쇠락하여 그저 하나의 관광지로 변했는데 이탈리아도 베네치아와 같은 운명을 따르게 될 수도 있다.

이탈리아는 지금 스스로 개혁할 것인가, 아니면 쇠퇴의 길을 걸을 것인가 하는 기로에 서 있다. 여러 가지 면에서 아직도 부자나라라고 할 수 있는 이탈리아는 가지고 있는 천부적인 재능과 발명 및 창조 능력으로 나라를 위기에서 구할 수도 있을 것이다. 소기업이 많고 대기업이 적은 것은 약점이지만 그것은 오히려 변화에 유연하게 적응하는 장점이 될 수 있다. 그러나 단기적인 전망은 어둡다. 시장

자유화를 위한 구조 개혁과 방만하고 비효율적이며 때로는 부패된 공공분야에 대한 경쟁력 제고는 더 이상 선택할 수 있는 사항이 아니다. 과거처럼 화폐 평가절하로 문제를 해결할 수도 없으며, 아시아 특히 중국의 저가 상품 유입으로 제조업 분야 소기업의 고통이 심해지고 있기 때문이다. 레온카발로의 오페라 〈광대들(Pagliacci)〉의 마지막 장면이 "연극은 끝났다"라는 말로 막을 내리는 것처럼 이탈리아도 바로 지금 이 시점에 서 있다."

△▼△

누가 이탈리아를 구원할 수 있을까

위와 같은 이탈리아에 대한 특집 기사를 쓴 지 7년 3개월이 지난 2013년 2월 16일 《이코노미스트》는 표지에 피사의 사탑 이미지와 함께 '누가 이탈리아를 구원할 수 있을까?'라는 제하로 2013년 총선에서 누가 승리해야 하는지에 대한 분석과 함께 다음과 같은 요지로 이탈리아 경제를 평가했다.

"재정 위기를 겪는 일부 유로존 국가들의 공채 수익률이 하락하고 예산 적자가 감소하고 있어 유로화 위기가 끝난 것처럼 보이지만 유로화는 만성적인 심각한 단계에 있다. 우려되는 것은 위기의 포인트가 국가 재정과 은행의 파산에서 일자리 부족과 저성장으로 옮겨가는 점이다. 경쟁력 상실, 고실업률과 경기침체는 유럽 단일 통화에 가장 큰 장기적인 위험이 되고 있으며 그중 이탈리아는 최악의 상태에 있다. 이탈리아의 문제는 다른 나라와 달리 뚜렷하게 보이지는 않는다. 방만한 국가 부채는 GDP의 거의 130퍼센트에 이르나 공공 재정과 은행의 사정은 그리스, 포르투갈보다 나아 보인다. 스페인이나 아일랜드와 같은 부동산 거품도 없다.

그러나 이탈리아의 지난 14년간의 경제 성장률은 거의 제로에 가까우며 2002년 유로화 도입 후 1인당 실질 GDP는 감소했다. 2000년 이후 1인당 GDP 실적 지수는 세계 179개국 가운데 169위로 아이티, 에리트레아, 짐바브웨를 앞선 정도다. 1999년 이래 인건비는 독일보다 빨리 증가하여 생산성은 떨어졌다. 단위당 인건비 상승은 만성적인 공공적자의 주요 요인으로 작용하고 있다. 1960년대와 1970년대는 고인플레와 화폐 평가절하를 통해 성장할 수 있었고 1980년대 성장이 완만할 때는 공공지출과 공공부채 증가에 의존했다. 그러나 유로화에 참여함으로써 화폐 평가절하의 안전판을 잃고 공공부채는 계속 증가하고 있다.

그러다보니 생활수준은 하락하고 인프라는 낙후되어 사회문제는 더 커졌다. 실업률은 11퍼센트 이상이며 청년 실업률은 36퍼센트를 넘어섰다. 몬티 총리의 개혁정책 이후에도 노동시장은 영구 계약으로 보호받는 백인, 남성, 중년과 같은 안에 있는 사람과 임시계약으로 보호받지 못하는 이민자, 여성, 청년과 같은 밖에 있는 사람들로 나누어져 있다. 세계경제포럼은 최근 이탈리아의 경쟁력을 세계 42위로 평가했으며 세계은행은 사업하기 좋은 나라를 평가하면서 이탈리아를 세계 73위로 꼽아 루마니아, 불가리아, 키르기스스탄보다 못한 나라로 분류했다.

외국인 직접투자가 미약하고 연구개발이 저조한데다 전기요금은 유럽 평균보다 50퍼센트가 높아 에너지 시장도 비경쟁적이다. 부정부패 지수인 국제투명성에 있어서도 이탈리아는 72위로 평가되었다. 그러므로 이탈리아가 성장을 재점화하고 새로운 일자리를 창출하지 않는 한 희망은 보이지 않게 될 것이다. 북부 유럽 국가들이 더 이상 참지 않을 것이며 유로존은 붕괴될 것이기 때문이다.

다행스럽게도 이탈리아는 아직 회복할 길이 있다. 수많은 중소기업들이 수출을 계속하고 있으며 제조업 기반은 영국이나 프랑스보다 탄탄하다. 민간의 부채는 적고 저축률은 높다. 몬티 내각의 연금 개혁은 다른 나라에 좋은 모델이 되고 있다. 따라서 일부 비관론자들처럼 이탈리아가 변화할 수 없다고 벌써부터 단정짓는 것은 잘못이다. 그러나 지방자치단체의 역할 중복으로 인한 예산 낭비, 비효율적인 사법제도, 고용에 대한 지나친 과세, 공공지출의 왜곡 등과 같은 문제에 깊고 폭넓은 개혁이 요구된다.

OECD는 2012년 9월 보고서에서 몬티 총리의 제품시장, 법규, 노동시장에 대한 개혁은 앞으로 10년간 4퍼센트의 성장 효과를 가져올 것이라고 평가했다. IMF는 2013년 1월 조사 보고서에서 이탈리아가 제품, 노동시장 개혁을 추진하고 성공할 경우 앞으로 5년간 1인당 GDP를 5.7퍼센트, 10년간 10.5퍼센트를 높일 수 있다고 발표했다. 이에 덧붙여 IMF는 직접세를 간접세로 바꾸는 민감한 조세 개혁이 보완되고 공공지출을 비생산적 이전에서 투자로 전환한다면 10년 후 GDP

가 21.9퍼센트가량 증가할 것이라고 보았다. 이 같은 GDP의 증가는 그동안 성장이 멈춰 있던 이탈리아에 큰 힘이 될 것이다."

7년여의 시간 차이를 두고 작성된 두 기사의 결론은 유사하다. 이탈리아의 경제 성장이 부진한 것은 구조적인 문제이므로 개혁을 통해 바꿔나가야 하고, 아직 그 기회가 있다는 것이다. 그 기회를 살리는 데 있어서 중소기업의 중요성을 강조하고 있다. 필자가 중소기업을 이야기하면서 《이코노미스트》의 기사를 인용한 것은 이탈리아 중소기업을 연구하는 학자들이 자신의 입장을 주장하면서 이 주간지의 논거를 자주 인용하기 때문이다.

다음은 이탈리아 중소기업을 바라보는 서로 상반된 입장을 살펴본 것이다.

△▼△

대립되는 입장

이탈리아 경제 발전에서 중소기업의 역할이 막중함에 따라 위에서 언급한 바와 같이 중소기업의 장단점을 놓고 관련 학자들의 입장은 크게 둘로 나뉜다. 중소기업의 역할이 한계에 이르렀다는 비판론적인 입장(아브라바넬과 다녜제, 2012)과 중소기업은 위대하다는 옹호론적인 입장(비날리, 2012)이다. 이 두 입장은 중소기업의 저성장의 원인, 규모 경제, 탈세, 인적 개발 등의 문제를 놓고 확연한 차이를 보이고 있다. 따라서 이탈리아 경제가 더욱 발전하려면 중소기업에 대한 보다 타당성 있는 논리의 설정과 그 바탕 위에서 현명한 정책을 펼칠 필요가 있다고 하겠다.

△▼△

중소기업은 저성장의 원인인가

중소기업 비판론자는 최근 20년간 경제 침체가 계속되는 원인은 외부의 세계 금융 위기나 중국 탓이 아니라 이탈리아 내부에 있다고 주장한다. 법규를 준수하고 우수성을 유도하는 능력주의와 인적 자원의 가치를 제고하는 진정한 성장 문화가 확립되어 있지 않기 때문이라는 것이다. 또한 세계는 점점 글로벌화하는데 50여 년 전의 제조업 산업 모델에서 경제 회복의 성장 동력을 찾는 것은 바람직하지 않다는 것이다.

대부분의 기업가들은 중소기업이 아름답다고 믿고 가족의 결속력과 지역의 힘에만 의존하고 있어 기업을 경쟁력 있는 규모로 발전시킬 능력을 갖고 있지 못하다고 지적한다. 서비스 산업에서도 성장 동력을 상실했다는 것이다. 그 때문에 2008년 금융위기 때에도 이탈리아는 다른 유럽 국가에 비해 더 큰 폭의 마이너스 성장을 보였고 이후 경제 회복도 더 부진하다고 지적하면서 산업 기반이 단단하다면 어째서 침체를 제대로 벗어나지 못하느냐고 반문한다. 아울러 근로자보호법 제18조가 해고를 못하게 한다고는 하지만 실제로는 프랑스보다 해고가 더 쉬운데도 능력주의가 제한됨에 따라 무능력자 수백만 명이 과도하게 보호되고 있는 반면 비정규직 수백만 명은 보호되지 못하고 있다고 비판한다.

따라서 성장을 위해서는 규모, 기술, 조직 면에서 우위인 독일의 모델을 추구해야 한다고 주장한다. 또한 피혁, 스키화, 스타킹 분야는 성장이 한계에 달하고 도자기, 직물, 철강 등의 분야는 부가가치가 낮으며 소기업의 생산성은 중·대기업의 절반 수준으로 낮고 혁신도 제대로 할 수 없음을 지적한다. 서비스 산업에 있어서도 이탈리아는 기업이 너무 작아 디지털 혁명을 제대로 이용하지 못해 뒤처짐으로써 웹과 통신 분야에서 40만~50만의 일자리를 놓치고 있으며 디지털화는 OECD 국가 중 27위 수준이라는 것이다.

독일 기업의 20퍼센트가 온라인을 통해 물건을 판매하는 데 반해 이탈리아 기업은 5퍼센트에 불과하며 이탈리아 소비자들의 온라인을 통한 구매도 영국의 4분의 1에 불과하다. 또한 상거래에서 신용카드보다 주로 현금을 사용하는 것이 암거래와 탈세의 원인이 되며, 서비스도 질에 비해 비싼 편이다. 서비스 분야는 세계 경제의 3분의 1을 차지하고 있으며 최근 25년간 세계 경제의 견인차 역할을 하면서 일자리를 창출해온 데 비해 이탈리아는 서비스 분야를 발전시키지 못함으로써 약 400만~500만 명의 고용 효과를 상실했다는 추산이다.

이에 대해 중소기업 옹호론자는 이탈리아 경제의 두 가지 기적을 강조한다. 첫째는 농업이 경제의 3분의 2를 차지했던 이탈리아가 전후 폐허에서 발전의 기적을 이룬 것은 중소기업 덕분이었으며, 둘째는 그것도 대부분 10명 미만의 기업에 의해 달성된 기적이라는 것이다. 따라서 중소기업 중심의 이탈리아 경제를 비정상적이라고 보는 것은 잘못된 시각이며 경제 위기는 중소기업이 아니라 금융에서 시작되었으므로 책임은 중소기업에 있지 않고 금융위기를 잘못 예측한 데 있다고 주장한다.

그들은 기업의 탈지방화, 금융 해소, 영미화, 상장, 다변화의 필요성과 관련하여 이탈리아가 추구해야 할 모델은 영미 모델, 스칸디나비아 모델, 라인 강 모델 가운데 적합한 것이 없다고 주장한다. 분석가들이 중소기업 내부를 제대로 들여다보지 않고 중소기업이 더 이상 아름답지 않다고 하는 것은 탁상공론에 불과하며 중소기업의 단점을 부각하는 것은 성장에 도움이 되지 않으므로 장점을 잘 살려야한다는 입장이다.

이탈리아에는 수많은 빌 게이츠가 있다고 말하듯 소기업들이 충분히 혁신적이며 경쟁적인데도 옹호론자는 비판론자가 나노주의, 가족주의를 벗어나 첨단기술을 발전시키는 방안으로 주식 상장을 제시한 데 대해 이의를 제기한다. 주식 상장의 목적이 기업 성장을 위해 은행 부채에 의존하지 않고 자금을 공급받기 위한 것인데 오늘날 주식 상장은 수단이 아니라 목적이 되고 투기의 대상이 되었다는 것이다. 상장 자체가 기업, 근로자, 공급자, 고객, 지역을 위한 것이 아니고 주주들의 이익 창출을 위한 것이 되었고 그 이익을 위해서라면 수천 명을 해고하고도 부담을 갖지 않는다는 지적이다. 이와 관련하여 옹호론자는 사업을 다양화하라는 충고에 따라 가족기업인 파르마라트사가 사업을 다변화했다가 파산한 예를 든다. 파르마라트사는 원래 우유를 생산하던 기업이었으나 유제품 종류를 다양화하는 것은 물론 식품과 무관한 관광, 축구, TV, 금융 등의 분야로까지 사업을 무리하게 확장했다가 파산에 이르게 되었다.

한편 옹호론자는 분석가들이 통계를 좋아하되 자신이 맞다는 사실을 확인해주는 통계만을 선호하고 다른 통계에 대해서는 무시하는 경향이 있다고 말한다. 이와 관련해 특히 자주 인용되는 세계경제포럼의 국가경쟁력 평가는 지표를 자의적으로 구성한 것이며 한 나라의 경쟁력을 부분적으로 평가하는 것이라고 주장한다.

이탈리아의 국가경쟁력이 아프리카 보츠와나 다음이라면 보츠와나가 이탈리아보다 살기 좋은 나라라는 의미냐면서 그 신빙성에 대해 의문을 제기한다. 따라서 이탈리아는 강점도 많으므로 부정적인 면을 강조하기보다는 강점을 알려는 노력과 함께 이탈리아가 다른 나라와 다르다는 점을 이해시키는 노력이 필요하다는 입장이다. 단점을 논하기만 하면 결코 성장에 도움이 되지 않으므로 장점을 살려 긍정적인 것 위에서 건설해야지, 가지고 있지 않은 것을 토대로 이루기는 곤란하다는 논리다.

△▼△

기업 규모가 커야 하나

비판론자는 15인 미만 중소기업은 일자리 창출을 못하고 생산성도 낮으며 해외 진출이 어려운 것은 물론 가족주의, 지역주의에 의존하여 경영자가 기업가로서의 리더십도 부족하고 경쟁을 회피한다고 지적한다. 세계 최고급 양복을 만드는 업체는 소수 장인 외에는 많은 고용 창출을 기대하기가 어려우므로 기업은 독일 기업처럼 규모를 키워야 한다고 주장한다. 독일의 극소기업이 2만 개인 데 비해 이탈리아는 전체 기업의 95퍼센트에 가까운 수백만 개에 달한다. 특히 매출액 5,000만~30억 유로의 독일 기업이 5,000개인 데 비해 이탈리아는 1,350개에 지나지 않으며 매출 30억 유로 이상의 독일 기업이 150개인 데 비해 이탈리아는 22개에 불과하다.

이에 대해 옹호론자는 기업이 무조건 커야 하고 외국 모델을 추구해야 한다는 주장은 비판론자의 고질병이라고 비판한다. 옹호론자는 규모가 큰 회사가 혁신과 세계화 면에서는 장점이 있지만 이탈리아 역사와 상황이 다른 나라와 다르므로 현실을 직시해야 하며 수백만 개의 소기업을 가지고 있는 것은 자랑이지 결코 불행이 아니라고 주장한다. 중소기업이 GDP나 고용 면에서 차지하는 비중이 미국이나 일본은 50퍼센트 정도이고 유럽은 그보다는 크지만 이탈리아는 유럽보다 더더욱 크다는 것이다.

이탈리아 중소기업들은 독일이나 프랑스보다 더 많은 신제품을 시장에 내놓는가 하면 2001~2007년 사이 세계시장에 진출한 이탈리아의 기업 수가 2배로 증가한 것처럼 매년 수만 개의 기업이 해외시장 개척에 나서고 있다. 중소기업들은 중국이나 인도 등의 저가 상품들이 공격해 들어오자 해외시장을 찾아 나섰고 새로운 디자인과 질 좋은 제품이 아니면 경쟁에서 이길 수 없다는 것을 이미 깨닫고 있음을 강조한다.

중소기업들은 인건비가 저렴한 해외투자를 통한 가격경쟁력을 추구하기보다는 인건비가 비싸더라도 향토주의에 바탕을 둔 전통적인 제품에 주력하는 전략을 취하고 있다. 따라서 부단한 혁신을 통해 제품의 고급화와 다품종 개발에 역점을 두고 브랜드를 구축함은 물론 해외 틈새시장을 체계화하고 소비자를 이해하면서 중소기업의 유연성으로 변화에 잘 적응해나가고 있다. 기존 양말에 합성섬유를 섞어 소비자의 편의에 맞추는가 하면 고무장화의 디자인을 바꾸어 해외경쟁력을 이겨낸 것을 바람직한 혁신 사례로 인용한다.

이탈리아는 체질적으로 중소기업이 크게 성장하기 어려운 환경이므로 기업 규모는 크게 중요하지 않다고 주장한다. 1986~1994년 이탈리아의 5인 이하 기업 가운데 80퍼센트가 규모를 그대로 유지한 반면 나머지 20퍼센트는 10~19인 이상으로 성장하지 못했다. 같은 기간 동안 10~19명 규모였던 기업 가운데 53퍼센트가 제자리에 머물고 나머지는 규모가 축소되었다. 한편 미국 기업은 창업 2년 후 대부분의 기업이 2배로 커지는 데 반해 이탈리아 기업은 25퍼센트만이 2배로 커졌다.

중소기업은 법을 지키지 않아도 되는가

중소기업 비판론자는 중소기업의 탈세와 불법노동을 정당화하는 것은 잘못이라고 지적한다. 대기업의 탈세는 비교적 적은 반면 15인 미만 소기업은 탈세와 불법노동이 빈번하며 대기업과 경쟁하기 위하여 안전이나 환경 등의 규정을 잘 준수하지 않는 경향도 높다는 것이다. 특히 건축 서비스 분야의 극소기업은 영수증을 주고받지 않는 경우가 많으며 지하경제 규모를 2,800억 유로로 추산할 때 탈세 규모는 100억 유로에 이른다고 주장한다.

또 경쟁이 없으면 개인은 물론 기업도 발전할 수가 없으며, 법규를 준수하는 문화가 결여될 경우 지하경제의 불공정 경쟁과 경제 자유 결여로 이어져 혁신과 고용창출도 기대하기가 어렵다고 주장한다. 더욱이 규정을 준수하지 않는 것을 방지하기 위하여 계속 새로운 규정을 도입하다보니 관련 법규가 복잡해지면서 오히려 법망을 빠져나가게 하는 결과도 가져와 관련 제도의 개선이 시급하다는 것이다. 비판론자는 중소기업들이 근로자에게 낮은 임금을 지급하고 가족기업의 이익을 우선적으로 챙긴다고 비판한다.

이에 대해 중소기업 옹호론자는 일부 사람들은 금융위기가 발발하자 소기업이 앞다투어 탈세와 법규를 준수하지 않는다고 주장하는데 이는 일방적으로 남 탓만 하고 다른 나라만이 좋다고 하는 것이나 다름없다고 반박한다. 부단히 경쟁하는 소기업의 생동감 넘치는 공장 안을 직접 들여다보지 않고 단정 짓는 탁상공론이라는 것이다. 소기업주는 일하느라 재무제표를 살펴볼 시간도 없고 잘 알지도 못하며 봉급 계산 등의 모든 일을 회계사에게 맡기기 때문에 탈세가 용이하지 않다는 것이다. 소기업주가 종업원을 착취한다는 지적에 대해서도 옹호론자는 소기업은 종업원을 회사 가족의 일원으로 생각하고 열정을 가지고 종업원에게 일을 가르치는 것은 물론 어려울 때라도 대기업처럼 함부로 해고하지 않는다고 반론한다.

소기업주는 70퍼센트의 높은 세금과 12퍼센트의 높은 이자율을 부담하는 어려운 여건 속에서 끊임없는 위험과 도전을 감수하면서도 자신의 이익보다는 기업의 사회적 이익을 중시하며 기업을 운영해나가고 있음을 강조한다. 신뢰가 기업 운영의 기본인 것처럼 소기업주는 외부적으로 협력업체, 고객, 은행들과는 물론 내부적으로는 종업원들과의 신뢰관계를 매우 중요시하므로 종업원들과는 상하관계보다 동업자로서 제품 개발과 혁신을 함께 해나가고 있다는 것이다. 그렇기 때문에 여론조사에서 국민의 76퍼센트가 기업가를 신뢰하는 것으로 나타났다고 강조한다. 따라서 탈세나 법규를 준수하지 않는 것을 비난하기에 앞서 소기업이 제대로 영업활동을 할 수 있도록 다른 나라에 비해 높은 조세 부담과 그에 따른 높은 인건비, 숨 막히게 하는 사법과 행정 관료주의, 부족한 인프라 등의 문제를 개선하는 노력이 선행되어야 한다고 강조한다.

△▼△

중소기업에는 고학력자가 필요 없는가

중소기업 비판론자는 이탈리아 소기업에는 우수 인력이 공급되지 않으며 수요도 없다고 지적한다. 서비스 산업에는 대졸 인력이 필요하지만 산업구조가 다른 나라와 달리 전통산업이 중심이 되는 이탈리아는 현재의 대졸 인력으로도 충분하며 오히려 대졸 인력이 남아돌고 있다는 것이다. 또한 지역행정의 비중이 지나치게 높아 국가적 차원의 규모 경제를 일으키기에는 제도적 제약이 많으며, 각 지역에 널리 퍼져 있는 중소기업들이 기업간 경쟁을 꺼리고 재정적, 기술적, 인력적 차원에서 안정 위주의 기업 행태를 고수하고 있어 규모를 키우고 고급 인력을 투입하여 세계시장에서의 경쟁력을 강화하는데 한계가 있다고 지적한다. 이에 따라 고급 인력을 키워내는 교육산업도 위축될 것이라고 질타한다.

세계 인구의 절반은 도시에 거주하고 세계 GDP의 80퍼센트를 생산한다. 이렇게 거주지로서의 도시 선호 현상은 앞으로도 계속될 것이다. 이탈리아는 크고 작은 도시와 마을공동체가 8,100개에 이르는데 이 가운데 전체 인구의 20퍼센트가 600개 도시와 마을에 거주하며 GDP의 60퍼센트를 생산한다. 앞으로 경제인구의 도시 집중은 지속될 것이고, 그런 만큼 생산성이 높은 도시화 추세에 맞춰 교육 수준도 달라져야 할 것이다. 또한 비판론자는 싱가포르, 한국, 홍콩 등 아시아의 주요 신흥경제국의 산업 발전과 높은 교육 수준의 관련성을 언급하며 이 나라들은 교육의 질적인 면에서도 조직 구성원간의 팀워크를 통한 문제 해결 능력 같은 기본적인 역량은 물론, 경쟁을 통한 능력 신장과 강한 리더십을 가르치는 데 반해 이탈리아는 기업의 크기가 작아 그런 교육 수요가 적어 교육을 통한 인재 양성을 하기가 어렵다고 주장한다.

이에 대해 옹호론자는 학교 교육은 현실과 차이가 있다면서 사람에 따라서는 이론적 재능보다 실용적 재능이 강한 사람이 있는데 그에게 이론에 치우친 학교 교육은 흥미 요소가 되지 못할 것이라고 강조한다. 한때 세계 최고의 패션 디자이너였던 잔니 베르사체를 예로 든다. 베르사체는 5~6세 때부터 어머니가 운영하는 작은 양복점에서 직접 천을 자르고 옷감을 기웠다. 그는 스스로를 양복장이이지 결코 패션 디자이너가 아니라고 생각했다.

옹호론자는 모든 교육이 학교 교육으로 가능한 것은 아니라고 주장한다. 예를 들어 전통적인 배를 만드는 기술과 같이 기술에 따라서는 오랜 기간의 훈련이 필요한데, 몇 년에 불과한 학교 교육은 기술을 익히기에는 턱없이 부족하다는 것이다. 소기업주들의 학력 및 리더십이 부족하다는 지적에 대해서는, 비록 그들은 많이 배우지 못해 경영학 이론에는 약할 수 있으나 실전에서 쌓은 경험을 바탕으로 유연하게 상황을 돌파해왔으며 앞으로도 그럴 수 있다고 말한다.

위와 같은 중소기업의 강점과 약점에 대한 논쟁은 지금도 계속되고 있다. 어떤 기업은 금융위기의 여파로 내수가 감소하고 중국의 저가 공세로 경쟁력이 하락하는 등 고전을 면치 못하고 있다. 반면 어떤 기업은 소비자의 수요 변화에 유연하게 대처하는 고급 제품을 내놓거나 남이 모방하기 힘든 고유의 기술력으로 틈새시장을 개척해나가면서 사업을 키워가고 있다.

최근 15~20년간 이탈리아 중소기업은 발전을 위해 다각도로 노력해왔다. 산업 클러스터를 중심으로 다른 기업들과 협력하면서 생산, 기술, 판매와 관련한 협력 계약도 계속 추진하고 있다. 또한 인적 자원 확보를 위한 기술훈련 강화와 신기술 과정인 ICT에 대한 투자도 확대하고 있다. 그럼에도 중소기업이 넘어야 할 산은 여전히 높다.

△▼△

외국인이 이탈리아를 보는 시각

위와 같이 이탈리아 중소기업에 대해 옹호론자와 비판론자의 의견이 팽팽하게 대립하고 있는데, 어느 쪽이 옳다고 판단을 내리기란 쉽지 않다. 이것은 이탈리아 기업을 바라보는 외국의 시각도 마찬가지다. 영국 주간지 《이코노미스트》는 앞서 언급한 대로 모든 면에서 중소기업 비판론자와 비슷한 입장이며 개혁을 강조한다. 독일은 이탈리아가 감성적이고 낙관적이나 덜 믿음직한 면이 있다고 말한다. 중국은 이탈리아 기업들이 창조적이고 유연성은 있지만 결정을 뒤로 미루는 단점이 있음을 지적한다.

한편 브라질은 이탈리아가 매우 열정적이며 지역 조직 차원에서 완벽하다면서 중소기업 옹호론자와 비슷한 입장이다. 컨설팅 회사인 프락시 알리안체는 이탈리아가 북유럽보다 더 기업가 정신이 강하며 어려움을 유연성으로 극복하는 능력을 갖고 있다고 평가한다.

이 같은 평가의 공통점은 이탈리아의 야누스적이고 모자이크적인 모습을 말해준다고 하겠다.

중소기업
지원 정책

EU 중소기업법

EU는 전체 산업체에서 중소기업이 차지하는 비중이 높고 새로운 일자리의 85퍼센트가 중소기업에서 창출되고 있음을 감안하여 중소기업의 역할을 매우 중요시하고 있다. 반면 기업가 정신은 중국이 56퍼센트, 미국이 51퍼센트인 데 비해 EU는 45퍼센트에서 37퍼센트로 오히려 감소했다. 이에 EU는 기업가 정신의 함양, 성장 촉진과 고용창출을 목표로 중소기업 지원을 위한 정책의 틀을 구축하기 위하여 2008년 6월 중소기업법(SBA, Small Business Act)을 공포했다. 이 법은 회원국들이 효과적인 지원 정책을 입안하고 시행하도록 10가지의 원칙을 제시한다. 최근 이탈리아도 이 원칙에 따라 법을 만들고 제반 중소기업 지원활동을 체계적으로 전개하고 있다.

중소기업법의 10가지 원칙은 다음과 같다.

① 기업가와 가계 사업이 번성하고 기업가 정신을 고양하는
환경 조성

② 도산 위기를 맞은 성실한 기업에 신속히 재기할 수 있는
기회 부여

③ 중소기업 최우선(think small first) 원칙에 맞는 법규 입안

④ 중소기업의 수요에 부응하도록 행정활동 정비

⑤ 중소기업의 공공입찰 참여 여건 조성

⑥ 중소기업의 금융 접근성 제고 및 상거래 대금의 적기 납부
유도

⑦ 중소기업의 단일시장 수혜 기회 활용 지원

⑧ 중소기업의 역량 함양 및 기술혁신 촉진

⑨ 환경 문제의 도전을 기회로 활용하도록 지원

⑩ 중소기업 시장 개척 독려 및 지원

이탈리아는 2010년 5월 EU의 중소기업법을 수용하는 지침을 채택했는데, 이는 중소기업의 새로운 정책 기준이 되어 전통적인 이탈리아 산업정책을 혁신하고 보완하는 효과를 가져왔다. 아울러 종업원 50명 미만의 극소기업 및 소기업의 비중이 99.4퍼센트인 점을

감안하여 새로운 산업 정책에 극소기업 및 소기업의 역할을 강조하고 있다. 이와 관련하여 중소기업의 약어인 'SMEs(Small and Medium Enterprises)'라는 명칭 대신 극소기업을 포함하는 '극소 · 중소기업-MSMEs(Micro, Small and Medium Enterprises)'로 부를 것을 제안했다.

한편 1980, 90년대의 전통적 산업장려법이 소기업에 대해 생산성보다는 규모의 신장에 초점을 맞춘 양적, 통계적 접근을 강조한 데 비해 새롭게 제정된 중소기업법은 생산성을 중시하는 질적, 관계적 접근을 택하고 있다. 이 지침은 위기 시에도 중소기업의 매출과 고용이 지속되는 점을 감안하여 위기 지원 정책에 있어서 대기업과 차이를 두는 것은 물론 창업기에 벤처 자본을 적극 지원한다면 성숙기에는 자본보다는 다른 형태로 지원할 것을 강조한다. 나아가 이탈리아의 남북간 지역 격차는 물론 동일 지역 내에서도 산업 클러스터, 생산 공급 체인, 지방 발전 체제에서의 불균형 등을 고려하는 등 지역 발전 문제를 중요시하고 있다.

△▼△

이탈리아 중소기업 지원법

이탈리아는 이어 2011년 11월 EU 중소기업법의 시행을 위한 중소기업 지원법(Statuto delle imprese)을 도입했다. 학자들은 이 법이 다소 상징적이지만 혁명적인 코페르니쿠스적 변화를 일으키는 큰 의미가 있다고 평가하기도 한다(비날리, 2012). 이탈리아는 기업가 정신이 투철한 반면 다른 나라에 비해 창업하기가 어려운 나라임을 염두에 두고 한 말인 듯하다. 예를 들어 이탈리아에서 수리 센터를 개업하려면 76개의 서류를 준비하여 18개 행정 절차를 거쳐야 하며, 세탁소를 차리려면 68개의 서류를 갖추고 20개 사무실을 들러야 한다. 앞서 언급한 바와 같이 2013년 영업환경평가 보고서에서 이탈리아는 185개국 가운데 73위로 다른 선진국에 비해 크게 뒤진다. 그나마 최근 일부 개혁 정책을 시행함으로써 2011년 83위, 2012년 87위에 비해 다소 나아진 셈이다.

이탈리아에서 영업하는 데 있어 복잡한 절차를 거쳐야 하는 것은 기본적으로 행정당국이 기업을 불신하기 때문이다. 중앙 정부는 물론 주, 도, 시 등 지방자치단체가 기업의 기만행위를 금지하고 예방한다는 이유로 선을 긋고 비정상적인 관료주의로 기업을 대한다. 이는 성실한 대부분의 기업에게는 감당하기 어려운 일이며, 그러한 관료주의가 불성실한 기업을 제대로 단속하느냐 하면 그렇지도 못하다. 새로운 규정은 기업에 추가 비용을 발생시키고 생산성과 경쟁력을 떨어뜨린다. 통제가 증가하고 허가사항이 늘어나면 관련 관공서의 간섭이 많아지는 것은 물론 관공서는 기업의 입장을 두둔하지 않는 게 일반적이므로 기업측은 결국 벌금이나 뇌물 중 하나를 선택해야 하는 상태에 이를 수 있다.

이와 같은 맥락에서 기업 지원법의 목적이 기업을 바라보는 시각을 의심에서 신뢰로 전환하려는 데 있다는 점에서 긍정적으로 평가되고 있다.

이 법은 정부 인센티브 재원의 60퍼센트 이상을 중소기업의 성장 잠재력, 생산성, 혁신의 제고와 기업 네트워크 활성화 지원에 사용하도록 하고 그중 25퍼센트는 극소·소기업에 지원하도록 한다. 아울러 이 법은 청년과 여성의 창업에 대한 지원을 강조하는 등 EU 중소기업법의 10가지 원칙에 입각하여 이탈리아 사정에 맞는 각종 구체적인 정책을 규정하고 있다. 이 법에 따라 이탈리아 경제개발부는 자체 내에 '중소기업 보호팀'을 설치하여 EU 중소기업법의 시행을 모니터링하고 매년 보고서를 작성하여 의회에 제출해야 한다. 그러나 최근 설문 조사에 따르면 중소기업 가운데 18.1퍼센트만이 EU 중소기업법을 인지하고 있고 정부의 각종 중소기업 지원정책을 알고 있는 기업은 7.3퍼센트에 불과한 것으로 나타났다.

△▼△

중소기업 지원 세부 정책

중소기업 지원 정책은 매우 다양하여 정책에 따라서는 EU 중소기업법의 원칙을 혼합하고 있지만 특기할 만한 주요 세부 정책으로는 아래와 같은 것들이 있다.

먼저 기업가 정신을 높이기 위해 고용 인센티브와 청년 창업을 위한 각종 인센티브와 행정 편의를 제공한다. 중소기업이 29세 이하 청년을 12개월 이상 고용할 경우 고용 기간에 따라 3,000~6,000유로의 인센티브를 지급하며 이 사업에 정부는 2년간(2012~2013) 2억

3,000만 유로의 예산을 지출할 계획이다. 또 35세 미만의 청년이 창업하는 경우 1유로 이상의 자본금만 있으면 기업 설립이 가능하도록 하고, 기업 등록 시 수입인지 및 공증 확인을 면제하는 등 창업 절차를 간소화해서 비용과 시간을 단축시킬 수 있게 했다. 또한 전략적으로 중요한 분야의 연구 개발 및 혁신을 지원한다.

그리고 성실한 기업이 정부 공사 대금의 지급 지연, 자금 마련 곤란 등으로 파산 위기에 있지만 재기를 위해 새로운 설비 장비를 구입할 필요가 있는 경우 신규 금융을 제공하여 기업 활동을 안정적으로 재개하도록 도와준다. 중소기업을 불공정, 사기, 공격적 상업 관행으로부터 보호하고 조세 감면 혜택을 준다.

또한 정부 입찰 관련 규정 90여 개를 개정하고 환경문제 관련 허가를 단일화하는 등 행정 절차를 간소화한다. 중소기업 신용보증기금을 설치하여 중소기업의 금융 접근의 어려움을 해소하고 기업 역량 강화를 위해 중소기업의 ICT 기술 활용에 각종 인센티브를 제공한다. 환경 관련 에너지 구조 재편 및 효율 제고를 위해 관련 사업비 지원 및 조세 감면의 인센티브를 제공하고 중소기업 국제화를 위해 컨소시엄이나 조합 구성의 경비를 지원한다.

△▼△

재정 지원 종류 및 규모

중소기업을 위한 재정 지원 사업으로는 크게 자금 지원과 금융

편의 제공으로 나눌 수 있다. 자금 지원 사업은 중소기업이 지원받은 자금을 상환할 필요가 없는 것으로 사업 종류만 해도 880가지에 이르며 2011년 기준 지원 총액이 36억 2,000만 유로(약 54조 원)에 달한다. 이는 GDP의 0.4퍼센트 규모로 프랑스 0.8퍼센트, 독일 0.8퍼센트, EU 평균 0.6퍼센트보다는 낮은 수준이다. 이와 같은 중소기업에 대한 지원 자금은 이탈리아 산업정책 관련 전체 지원 자금의 80퍼센트(대기업은 20퍼센트)를 차지할 정도로 산업정책에 있어서 중소기업의 비중이 크다. 또 다른 특징은 중소기업 지원 자금의 84퍼센트 이상이 매년 지방자치단체를 통해 지원되고 있어 중소기업 자금 지원 사업의 많은 부분이 지방자치단체에 위임되어 있다. 지원 대상을 주요 사업별로 구분해보면 중소기업 지원 자금의 58퍼센트가 생산·지역 발전 사업에 사용되며 나머지는 연구개발과 혁신 21.2퍼센트, 창업 2.9퍼센트, 국제화 1.8퍼센트에 지원된다.

중소기업에 대한 신용보증사업은 중소기업에 대한 은행의 신용 대출을 공적으로 보증하는 사업으로 미상환 시 국가가 전액을 부담한다. 신용보증은 기업이 대출받는 금액의 최대 80퍼센트까지 제공해줄 수 있으며 3년 상환 조건 건당 150만 유로에서 250만 유로까지의 신용보증이 가능하다. 2012년 신용보증 실적은 40억 유로로, 수혜 기업으로는 극소기업이 전체의 58.9퍼센트를 차지하고 나머지는 소기업, 중기업이 각각 31.6퍼센트, 9.5퍼센트의 혜택을 받았다. 수혜 산업 분야는 제조업 43.5퍼센트, 상업 33.1퍼센트, 서비스 15.2퍼센트 순이며 신용보증 혜택을 받은 기업이 상환을 하지 못한 경우는 거의 드물다.

중소기업 지원 정책에 있어서 산업 클러스터는 중소기업이 집결되어 있는 곳이라서 산업 클러스터 내 중소기업이 지원 대상이 됨은 물론 산업 클러스터 자체에 대한 제반 지원이 활발하며 최근에 와서는 클러스터의 효율성에 대해 많이 검토되고 있다. 따라서 다음 장에서는 산업 클러스터에 대해 자세히 살펴보기로 한다.

CHAPTER 04

이탈리아
산업 클러스터의
구조와 기능

Italy econom

클러스터란
무엇인가

공방에서 클러스터로

이탈리아의 산업 클러스터는 앞서 언급한 바와 같이 동종 업종에 종사하는 공방들이 하나 둘 특정 지역에 모여들면서 자연발생적으로 형성되었다. 따라서 다른 나라들이 산업 발전과 수출 증진 등을 목적으로 인공적으로 조성한 산업단지나 수출자유무역지역 등과는 성격이 다르다고 할 수 있다. 또한 처음에는 몇몇 공방으로 시작했다가 차츰 주변 지역으로 자연스럽게 공방들이 확산되었기 때문에 현대식 공업단지처럼 구획이 지어져 있는 것이 아니라 다양한 형태로 분산되어 있다.

그런 점에서 이탈리아의 산업 클러스터는 세계에서 유례를 찾아

보기 힘든 독특한 형태라고 할 수 있다. 이탈리아 주정부들이 지정한 클러스터는 2010년 현재 198개다. 물론 이들 클러스터가 모두 오랜 역사를 자랑하는 것은 아니다. 그러나 대부분의 클러스터가 최소한 수십 년 전부터 각 지역을 기반으로 동종 분야 중소기업들이 모이면서 자생적으로 형성되어 오늘에 이르렀다.

산업 클러스터는 이탈리아 경제에서 매우 중요한 역할을 하고 있다. 영국의 경제학자 알프레드 마셜이 1800년대 후반 산업 클러스터 현상을 처음 소개한 이래 1970년대 초 자코모 베카티니 교수가 이탈리아 산업 클러스터에 대한 연구·분석을 시작했다. 베카티니 교수는 각 산업 클러스터 내에 일종의 협력 현상을 발견하고 산업 클러스터의 개념을 '자연적, 역사적으로 한정된 지역에 특정 생산 분야 또는 여러 생산 단계에 특화된 중소기업들이 모여 있는 동종의 지역 체제'라고 정의했다. 역사학자인 카를로 치폴라 교수는 "종탑 그늘 아래서 세계가 좋아하는 좋은 물건을 만들어내는 것은 이탈리아의 숙명이다"라고 말하면서 클러스터의 발생 배경을 설명했다. 따라서 이탈리아 중소기업을 알기 위해서는 이탈리아 산업 클러스터의 특징과 장단점 등을 살펴볼 필요가 있다.

△▼△

이탈리아 산업 클러스터의 특징

이탈리아 산업 클러스터는 여러 가지 특징을 가지고 있지만 그중에서 다음과 같은 요소들이 두드러진다.

첫째, 대부분의 산업 클러스터는 50명 미만의 소기업들로 구성되어 있다. 클러스터 내에 선도기업과 같은 일부 대기업 또는 중기업이 있기도 하나 극소기업과 소기업이 절대 다수를 차지한다. 일정 규모 이상의 인력이 필요한 타일 산업 클러스터에서 소기업의 비중이 77퍼센트를 차지하는 것을 제외하면 대부분의 클러스터에서 소기업이 95~99퍼센트를 차지한다.

둘째, 각 기업들은 특정 제품을 생산하거나 특정 생산 라인에 참여하는 전문화된 기술을 보유하고 있다. 이와 같은 특정 분야에서의 특화는 고유의 제품과 기술을 발전시킴으로써 강한 경쟁력을 갖게 된다.

셋째, 클러스터 내 기업간, 기업과 지방기관(행정, 은행, 대학, 기술훈련학교, 무역조합 등) 간 폭넓은 네트워크가 형성되어 관계가 더욱 긴밀해진다. 기업간에는 각자의 고유성을 유지하며 상호 협력 및 보완하는 네트워크가 형성되는 것은 물론 기업과 지방기관 간에도 효율적인 네트워크가 존재한다.

넷째, 클러스터 내에서는 기업간 협력이 활발하면서도 경쟁이 치열하다. 그럼에도 상호 경쟁과 협력이 조화롭게 이루어지고 있다.

다섯째, 클러스터 내에 수많은 중소기업이 존재하기에 시장과 소비자의 다양한 수요 및 예상치 못한 변화에 신속히 대응할 수 있다.

끝으로 수출 성향이 높은 것도 하나의 특징으로, 클러스터 내 기업들의 해외시장 지향성이 매우 높다.

△▼△

산업 클러스터가 가져온 효과

산업 클러스터의 효과 및 이점으로는 다음과 같은 세 가지 면이 강조된다.

첫째, 산업 클러스터 내 기업간 기술과 지식 이전이 지속적으로 이루어지고, 이는 경쟁을 유발하여 보다 많은 혁신을 유도하며 결과적으로 기술 향상을 가져온다.

둘째, 산업 클러스터 내 기업간의 광범위한 네트워크는 중대기업 (medium-large firm)에서 많이 볼 수 있는 것과 같은 '규모의 경제' 효과를 가져온다. 따라서 클러스터는 물류와 거래 비용을 절감하고 재고를 최소화하여 제품을 대량으로 생산할 수 있다.

셋째, 클러스터 내에서 활동하는 기업은 그렇지 않은 기업에 비해 재무나 경제적인 면에서 더욱 큰 효과를 거둘 수 있다. 생산활동을 전문화함으로써 이윤의 폭을 넓힐 수 있으며 전문 분야의 노동력을 공유하는 등 고용이나 경영 측면에서도 효율성이 높다.

△▼△

관련 법률과 지표

동종 업종의 중소기업이 특정 지역에 집중되어 있는 산업 클러스터는 오래전부터 자연발생적으로 형성되었지만 1991년까지 클러스터에 관한 법 규정이 없었다. 따라서 정책적인 지원도 마련되어 있지 않았다. 그러다 1991년에 법률 제317호에 의거 '전문 기술을 가진 중소기업이 고도로 집중되고, 기업과 지역 주민 간에 특별히 친밀한 관계가 형성된 지역'을 산업 클러스터의 개념으로 정의했다. 이 법률은 지방 주정부에 클러스터 지정 및 관련 정책 수립 권한을 부여하고 산업부가 클러스터 관련 지표 등을 정하도록 했다.

이어 1993년에는 산업부령에 의거하여 제조업 산업화 지수, 특화 제조업의 고용 수준, 생산 특화 지수, 제조업 기업가 밀도 지수, 중소기업의 고용률 등 클러스터 관련 지표를 제시했다. 예를 들어 생산 특화 지수는 제조업 전체 피고용자 수 대비 특화 피고용자 수로 정하고, 중소기업 고용률은 전체 피고용자 수 대비 중소기업에서의 특화 피고용자 수로 정했다. 1999년에는 법률 제140호를 통해 클러스터 소관에 관한 지방 주정부의 권한과 자율을 강화했다. 주정부는 산업부의 클러스터 관련 지표를 엄격하게 적용하지 않고도 클러스터를 지정할 수 있고 제조업 이외의 분야에서도 클러스터를 지정할 수 있도록 한 것이다.

△▼△

클러스터 현황 조사

이탈리아 통계청은 1991년 이후 10년마다 산업 및 서비스 통계 조사 시 산업 클러스터 실태도 함께 조사하고 있다. 이 조사에 따르면 클러스터 수가 1991년에는 199개이던 것이 2001년에는 156개로 집계되었다. 10년간 클러스터 수가 40개 이상 줄어든 것은 1993년 산업부가 클러스터 지표를 제시하기 전에 지방 주정부가 자체 기준에 따라 클러스터를 지정했기 때문으로 보인다. 한편 2011년에도 종합통계조사를 실시했으나 관련 보고서가 아직 발표되지 않아 (2015년 발표 예상) 정확한 클러스터 수는 분석 작업이 끝나야 알 수 있을 것이다. 2010년 현재 이탈리아 경제개발부가 파악한 바로는 각 지방 주정부가 지정한 산업 클러스터 수는 198개다.

2001년 이탈리아 통계청 조사보고서를 기준으로 하면 전국 20개 주 가운데 3개 주를 제외한 17개 주에 156개 클러스터가 분산되어 있으며, 특히 공업이 발달한 북부지역에 집중되어 있다. 북부지역 4개 주인 롬바르디아 주(27개), 베네토 주(22개), 에밀리아 로마냐 주(13개), 피에몬테 주(12개)에 전체 클러스터의 절반에 가까운 47.4퍼센트가 위치하고 있다. 중부지역인 마르케 주(27개), 토스카나 주(15개), 아브루초 주(6개)에 30.7퍼센트가, 남부지역인 풀리아 주(8개), 캄파냐 주(6개)에는 9퍼센트가 각각 위치한다. 따라서 전체 클러스터의 87.2퍼센트가 9개 주에 집중되어 있는 셈이며 나머지는 8개 주에 1~5개씩 분포되어 있다.

위 이탈리아 통계청 조사보고서를 기준으로 클러스터를 전문 분야로 크게 분류하면 먼저 〈표4〉에서와 같이 섬유·의류 분야 클러스터가 45개로 가장 많다. 클러스터 수는 물론 기업체 수, 종사자 수에서 섬유·의류 분야가 차지하는 비중이 전체의 30퍼센트 가까이 된

〈표4〉 제조업 산업 분야별 클러스터 분포 현황(2001년)

산업 분야	클러스터 수(구성 비율)	제조업체 수(구성 비율)	종사자 수(구성 비율)
섬유·의류	45(28.8)	63,954(30.1)	537,435(27.9)
금속·기계	38(24.4)	56,816(26.7)	587,320(30.5)
가구·건축자재	32(20.5)	42,287(19.9)	382,332(19.8)
가죽·구두	20(12.8)	23,441(11.0)	186,680(9.7)
농·식품	7(4.5)	3,781(1.8)	33,304(1.7)
귀금속·악기	6(3.8)	13,010(6.1)	116,950(6.1)
제지	4(2.6)	4,342(2.0)	35,996(1.9)
고무·플라스틱	4(2.6)	4,779(2.2)	48,585(2.5)
총계	156개(100%)	212,410개(100%)	1,928,602명(100%)

※ 출처: 이탈리아 통계청(2005년)

다는 것은 이탈리아가 섬유산업 강국임을 보여준다.

　다음은 금속·기계 클러스터가 38개로 기업체 수, 종사자 수에서 섬유·의류 분야와 마찬가지로 중요한 비중을 차지한다. 이탈리아의 전통 산업인 가구·건축자재 분야의 클러스터는 32개로 클러스터 내 전체 기업체, 종사자의 5분의 1 정도를 차지한다. 가죽·구두 클러스터가 20개로 기업체 수, 종사자 수의 10퍼센트가량이며 그외에 농·식품(7개), 귀금속·악기(6개), 제지(4개), 고무·플라스틱(4개) 클러스터 등이 있다.

　이를 통해 이탈리아 산업 클러스터는 '메이드 인 이탈리아' 산업 분야인 섬유·의류, 가구·건축자재, 가죽·구두, 농·식품, 귀금속·

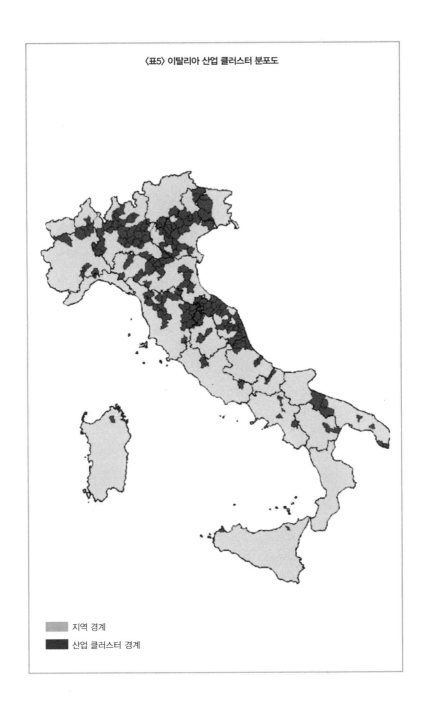

〈표5〉 이탈리아 산업 클러스터 분포도

지역 경계
산업 클러스터 경계

악기 등의 분야와 금속 · 기계 분야가 주를 이루고 있음을 알 수 있다. 이들 산업 분야는 더욱 세분화된다. 섬유 · 의류 분야는 모직, 편물, 실크, 모자, 직조, 봉제 등의 클러스터로 나뉘며, 금속 · 기계 분야는 항공, 공작기계, 섬유기계, 목가공기계, 타일제조기계, 가죽가공기계, 식품가공기계, 포장기계, 석가공기계, 냉 · 온방 설비, 탭 · 밸브, 자동차 부품 등으로 나뉜다. 그 외에 안경, 의자, 칼 · 가위, 대리석, 단추, 컴퍼스, 저울, 만년필, 붓, 알코올 음료, 커피, 치즈, 햄 분야의 클러스터가 있다.

2010년 기준 각 주정부가 지정한 산업 클러스터는 198개로 2001년 통계청이 집계한 156개와 비교할 때 크게 늘어났다. 이는 일부 클러스터 지정에 변동이 있었고 무엇보다도 농 · 식품 분야와 비제조업 분야 클러스터가 늘어났기 때문이다. 2010년 주정부가 지정한 198개의 클러스터는 섬유 · 의류 45개, 금속 · 기계 34개, 가구 · 건축자재 32개, 농 · 식품 28개, 가죽 · 구두 20개, 금세공 3개, 악기 2개, 기타 산업 19개, 비제조업 분야 15개로 구성된다.

하나의 클러스터를 놓고 여러 기관들이 클러스터의 구조 및 기능 등에 대해 다각적으로 조사 및 연구를 해오고 있어서 이처럼 조사기관에 따라 클러스터 수에 차이가 있다. 우선 모든 클러스터가 극소 · 소기업인데다 주정부마다 자율적으로 클러스터를 지정하다보니 클러스터의 크기 및 분야 등에 차이를 보인다. 예를 들어 에밀리아 로마냐 주는 클러스터 지정에 신중한 입장을 취하는 데 비해 베네토 주는 여러 클러스터를 지정하는 데 있어 특정 지역으로 한정하기보다는 주 전체 차원에서 지정하는 경향이 있다.

클러스터 수는 관계 기관이 클러스터의 범위를 제조업으로 한정하거나 연구·조사 목적에 따라 재분류함으로써 달라지기도 한다. 예를 들어 경제개발부는 기업 성과가 높은 기술 클러스터를 2010년 현재 138개로 보고 있다. 이러한 기술 클러스터에는 28만 5,000개 기업이 있고, 150만 명이 일을 하며, 수출 규모는 866억 유로로 전체 제조업 수출의 3분의 1에 해당한다. 또 이탈리아에서 가장 큰 은행인 인테자 산파올로 은행은 클러스터 143개를 대상으로 매 분기마다 수출 동향을 분석하여 발표하고 있다.

한편 이탈리아 유일의 경제 일간지《일 솔레 벤티콰트로 오레(Il Sole 24 Ore)》는 1992년에 65개 주요 클러스터를 대상으로 생산활동에 대한 특집 기사를 보도한 데 이어 20년 후인 최근에는 103개 클러스터를 대상으로 제반 실태를 심층 취재하여 특집 기사를 연재했다(이 책에서 여러 클러스터를 소개하면서 상기 신문의 특집 내용도 참고했다).

그 밖에 이탈리아 전국상공회의소, 이탈리아 클러스터연맹, 에디슨 재단 등의 기관들도 100여 개의 산업 클러스터를 다각적으로 분석하고 있다.

02

주요 클러스터를 찾아서

섬유 · 의류 산업 클러스터

이탈리아에 섬유 · 의류 산업 클러스터가 많은 것은 그만큼 섬유 산업이 발달했음을 의미한다. 양모, 명주, 면화, 합성섬유 등 섬유 소재 분야가 방사에서 원단은 물론 봉제, 디자인, 패션도 골고루 발달해 있으며, 지역에 따라 클러스터가 분야별로 특화되어 있다. 클러스터에 따라서 내의, 아동복, 남성복, 여성복, 스웨터, 스포츠 의류, 작업복, 양말, 모자 등으로 세분화된다.

특히 각종 소재의 직조와 봉제 산업이 폭넓게 발달한 밀라노는 세계 패션의 중심지 역할을 하고 있다. 중부지역은 피렌체 주변 프라토에서 각종 소재의 방사, 직조, 봉제 제품이 생산되며 일부 남부지역에도 봉제 클러스터가 형성되어 있다.

이탈리아 클러스터연맹이 파악하고 있는 최근 통계를 요약해보면 전국 12개 주에 총 45개의 섬유·의류 산업 클러스터가 산재해 있다. 이들 클러스터에는 수만 개의 기업이 있으며 30만여 명이 일하고 있다. 수출 규모는 100억 유로 이상(2011년)으로 추산한다.

참고로 이탈리아 전국 섬유·의류 산업에는 5만 개 기업에 42만 3,000명이 일하고 있다. 연간 매출액은 510억 유로(2012년)이며, 수출이 52.2퍼센트(266억 유로)를 차지한다. 섬유·의류 산업이 제조업에서 차지하는 비중은 부가가치 9.6퍼센트, 고용 14.2퍼센트, 수출 7.1퍼센트이며 EU 차원에서는 매출 기준 30.9퍼센트, 사업체 수 기준 27.6퍼센트로 이탈리아의 섬유 산업 비중이 가장 크다.

● 세계 모직물 산업의 중심 비엘라

밀라노와 토리노 사이 알프스 남쪽 계곡에 위치한 비엘라(Biella)에는 모직물 클러스터가 발달해 있다. 비엘라는 로마 시대부터 모직물을 생산하기 시작하여 중세 시대에는 유럽 시장에 수출했다. 1800년대에 영국으로부터 기계를 들여와 본격적으로 모직 산업이 발전했는데 영국보다 한 단계 높은 양모기계 기술과 제품을 선보였다. 지금은 세계 모직물 산업의 중심지이자 섬유기계 기술을 주도하고 있다. 비엘라 클러스터는 양모와 캐시미어, 낙타모, 알파카, 비쿠냐, 모헤어(앙고라 산양의 털) 등 고급 털을 사용하여 남성복과 여성복용 직물과 편물용 양모사를 생산하며 소모, 방모, 염색, 마무리 등의 공정 작업도 한다.

비엘라 클러스터에는 1,200개 기업에 1만 8,000여 명이 일하고 있다. 연간 매출 규모는 36억 유로(2012년)이며 이중 50퍼센트를 해외로 수출한다. 이곳에는 세계적인 기업인 제냐, 로로피아나, 체루티, 피아첸차 등이 자리 잡고 있다. 이들 기업은 실을 뽑는 작업에서부터 방직에 이르기까지 여러 공정의 시설을 갖추고 실, 직물, 의류를 직접 생산하며 폭넓은 해외 점포망을 통해 수출에서 주도적인 역할을 하고 있다.

안드레아 포르톨란 비엘라 상공회의소 회장의 말에 따르면 비엘라 클러스터 업체의 반은 반제품을 제조하거나 특정 공정에 전문화된 하청업체(terzista)들로 구성되어 있다고 한다. 이들은 시장을 직접 상대하기보다는 제냐와 같은 선도기업이나 여타 중소기업을 지원 및 협력하는 역할을 하며 이들의 작업은 품질과 기술 면에서 세계 최고 수준이라고 한다. 아울러 중간재를 생산하는 중소기업들은 클러스터 내에서 협력업체의 역할을 하는 한편 자사의 우수한 중간재를 국내 타 지역과 외국의 의류 제조업체에도 직접 판매하고 있다.

비엘라 클러스터는 시장이 글로벌화되고 중국 등 신흥국가와의 경쟁과 2008년 금융위기 등으로 20년 전에 비해 현지 모직산업 분야의 고용이 38퍼센트 감소하고 매출도 24퍼센트 축소되었다. 이에 기업들은 전통적 노하우를 바탕으로 최고 수준의 원자재를 사용, 품질이 더욱 우수한 제품을 만들면서 지속적인 혁신 전략으로 대응하고 있다. 혁신의 예로 비엘라 기업은 실크처럼 가는 13~14미크론의 다목적용 미세 모사를 개발했다. 비엘라의 모직물 수출량은 3만 7,000톤으로 세계 1위이며, 모사는 세계 시장의 14퍼센트를 점유하여 중국 다음으로 2위를 차지한다.

한편 관련 산업인 섬유기계 산업 분야에서는 현재 200~300여 개의 기업에 약 2,000명이 일하고 있다. 총 매출 규모는 2억 5,000만 유로이며 이중 수출이 50퍼센트를 차지한다.

● 세계 실크 산업의 중심 코모

코모(Como)에는 세계에서 유일한 학교가 있다. 바로 직조, 염색화학, 의류 패션, 디자인 분야의 실크 숙련 기술자를 양성하는 코모실크산업기술학교(Istituto Tecnico Industriale di Settificio)다. 2013년 개교 145주년을 맞이하며 학생 수는 1,098명이다. 코모가 세계 실크 산업의 중심이 된 배경이라고 하겠다. 코모 클러스터는 주로 실크 직물을 생산, 염색 및 프린트 과정을 거쳐 의류 등 실크 제품용 원단과 스카프, 스톨, 머리 스카프, 넥타이 등의 완제품을 만들어낸다.

코모에서 가장 큰 기업들인 라티, 카네파, 만테로 등은 일부 자체 상품으로 시장에 진출하기도 하지만 대부분의 중소기업들은 중간재 공급이나 OEM 방식으로 제품을 생산한다. 카네파(매출 1억 유로, 직원 700명)사의 소유주인 사이베네에 따르면 세계 최고의 명품 그룹인 루이비통의 제품은 모두 코모에서 직조, 염색, 프린트한다고 한다.

이처럼 코모는 아르마니, 프라다, 구찌, 돌체앤가바나, 발렌티노 등 세계 명품 브랜드의 요구에 맞는 패션 직물을 생산하며, 스페인 브랜드인 자라 등에는 패스트 패션(fast fashion)용 직물을 대량으로 공급한다.

이탈리아는 누에 산업이 오래전 사양화되어 실크 산업에 필요한 원자재 대부분을 중국에서 수입한다. 과거 일본 최고급 기모노가 코모에서 제조될 정도로 호황을 누렸으나 20년 전부터 중국의 저가 제품이 해외시장에 진출함에 따라 코모의 실크 산업은 많은 피해를 입게 되었다. 당시 사업체는 1,800개, 종사자는 2만 6,000명이었으나 점차 감소하고 있다. 염색, 프린트 사업체는 200개에서 60개로 줄었다. 그러나 코모 클러스터 기업들이 기술 혁신과 창조성, 스타일, 미적 혁신에 집중한 결과 중국 부유층 5,000만 명이 자국 제품 대신 코모 제품을 선택할 정도로 시장 규모를 많이 회복했다. 현재 코모 지역 사업체 수는 1,040개이며 1만 9,000명이 일을 하고 있다. 연간 매출액은 25억 유로이며, 이중 수출 규모는 13억 유로(2011년)다.

혁신의 예로 연간 200만 제곱미터의 실크 직물을 생산하는 카타네오(매출 1,700만 유로, 직원 50명)사는 기계자동화를 통해 자체 공정 과정을 줄임으로써 직원의 3분의 1을 줄이고 외부 하청 방식에 의한 유연성 제고로 매출을 50퍼센트 증가시켰다. 한편 카네파사는 밀라노 공과대학, 이탈리아 국가연구원(CNR)과 공동으로 친환경 염색 처리 재료를 개발하고 있다. 이는 조개류 껍데기에서 발견한 자연고분자(polmer)와 키틴각소(chitin)를 이용, 염색 과정에서 소비되는 물,

에너지, 화학품을 75퍼센트 절약하려는 것으로 현재 30~40퍼센트 가량 연구를 진행했다고 한다.

라티(매출 9,100만 유로, 직원 587명)사는 디지털 방식 잉크 분사 프린트 방법을 개발하여 획기적인 혁신을 이루었으나 디지털 방식 기술이 보호되는 게 쉽지 않아 경쟁사의 모방을 우려하고 있다. 유사한 예로 클레리치(매출 4,700만 유로, 직원 282명)사의 경우 명품 브랜드를 위해 만든 제품을 다른 코모 지역 회사가 모방해 출시하여 법원에 제소한 상태다. 중국 저가 제품의 공세도 위협 요소이기는 하나, 코모의 기업들은 디자인의 창의성이나 제품의 질에 있어 우위를 확보하고 있다고 자신한다.

● 이탈리아 최대의 섬유 산업 클러스터 프라토

중부 피렌체에서 25킬로미터 서쪽에 위치한 인구 18만 명의 프라토(Prato) 시에는 이탈리아에서 가장 큰 섬유 산업 클러스터가 있다. 프라토 시는 피렌체 공국이 피렌체 성 밖에서 고급 직물을 생산하는 것을 허용하지 않아 12세기부터 가내 수공업 방식으로 중저급 직물을 만들어왔는데 1800년대 말 기계화를 시작으로 섬유 산업을 다양하게 발전시켰다. 프라토는 비엘라, 코모와 같이 특정 섬유 분야에만 국한하지 않고 모, 면, 리넨, 실크, 합성섬유 등의 원사, 직물 생산부터 의류 봉제, 패션에 이르기까지 섬유 산업이 광범위하게 발달했다. 프라토는 이탈리아 최대 규모이자 대표적인 클러스터로서 베카티니 교수를 비롯한 많은 학자들에게 연구 대상이 되었다.

프라토에는 섬유 분야 3,027개, 니트·의류 분야 4,438개를 포함하여 총 7,465개(2011년)의 섬유 사업체가 있으며 총 4만 6,500명(섬유 1만 7,500명, 니트·의류 2만 9,000명)이 일을 하고 있다. 매출 규모는 46억 유로(섬유 31억 6,000유로, 니트·의류 14억 4,000유로, 2011년)이며 그중 수출이 24억 유로(섬유 16억, 니트·의류 8억)를 차지한다. 물론 이와 같은 수치는 과거 20~30년 전에 비해 상당히 줄어든 것으로, 해외시장에서 중국 저가 제품과의 경쟁, EU의 섬유시장 대외 개방, 그리고 최근의 금융위기가 그 원인이다.

프라토에는 매우 특이한 현상이 있다. 많은 기업들이 중국인들에 의해 직접 운영되고 있다는 점이다. 1990년 169명에 불과했던 프라토 거주 중국인이 2007년 합법적 거주자만 1만 명이 넘고 불법 체류자까지 포함하면 3만 명 이상일 것으로 추산한다. 규모로 보면 유럽에서 파리 다음으로 큰 중국인 사회를 이루고 있다. 중국 저장성, 푸젠성 등지에서 이주해온 이들은 4,000여 개의 사업체를 운영하며 3만여 명을 고용하고 있다. 이들은 중국에서 원단을 수입하여 주로 저가 의류를 만드는데 하루 100만 벌을 봉제할 정도의 능력을 갖고 있다. 그러나 근로자의 불법 고용, 과도한 노동, 탈세, 중국으로의 이익금 불법 송금 등이 사회 문제가 되고 있다. 실제로 이탈리아 세무당국이 중국 업체를 급습하여 불법 거래된 현금 수천만 유로를 적발, 압수하는 장면이 현지 언론에 보도되곤 한다.

프라토는 유럽에 형성된 유일한 외국인 의류산업 클러스터이며,

이탈리아인들의 원사, 직물 산업 클러스터와 함께 프라토 내에 2개의 클러스터가 존재하는 셈이다. 그러나 중국인은 중국 시장을 겨냥한 저가 상품을 대량으로 만들기 때문에 두 클러스터 사이에 일반적으로 나타나는 협력관계는 없다. 다만 중국인들의 진출로 인해 이탈리아인들의 사업체 수가 5,800개에서 10년 만에 3,000개로 감소될 정도로 크게 위축되었다. 일각에서는 이러한 현상에 의류 산업의 미래에 대해 우려를 나타내기도 한다.

● **세계 스타킹 산업의 중심 카스텔 고프레도**

오페라 〈리골레토〉의 배경인 중세 도시 만토바 시 가까이에 있는 인구 1만 2,000명의 카스텔 고프레도(Castel Goffredo) 시는 세계 제일의 여성 팬티스타킹 산업의 중심지다. 만토바, 베로나, 브레샤, 크레모나 4개 도에 속하는 16개 시에 산재해 있는 220개 기업에서 생산하는 양말 및 여성용 스타킹 제품은 유럽 시장의 70퍼센트, 유럽 외 세계 시장의 30퍼센트를 점할 정도로 그 규모가 크다. 1925년 독일을 벤치마킹하여 시작한 카스텔 고프레도의 양말 산업은 제품의 우수성을 바탕으로 계속 성장하다가 최근에 내수 감소와 저가 제품과의 경쟁 등으로 20년 전에 비해 산업 규모가 축소되었다. 여기에는 만토바 인구의 20퍼센트를 차지하는 중국인을 포함한 외국인의 진출로 인한 영향이 적지 않다.

1992년 442개였던 기업이 현재 절반으로 줄었고, 종사자는

8,000명에서 6,000명으로 감소했다. 연간 매출 규모는 10억 유로로 이중 3분의 2는 해외로 수출한다. 규모가 큰 기업들은 생산 자동화, 상품 다변화, 패션, 마케팅 강화, 일부 생산시설의 해외 이전 등을 통해 사업을 계속 확장하고 있다. 방직, 염색, 다림질, 마무리 등 많은 공정을 자동화하거나 자체적으로 해결하고 아울러 제품을 팬티스타킹에서 의료용 제품, 란제리, 수영복 등으로 다양화한 것이다. 또는 물, 전기 등의 사용료가 비교적 싼 동유럽 지역으로 공장을 이전하거나 인체에 영향을 미치는 셀룰라이트를 없애는 마이크로 크리스털 원료를 개발하는 등 혁신 활동을 계속하고 있다. 그러나 규모가 큰 기업들의 이런 자동화 및 공정의 자체 해결 등은 많은 하청 극소기업들이 문을 닫는 요인으로 작용했다.

고프레도 클러스터의 대표적 기업인 골든레이디(직원 6,000명)사는 최근 15년간 팬티스타킹 수요가 줄어들자 국내외 공장 12개(미국 4개, 세르비아 2개 포함), 국내외 판매점 6,000개를 운영하며 러시아 등으로 판매 시장을 확대했다. 또한 란제리, 수영복 등으로 제품의 종류를 다양화하여 연간 6억 유로의 판매 실적을 올리고 있다.

한편 카스텔 고프레도 클러스터는 판매 전략의 일환으로 그 지역 생산품이 제품 자체의 질(재료, 내구성, 디자인), 소비자의 건강 보장, 환경 유지 기준 준수, 저에너지 소비, 근로자 인권 존중에 부합하여 생산되었음을 증명하는 '이탈리안 레그웨어(Italian Legwear)' 표시를 부착하는 제도를 추진하고 있다.

● 니트 산업 클러스터 카르피

모데나에서 20킬로미터 북쪽에 위치한 카르피(Carpi)는 니트 산업 클러스터다. 1960년대 베를 짜면서 시작한 가내 수공업이 털실 생산의 기계화로 사업이 확장되면서 인구 6만 5,000명의 카르피는 니트 산업 클러스터로 변모했다. 1992년 2,630개 기업에 1만 3,200명이 일을 하고 매출 규모는 9억 유로였다. 그러나 니트 소비가 점차 감소하고 세계 시장에서 중국의 저가 제품 공세 등으로 카르피의 니트 산업은 하락세를 면치 못했다. 많은 기업이 니트에서 의류 봉제로 업종 전환을 했는데, 지금 카르피 클러스터의 3분의 1을 차지하고 있다. 이렇듯 니트 산업은 규모 면에서 20년 전에 비해 절반 이상이 줄었지만 오히려 매출은 20년 전의 1.6배인 14억 유로(2011년)로 늘어났으며 이중 수출이 3분의 1을 차지한다.

규모가 큰 기업들은 해외로의 공장 이전, 기술 혁신, 자체 브랜드 구축, 판매망 증가, 자체 단일 브랜드 점포 개설 등을 통해 사업을 지속적으로 확장하여 지금은 10개 기업이 카르피 지역 전체 매출의 절반을 차지하고 있다. 이들이 해외공장에서 고용한 인원은 국내 인원의 절반에 가까운 3,000명이며, 카르피사 제품을 생산하는 데 있어 원부자재 등의 해외 의존도는 평균 40퍼센트에 이른다. 고급 제품을 생산하는 큰 기업일수록, 이탈리아산 원부자재를 더 많이 사용하여 제대로 된 제품을 시장에 내놓으려고 노력하고 있다. 반면 과거 전체 기업의 70퍼센트를 넘게 차지했던 하청 소기업들(1,880개)은 큰 기업들의 해외공장 이전 등의 영향으로 800개 정도로 줄어들었다. 이들 하청업체는 기획, 생산, 판매에 집중하며 유연성과 신속성을 무기로 돌파구를 찾고 있다. 그러나 하청기업 가운데 25퍼센트인 200개 사가 중국인의 손으로 넘어가 주로 단순 봉제사업을 하고 있다.

자동차로 카르피 시에 들어가다보면 수많은 니트 제조 공장들이 길 양편에 늘어선 모습을 볼 수 있다. 다른 산업 클러스터와 달리 대부분의 공장이 건물의 일부 공간을 소매 점포로 운영하고 있는 점이 눈에 띈다. 중간 유통 과정을 줄이고 소비자와 직거래하기 위한 전략이다. 아울러 큰 기업들은 혁신을 통해 각 기업당 연평균 400개 이상의 새로운 모델을 제시, 자체 단일 상표 판매점을 통해 시장을 확대하고 있다.

리우조(매출 2억 9,000억 유로, 직원 425명)사는 창업 15년 만에 브랜드 개발에 집중하여 제품의 다변화와 단일 브랜드 제품 유통을 확대하여 카르피 전체 매출의 20퍼센트를 차지하는 큰 기업으로 성장했다. 그러나 리우조사가 이 클러스터에서 생산하는 제품은 25퍼센트에 불과하고 나머지는 동유럽, 터키, 중국, 인도에서 생산하고 있다. 고도의 기술이 필요한 니트 제품은 이탈리아에서, 다른 제품은 해외공장에서 생산하는 것이다. 해외공장으로 인해 카르피 산업이 축소되었다는 일부의 지적에 대해 리우조사는 그동안 모든 것을 국내에만 의존했다면 살아남지 못했을 것이라고 주장한다. 리우조사는 이탈리아에 190개, 해외에 150개 자체 단일 상표 판매점을 운영하며 수출 비중을 현재 30퍼센트에서 50~70퍼센트로 늘릴 계획을 세우고 있다.

● 종합 섬유·의류 클러스터 비첸차

베로나와 베네치아 사이에 있는 비첸차(Vicenza)는 200여 년의 역사를 지닌 이탈리아 섬유·의류 산업 요람의 하나로 스키오, 티에네, 발다뇨 등에 많은 중소기업들이 자리 잡고 있다. 이탈리아에서 가장 큰 섬유업체인 마르조토(1836년 설립, 매출 3억 7,000만 유로, 직원 4,350명)사를 비롯하여 보테가 베네타(매출 9억 5,000만 유로, 직원 2,340명)사, 우리나라 제일모직에 상표 제휴를 하고 있는 팔질레리(매출 1억 4,000만 유로, 직원 950명)사 등이 소재하고 있다.

비첸차 클러스터는 주로 캐시미어, 낙타털, 메리노양, 실크 등 고급 실이나 직물을 생산, 가공하거나 봉제하는 일을 한다. 또한 세계적 명품인 루이비통, 샤넬, 구찌, 몽클레르, 디올 등에 제품을 공급하는데, 이는 비첸차 기업들이 만드는 제품의 질이 좋고 변화에 유연하게 대처할 줄 알기 때문이다. 예를 들어 1908년에 설립된 실크 제조업체인 보케제사는 실크 제품을 현대적 감각에 맞추기 위해 과거 직조기를 개조, 실크를 면 또는 합성섬유와 배합하여 방수용, 방풍용 스포츠 의류 제작에 응용하고 있다.

한편 비첸차에 있는 장인이 경영하는 소기업 700개 가운데 30년 이상의 역사를 가진 기업이 65퍼센트에 이르는데, 이들 기업은 대부분 세대간 사업 계승을 우려하고 있다. 사업을 이어야 할 다음 세대가 이 일에 매력을 느끼지 않는다면 생산성이 떨어지는 것은 물론 기업이 문을 닫을 수도 있기 때문이다. 그래서 일부에서는 청년들에게 학교 교육이나 전문 견습 과정이 아닌 기업간 네트워크를 통합하고 이용할 줄 아는 능력을 가르쳐야 한다고 주장한다. 한편 비첸차가 위치한 베네토 지역에는 7,000개의 섬유·의류 기업에 7만 명이 일을 하고 있으며 이들 가운데 60퍼센트가 여성이다.

● 의류·캐주얼 클러스터 발 비브라타

이탈리아 중부 테라모에 위치한 발 비브라타(Val Vibrata)는 20년 전까지만 해도 의류·캐주얼 산업의 중심지로 불렸다. 1,000여 개의 기업에 2만 명이 일을 하며 7억 5,000만 유로의 매출을 올렸다. 그러나 지금은 직원이 과거의 10분의 1로 줄어들고 매출은 3~4억 유로로 반감했으며 수출은 생산량의 15퍼센트에 그친다. 원인은 많은 기업들이 중국 등의 저가 제품 공세에 밀려 문을 닫거나 생산 공장을 불가리아, 루마니아, 터키 등지로 이전했기 때문이다. 다만 10여 개의 기업은 여전히 세계 명품업체인 발렌티노, 네로 자르디니, 카발리, 프라다, 구찌, 보스, 루이비통, 이브생로랑 등을 상대로 의류, 캐주얼 제품을 하청 방식으로 만들고 있다.

일부에서는 전통적인 훈련 없이는 좋은 하청업체가 될 수 없으므로 해외공장에서 생산하는 제품은 품질이 저하될 수밖에 없다고 말한다. 이를 반증이라도 하듯 일부 기업의 해외공장이 발 비브라타 클러스터로 돌아오려는 움직임을 보이고 있다.

한편 이 클러스터에서는 중국 기업들이 창업했다가 몇 년 버티지 못하고 문을 닫고 있다. 현금 거래를 통한 탈세, 탈기여금, 과도한 노동 요구, 열악한 위생에 대한 항의 등의 문제가 발생하고 있기 때문이다.

△▼△

가죽·구두 산업 클러스터

이탈리아 피혁 가공 산업은 전국적으로 두루 발달했으며 각종 피혁제품을 생산하는 클러스터 역시 많다. 산타 크로체 술아르노, 아르치냐노, 솔로프라 등이 대표적이다. 이탈리아 피혁 가공 산업은 높은 기술력과 고품질, 친환경, 혁신, 스타일, 디자인 등에 역점을 둠으로써 세계 피혁 산업을 리드하고 있으며 전국 6,200여 기업에 3만 2,000여 명이 일하고 있다. 연간 매출 규모는 51억 유로이며, 이 중 4분의 3 이상(42억 유로)이 수출되는데 수출 국가는 116개국에 이른다.

이탈리아는 세계 최고의 피혁 생산국으로서 EU 전체 생산 제품의 62퍼센트를 만들고 있어 세계 가죽 완제품 4개 중 하나는 이탈리아산이라고 한다. 참고로 이탈리아가 피혁 가공을 위해 사용하는 가죽 종류는 소가죽 67퍼센트, 양가죽 14퍼센트, 송아지 가죽 8퍼센트, 염소 가죽 7퍼센트 순이며, 가죽이 사용되는 용도는 신발 45퍼센트, 각종 가죽제품 21퍼센트, 실내장식 19퍼센트, 자동차 내부 7퍼센트, 의류 6퍼센트 순이다.

● 가죽 가공 클러스터 산타 크로체 술아르노

이탈리아 중부 피사와 피렌체 사이 아르노 강 가에 위치한 산타 크로체 술아르노(Santa Croce Sull'Arno) 시는 인근 폰테 아 에골라와 함께 유명한 가죽 가공 지역이다. 피렌체에서 피사에 이르는 주변 지역에 신발, 핸드백, 의류 등 가죽 완제품 산업이 많이 발달해 가공된 가죽을 공급하고 있다. 이탈리아 최대 명품 회사인 구찌(매출 36억 유로, 직원 9,340명), 페라가모(매출 9억 8,000만 유로, 직원 3,130명) 등을 비롯한 전 세계 명품 회사들이 피렌체 주변에 회사를 세우고 산타 크로체 술아르노로부터 가공 피혁과 가죽 완제품을 구매한다.

산타 크로체 술아르노 클러스터는 원피 가공에서 완제품과 가죽 가공 기계에 이르기까지 완전한 가죽 산업 체인이 구축되어 있는 곳이다. 주요 생산품은 구두 밑창과 신발, 일반용품, 의류에 사용되는 피혁이며 구두 밑창은 국내 수요의 98퍼센트(EU 전체의 70퍼센트)를, 일반 제품용 피혁은 국내 소요량의 35퍼센트를 각각 생산하고 있다. 이 가죽 가공 클러스터는 제혁기계 수요의 30퍼센트도 함께 생산하고 있다. 산타 크로체 술아르노에는 제혁 공장 300개와 관련 업체 300개 등 총 600여 개 업체에 6,000여 명이 일하고 있다. 연간 매출 규모는 15억 유로이며, 이중 수출이 70퍼센트를 차지한다.

중국 정치계의 실력자였던 보시라이가 2002년 랴오닝성 성장으로 있을 당시 이탈리아의 피혁가공 기술을 배우기 위해 산타 크로체 술아르노를 방문하여 제혁기술 협력을 추진했다. 이후 2004년 중국 원자바오 총리가 이곳을 방문한 데 이어 후진타오 주석도 이곳을 방문하여 가죽 처리 과정에서 발생하는 환경 문제를 해결하는 기술을 배우고자 했다. 그 결과 중국은 환경 오염 처리 기술을 습득하게 되었고, 현재 이탈리아는 태닝 처리된 피혁 수요량의 25퍼센트를 중국으로부터 수입하고 있다.

산타 크로체 술아르노는 다른 클러스터와 달리 시장 개방 등으로 별 피해를 보고 있지 않은데다 오히려 명품 수요 증가로 호황을 누리고 있는데, 이는 높은 기술력과 고품질, 상품 다양화와 함께 환경 문제를 완벽히 해결했기 때문이다. 기업을 예로 들어보자. 돌멘(매출 4,500만 유로, 직원 130명)사는 세계 명품 회사들이 환경 친화적인 제품을 요구하는 데 재빨리 부응, 품질 고급화와 환경 문제를 해결함으로써 이들 회사에 제품을 공급하는 길을 열었다. 인카스(매출 5,200만 유로, 직원 190명)사도 원자재에서 완제품에 이르기까지 EU 환경경영감사제도(EMAS) 인증을 획득, 세계 명품 회사들에 제품을 공급하고 있다.

한편 산타 크로체 술아르노 클러스터의 특징 가운데 하나는 산미니아토 기술학교와 피사 대학(태닝 관련 화학과와 화학기계과 두 과정 운영)을 통해 태닝기술훈련사업(Poteco)을 추진하여 매년 150명의 제혁기술 인력을 양성하고 있다는 점이다. 이 사업은 훈련 이외에 공동연구 및 실험으로 사업 기능이 확대되었다. 기업측과 지자체측이 각각 70퍼센트, 30퍼센트씩 부담하여 최초 기금 50만 유로로 시작한 이 사업은 기금이 520만 유로로 증가하여 2013년까지 새로운 실험실을 건립할 예정이다.

● 가죽 가공 클러스터 아르치냐노

베네치아에서 85킬로미터 서쪽에 위치한 아르치냐노(Arzignano)는 키암포 계곡을 따라 20개 시에 퍼져 있는 이탈리아에서 가장 큰 가죽 가공 산업 지역이다. 아르치냐노 클러스터는 신발, 일반 제품, 실내장식, 의류, 고급 승용차에 사용되는 나파(napa) 및 세미 가죽을 생산하고 있다. 이곳의 생산 규모는 매출액 기준 이탈리아의 51퍼센트, 유럽의 32퍼센트, 세계의 8퍼센트를 차지할 정도로 비중이 크다. 490여 사업체에서 8,300여 명이 일을 하고 있다. 매출 규모는 25억 유로이며 이중 수출이 70퍼센트 이상(18억 유로)을 차지한다. 영화 〈미션 임파서블〉에서 톰 크루즈가 입었던 가죽옷도 이곳에서 만들어졌다. 또한 아르치냐노 클러스터는 완벽한 정수처리 시설을 구축하여 환경 문제를 해결하는 한편 품질 고급화와 혁신을 통해 국제 경쟁력을 강화했다.

아르치냐노 클러스터의 강점은 무엇보다 1960년대부터 갈릴레오 기술학교를 설립하여 가죽 태닝, 화학, 환경 분야 교육을 통해 제혁 분야의 전문 기술 인력을 양성하고 있다는 데 있다. 그러나 현지 청소년 200명 중 170명이 태닝 작업이 힘들다는 이유로 기술을 배우기를 희망하지 않는다는 조사 결과에서 드러나듯이 청년층이 제혁 산업에 매력을 느끼지 못해 동구권, 아프리카, 파키스탄에서 온 이민자들을 많이 고용하고 있다. 한편 강한 기업의 예를 보면 마스트로토(매출 2억 3,000만 유로, 직원 2,000명)사는 신발, 일반 제품, 장식, 자동차용 피혁을 생산하면서 600가지 색깔의 피혁을 전 세계에 공급할 수 있는 체제를 갖추고 있으며 생산된 제품의 80퍼센트를 110개국에 수출하고 있다.

● 가죽 가공 클러스터 솔로프라

남부 나폴리에서 70킬로미터 서쪽에 위치한 솔로프라(Solofra)는 역사가 오래된 가죽 태닝 지역이다. 9.11 테러가 있기 전 파키스탄과 아프가니스탄에서 사업을 하던 오사마 빈 라덴이 고급 가죽을 구입하기 위하여 자주 방문했으며 마이클 잭슨이 입은 가죽옷의 천을 만든 곳이다. 그러나 신흥국의 등장과 금융위기 등의 여파로 이곳 가죽 태닝 산업도 축소되었으며, 현재 130여 개 기업에서 2,000여 명이 일하고 있다. 연간 매출 규모는 4억 유로이며 생산량의 75퍼센트는 내수용으로 판매하고 나머지는 우리나라를 비롯하여 독일, 미국, 중국 등지로 수출한다.

솔로프라 클러스터는 주로 양 및 염소로 신발용, 의류용, 일반 제품용 가죽을 생산하고 있으며 과거에는 제조업체를 대상으로 피혁을 만들었으나 지금은 페라가모, 아르마니, 구찌, 프라다, 모스키노와 같은 유명 브랜드에 주로 납품한다. 특히 로마노 니콜라(매출 350만 유로, 직원 18명)사의 경우 혁신, 신속 공급, 품질 유지의 원칙을 바탕으로 최고급 제품을 고객에게 공급하고 있다.

한편, 솔로프라 클러스터의 약점으로는 대기업이 없다는 것과 일부 극소기업의 불법 노동활동이 존재한다는 점이다.

● 가죽제품 클러스터 피렌체

피렌체(Firenze) 외곽에 위치한 폰타시에베, 스칸디치, 발다르노는 세계 최고 브랜드 회사들의 핸드백, 지갑, 여행용 가방 등을 만드는 주요 피혁제품 생산지다. 최근 인테자 산파올로 은행의 조사, 발표에 따르면 피렌체 피혁 클러스터가 24억 9,000만 유로(2012년)를 수출하여 이탈리아 전체 클러스터 가운데 가장 많은 수출액을 기록했다. 이러한 배경에는 가죽제품은 잘 만들지만 자체 브랜드가 없어 판로가 없었던 수공업체들이 세계 명품 대기업에 제품을 공급하는 하청업체로 전환되었기 때문이다. 디자이너를 고용하고 생산은 아웃소싱하던 명품 회사들이 1990년대 중반부터 피혁제품 분야 사업을 확장함에 따라 계단 밑이나 차고에서 일하던 영세업체들이 공장으로 옮겨 수공업 방식을 유지하며 우수한 제품을 더 많이 생산하기 시작했다.

변화의 주역은 1921년 설립되어 1999년 프랑스 PPR 그룹의 자회사가 된 구찌(매출 36억 유로, 직원 9,340명)사이며, 페라가모(매출 9억 8,000만 유로, 직원 3,130명)사와 함께 피렌체 피혁제품 생산의 많은 부분을 주도하고 있다. 또한 이들 기업은 프라다(매출 33억 유로), 펠리니, 셀린느와 함께 수공업 공장을 넓히면서 1차 협력업체와 하청업체 간의 생산 라인을 구축하고 기술을 더욱 발전시켰다.

이렇게 피렌체는 명품 가죽제품 생산지로서 세계 명품 브랜드들의 관심을 집중시켰으며, 불가리, 카발리, 발렌티노, 토즈, 돌체앤가바나, 트루사르디는 물론 미국의 랄프로렌, 도나 캐런, 타미 힐피거,

마크 제이콥스, 프랑스의 샤넬, 카르티에, 루이비통, 이브생로랑, 디올 등이 피렌체로 몰려왔다. 디올사는 피혁제품 부서를 스칸디치로 옮겨 구찌 본사 바로 앞에 4,000제곱미터 넓이의 작업장을 만들었으며, 몽블랑사는 수백만 유로를 투자하여 독일에 있던 피혁제품 부서(매출 800만 유로)를 스칸디치로 옮기기로 했다. 그만큼 피렌체에서 생산되는 피혁제품이 우수하다는 사실을 증명한다.

핸드백과 지갑 등을 비롯하여 버클, 자물쇠, 금속 부속품 등을 생산하는 피렌체의 피혁제품 산업은 지난 10년 사이 생산이 3배가 늘 정도로 급속히 성장하여 현재 2,500여 사업체에 1만 7,000명이 일하며 매출 60억 유로(2011년)의 호황을 누리고 있다. 이와 같이 피렌체에 피혁제품 산업이 호황을 누리는 것은 무엇보다 산타 크로체 술 아르노 피혁 산업 클러스터가 가까이에 위치하여 고급 가죽의 확보가 용이하기 때문이다.

그러나 문제가 없는 것은 아니다. 주문량은 느는데 사업체들의 규모가 작고 전문 훈련을 받은 인력이 부족하다. 이런 문제를 해결하기 위해서는 1차 협력 기업이 영세한 하청 기업을 잘 키워야 한다. 그래야 하청 기업이 기술 개발에 투자하고 유능한 인력을 키워낼 수 있다. 이런 현실을 잘 알고 있는 구찌 등과 같은 대기업들은 기업간의 생산 네트워크를 더욱 긴밀하게 만들기 위해 노력하고 있다.

다음으로 유능한 인력의 확보다. 주요 지자체와 기업들이 협력하여 2005년 스칸디치에 이탈리아고등가죽학교(ASPI)를 설립하여 피혁제품 전문 인력을 양성하고 있다. 또한 은퇴를 앞둔 숙련된 장인의 기술을 다음 세대에 어떻게 효과적으로 전수하는가도 해결해야 할 과제다.

● 가죽가구 클러스터 톨렌티노

이탈리아 중부 항구도시 안코나에서 70킬로미터 남쪽에 위치한 톨렌티노(Tolentino)는 가죽 완제품 생산 지역이다. 공장 직공으로 일하던 나자레노 가브리엘리가 부인과 함께 1907년 가죽공방을 차리면서부터 톨렌티노에는 가죽 산업이 발달하기 시작했다. 이후 1943년 3명의 사위들에게 승계된 나자레노 가브리엘리사와 가죽가구를 만드는 계열사인 폴트로나 프라우사를 주축으로 많은 업체들이 생겨나 톨렌티노는 20년 전 120개 사업체에 2,000명이 종사하고 연간 4억 유로의 매출을 올릴 정도로 성장했다. 나자레노 가브리엘리사가 부침을 겪으면서 톨렌티노 클러스터가 위축되기도 했지만 일부 기업들은 특정 가죽 분야에 특화하여 틈새시장에서 여전히 경쟁력을 유지하고 있다.

2012년 회사 창립 100주년을 맞이한 프라우(매출 2억 6,000만 유로, 직원 916명)사는 최고급 클래식 스타일의 가구 제작으로 유명하며 고급 승용차인 페라리, 마세라티, BMW 등의 자동차 의자는 물론 에어버스 380의 좌석, 주요 공항 VIP실을 장식하는 가죽제품을 생산하고 있다. 한편, 소기업인 에레우노사는 하청업체로서 싱가포르에 있는 3,000제곱미터 크기의 빌라와 호화 요트 내부를 가죽으로 장식했다.

가브리엘리사에서 직공으로 일하다 회사를 차린 아버지의 사업을 계승한 라이페사는 하청업체의 역할을 하다가 8년 전 자체 브랜드인 크로미아를 만들면서 매출이 800만 유로가 증가하여 총 2,700만 유로의 매출 실적을 올렸다.

그러나 소기업들이 자체 브랜드를 만들어 회사를 키운다는 것은 쉽지 않다. 이것이 아직도 많은 업체가 세계적인 명품 회사들의 하청업체로 남은 이유이기도 하다.

● 가죽구두 클러스터 페르모

이탈리아 신발 산업은 가죽구두 제조업이 주를 이루며 5,300여 업체에 7만 9,000여 명이 일을 하고 있다. 연간 매출 규모는 71억 유로이며 생산량의 53퍼센트를 수출한다. 전국에 20개(2001년) 가죽구두 산업 클러스터가 산재해 있으며 대표적인 클러스터는 페르모와 라 리비에라 델 브렌타다.

안코나에서 60킬로미터 남쪽에 위치한 페르모(Fermo)에는 세계적 브랜드인 토즈사와 세계에서 가장 비싼 구두를 만드는 진탈라(매출 370만 유로, 직원 25명)사가 자리하고 있다. 사전주문과 수작업만으로 만들어지는 진탈라사의 모카신의 가격과 고객 리스트는 비밀에 부쳐지며 한 켤레에 1만 5,000유로까지 호가한다. 진탈라사 구두는 세계 시장에서 루이비통 그룹의 베를루티사, 에르메스 그룹의 존 롭사의 제품과 경쟁하고 있다.

페르모와 마제라타 지역은 이탈리아에서 가죽신발 제조업체가 가장 많이 밀집된 클러스터로 토즈, 프라다, 구찌를 비롯하여 현재 2,700개 사업체가 산재해 있으며 3만 7,000명이 일하고 있다. 20년 전에 비해 사업체 숫자가 절반으로 줄었지만 사업이 위축되었다기보다는 집중화가 이루어졌기 때문이다. 이곳에서는 남성용, 여성용, 아동용, 청소년용 등 다양한 가죽구두를 생산하고 있으며 생산량의 80퍼센트(24억 5,000만 유로)를 해외로 수출한다.

이렇게 된 데는 1917년 시작된 조부의 구둣방을 이어받은 디에고 델라 발레가 현재의 모습으로 성장시킨 토즈(매출 9억 6,000만 유로, 직원 3,700명)사의 역할이 컸다. 토즈사가 구심점이 되어 장인공방, 공급자, 하청업체가 긴밀하게 네트워크를 형성하여 고급 구두를 만들기 위해 노력했기 때문이다.

● 여성 구두 클러스터 브렌타

라 리비에라 델 브렌타(Brenta)는 바로 루이비통의 구두 공장이 있는 곳이다. 베네치아에서 서쪽 파도바까지 30킬로미터에 이르는 운하 양안을 라 리비에라 델 브렌타라고 부른다. 이 지역의 스트라, 피에소 다르티코, 비곤차 등이 가죽구두 산업 클러스터를 이루고 있다. 베네치아 귀족들이 휴가를 보내기 위해 1200년대부터 지은 별장이 무려 500개에 이르며 그중 수십 개가 관광명소로서 관광객을 불러모으고 있다.

이곳에서 구두를 만들게 된 계기는 귀족들이 별장에 올 때 구두 제조공을 대동한 데서 비롯되었다. 이후 1904년 설립된 볼탄사가 하루 1,000켤레의 구두를 만들면서 구두 산업이 본격화됐다. 브렌타의 구두 수공업체는 자금이 부족하고 규모도 영세했지만 장인기술을 바탕으로 유명 브랜드에 제품을 납품하면서 성장했다.

그러나 1990년대 중반 주요 고객인 유럽 중산층의 소비가 위축되면서 타격을 받았다. 기업들은 두 갈래 길에서 하나를 선택해야 했다. 비용을 줄이고 품질을 낮추느냐 아니면 비용을 잘 관리하면서 품질을 높여 시장을 계속 유지하느냐. 브렌타의 기업과 노조는 품질을 높이기로 결정했다. 물론 1995~2007년에 기업 330개가 문을 닫는 등 어려움이 많았지만 기업들은 위축되지 않고 고품질과 혁신을 위해 노력했다. 브렌타 클러스터에는 현재 570여 사업체에 1만 500여 명이 일을 하며 연간 여성 구두 2,000만 켤레(2011년)를 생산하고 있다. 연간 매출액은 16억 5,000만 유로이며, 생산량의 90퍼센트를 수출한다.

아버지가 운영하던 피에소 다르티코의 구둣방에서 17세에 일을 시작한 루이지노 로시는 1960년 프랑스에서 구두 몇 켤레를 사와 분해를 해본다. 그 결과 이탈리아 구두가 프랑스 구두보다 재료나 기술 면에서 낫다는 사실을 발견하고 여성 구두 제작에 전념한다. 이후 그의 회사는 지방시, 이브생로랑 등 세계적 명품 브랜드에 납품하게 되고, 2003년에는 회사를 루이비통에 매각한다. 루이비통은 피에소 다르티코에 회사 3개를 두고 장인 225명을 포함한 360여 명을 고용하여 구두 생산뿐만 아니라 모든 루이비통 구두 사업을 기획, 디자인하게 된다.

브렌타 기업들이 주로 외국 기업과 손을 잡는 것은 외국 기업이 요구하는 마진율이 국내 기업에 비해 낮기 때문이라고 한다. 그러나 이탈리아 브랜드인 아르마니, 프라다도 각각 4개, 1개의 공장을 브렌타에서 운영하고 있다. 아울러 비곤차에 있는 구두기술학교는 수만 명의 여성 구두 기술공을 양성하여 여성 구두 산업 발전에 기여했다.

한편 브렌타 클러스터에도 중국인들이 대거 유입되어 그 지역 장인들이 피해를 보고 있다. 2001년 30개에 불과했던 중국업체가 2012년에는 205개로 늘어나 이탈리아 극소기업 90개가 문을 닫아야 했다. 이들 중국업체가 세계적인 명품 브랜드에 납품하고 있다는 확증은 없으나 그들이 불공정, 불법, 과도한 노동 등으로 유연하고 신속하게 하청 역할을 하고 있어 현지 명품 브랜드에도 구두 가죽을 은밀히 공급할 가능성이 있을 거라 추측할 수 있다. 관계 당국이 이들 업체를 점검할 때 불법노동, 탈세, 탈기여금, 안전기준 미달 등이 지적되곤 한다.

● 가죽구두 클러스터 비제바노

밀라노에서 45킬로미터 서쪽에 위치한 비제바노(Vigevano) 시는 1907년 36개 업체로 시작하여 매일 구두 1,100켤레를 만들다가 1962년에는 970개 업체가 연간 구두 2,750만 켤레를 생산할 만큼 성장했는데 그중 절반가량인 1,400만 켤레를 매년 수출했다. 비제바노는 우리나라 고급 구두의 상표로도 쓰여 우리에게도 친숙하다.

그러나 비제바노의 구두 산업 역시 중국 저가 제품의 공세를 피해가지 못했다. 중국 저가 제품의 등장으로 경쟁력이 하락하여 20년 전 150개였던 업체가 크게 축소되어 지금은 주요 15개 업체에 800명이 일하고 있다. 그 밖에 40여 개의 중소기업에 장인 300명이 일하고 있다. 구두 산업이 크게 위축된 것은 기업들이 중저가 제품 생산에 주력했기 때문으로 짐작되는데, 지금까지 살아남은 기업들은 고급 제품 생산에 주력하거나 다른 관련 산업으로 전환을 했기 때문이라고 한다.

대표적인 기업으로 모레스키(직원 400명)사는 자체 상표를 세계적인 브랜드로 만들어 고급 제품 판매에 성공을 거두었으며 마르티놀리(매출 600만 유로, 직원 60명)사는 연간 8만 켤레를 제조하여 100퍼센트 수출하고 있는데, 디올과 지방시 등 명품 브랜드가 주요 고객이다. 한편 비제바노 클러스터는 구두 제조 산업이 축소되었지만 구두 제조 기계를 생산하는 기업들은 활황을 맞고 있다. 그러나 구두 제조 기계를 혁신하기가 쉽지 않고 중국도 이 시장에 뛰어들면서 앞으로의 전망은 그리 밝지 않다고 한다.

● 세계 스포츠화 산업의 중심 몬테벨루나

베네치아에서 북쪽으로 60킬로미터 떨어진 곳에 위치한 인구 3만 명의 몬테벨루나(Montebelluna) 시는 알프스 산악이 가까워 200년 전부터 산악용 신발을 제조한 것이 계기가 되어 현재는 세계 스포츠화 산업의 중심지가 되었다. 1차 대전 때는 산악 전투화를 만들었다. 1954년 이탈리아 지질학자인 아르디토 데지오가 히말라야의 K2를 등반하면서 신은 돌로미테 신발이 이곳에서 만들어진 것으로 유명하다. 현대에 들어서는 스포츠 산업이 발전하면서 각종 스포츠화를 만드는 클러스터가 되었다.

몬테벨루나 클러스터는 처음에는 이탈리아 기업이 중심을 이루었으나 스폴딩사와 같은 외국 기업들이 진출하면서 국제 스포츠화 산업의 경쟁 시장이 되었다. 현재 1,800개 사업체에 1만 5,000명이 일을 하고 있으며 19억 유로의 수출 실적을 보이고 있다. 또 이곳에서 생산하는 스키화(전 세계 생산량의 75퍼센트), 등산화(전 세계 생산량의 50퍼센트), 오토바이화(전 세계 생산량의 80퍼센트), 피겨·롤러스케이트(전 세계 생산량의 25퍼센트)는 전 세계에서 큰 비중을 차지하고 있다.

이곳이 스포츠화 산업의 중심이 된 것은 과거 생산 체인간 협력을 바탕으로 축적된 소기업의 기술과 기업가적 능력이 국제화, 혁신, 스타일 개발 등과 접목되었기 때문이다. 수많은 부품 제조 소기업들은 외국 업체의 진입으로 외부 시장과 연결되어 끊임없는 기술 혁신, 새로운 모델 개발을 통해 경쟁력이 강화되었다. 따라서 몬테벨루나는 대만에 생산 기반을 둔 나이키, 아디다스와 경쟁하고 있는 셈이다.

스키화 생산 세계 1위인 테크니카사는 돌로미테, 노르디카, 블리차르드와 같은 브랜드를 두고 있는데 군소 기업체와 협력하면서 일본, 미국 등지로부터 전문 경영인, 기술자, 디자이너를 영입하여 시장을 주도해나가고 있다. 1995년 창업한 제옥스(매출 8억 9,000만 유로, 직원 2,900명)사는 '숨 쉬는 신발'이라는 상품을 출시하여 단시간에 캐주얼화 시장에서 세계 2위의 지위를 획득했다. 이 회사는 국내 생산량의 60퍼센트를 해외에 수출함은 물론 중국, 베트남, 인도네시아, 브라질에 공장을 설립하여 103개국에 분산된 단독 브랜드 점포 1,172개와 1만 1,000개의 공동 판매점 등 대규모 유통망을 통해 제품을 판매한다. 제옥스사는 경영 전략의 하나로 28~38세 대졸 출신자 650명을 대상으로 기술 및 경영 관련 사내 훈련을 시키고 있다.

△▼△

금속·기계 산업 클러스터

금속·기계 산업은 이탈리아 제조업의 몸통이라고 할 수 있다. 총 6만 개의 기업에 160만 명이 일을 하고 있으며, 국가 전체 고용의 10퍼센트, 제조업 분야 고용의 47.4퍼센트를 차지한다. 이는 철강, 수송장비, 주물, 조선, 공작기계, 전자, 정보, 통신, 전기기계, 플랜트 분야 기업들로 구성된 금속·기계산업연맹의 통계에 따른 것이다. 여기에는 수송장비 산업이 포함된 반면 수공업체 11만 개(종사자 42만 4,000명)는 제외된 수치다. 2007년 기준 총 매출 규모는 4,000억 유로이며 부가가치액은 1,170억 유로로 이는 GDP의 7.6퍼센트, 제조업의 53퍼센트에 해당한다. 수출 규모는 1,900억 유로로 전체 수출의 53퍼센트를 차지한다.

● 기계 산업 클러스터 첸토

모데나에서 38킬로미터 동쪽에 위치한 첸토(Cento)는 모데나와 함께 자동차 분야를 포함하는 기계공업 지역이다. 모데나가 세계적으로 유명한 스포츠카인 페라리, 마세라티, 데 토마소를 생산한다면 첸토는 람보르기니를 만든 페루초 람보르기니가 태어난 곳이다. 주변 5개 시를 포함하는 첸토는 자동차 엔진, 기어, 보일러, 식품제조 기계 등을 생산하는 클러스터를 형성하고 있으며 340여 개 기업에 4,400여 명이 일하고 있다.

첸토의 대표적인 기업인 VM모토리(매출 3억 3,000만 유로, 직원 1,100명)사는 디젤 엔진을 생산하며 도요타, 알파로메오, 피아트 등에는 물론 우리나라의 현대와 대우자동차에도 엔진을 공급했다. 파바(매출 1억 유로, 직원 264명)사는 식품 건조기계의 생산에 있어서 세계의 리더 역할을 하고 있으며 파바 그룹 산하인 발투르(매출 5,000만 유로, 직원 184명)사는 보일러 버너를 생산하고 있다.

첸토 클러스터의 특징은 1926년 설립된 타디아기술학교가 기술자를 양성하여 이곳의 공업화에 크게 기여하고 있다는 사실이다. 특히 첸토 시청과 현지 지방은행의 오랜 지원이 지역 경제를 농업에서 제조업으로 전환하는 데 크게 기여했다. 페루초 람보르기니가 1963년 고향 주변 마을인 산타가타 볼로냐에 람보르기니 자동차 공장을 설립한 것도 바로 람보르기니가 타디아기술학교에서 공부했기 때문이다. 람보르기니 자동차는 현재 매출의 20퍼센트를 기술혁신에 투자하며 세계적인 경쟁력을 유지하고 있다.

첸토 지역 기업들은 생산 과정에서 가급적이면 인력보다 기계를 많이 사용하고, 인력도 단순 기능공보다 엔지니어를 많이 쓰는 방식을 통해 독일보다 싼 비용으로 독일과 똑같은 고품질 제품을 만드는 전략을 취하고 있다. 선도기업과 하청 소기업 모두 기술혁신을 게을리하지 않으면서 해외시장 확대에 주력하고 있다.

첸토와 인접한 모데나는 첸토와 함께 광범위한 자동차 클러스터를 형성하고 있다. 특히 모데나에는 세계에서 가장 강력한 브랜드 중 하나로 평가받는 페라리 스포츠카 생산 공장이 있다. 페라리는 고객의 주문에 의해서만 자동차를 생산하며, 생산량 역시 일정 수준으로 제한하고 있다. 2012년에는 생산량이 7,200대였으나 2013년에는 7,000대로 오히려 줄었다. 페라리는 엔진을 비롯한 핵심 부품은 자체적으로 생산하고 외주 부품인 경우 세계 최고의 부품을 사용하며 거의 모든 공정을 수작업(95퍼센트)으로 진행한다. 연간 매출액은 20억 유로이며 매출액의 30퍼센트를 연구개발에 투자한다. 페라리는 지난 5년간 연구개발에 14억 유로를 투자했는데 2014년 이후 5년간 투자를 20억 유로로 늘릴 계획이다. 페라리 직원 2,800명 가운데 연구개발 인력이 500~600명에 달하며, 어려운 경제 상황에도 불구하고 오히려 직원을 늘릴 만큼 회사가 계속 성장하고 있다. 부수 사업으로 세계자동차경주대회에 참가하여 페라리 제품을 판매하고, 페라리 스포츠카 박물관도 운영하고 있다.

스팔(매출 9,000만 유로, 직원 500명)사는 자동차 부품 제조 기업으로 첸토 인접 지역에 위치해 있다. 이 회사는 고급 품질의 자동차용 팬(fan)을 생산하여 페라리와 람보르기니, 포르셰 등에 납품하며 전 세계 버스에 들어가는 팬 부품 시장의 60~70퍼센트를 점유하고 있다. 파올로 구이도티 부사장은 스팔사가 세계 시장에서 경쟁력을 갖게 된 것은 품질 고급화와 신제품 개발에 지속적으로 투자한 결과라면서 국내 시장만을 겨냥하여 혁신에 투자하지 않는 기업은 갈수록 어렵게 될 것이라고 말했다. 덧붙여 자동차 팬 부품과 관련하여 한국 제품은 품질이 고급화되고는 있으나 디자인 면에서 좀 더 신경을 써야 할 것이라고 조언했다.

● 세계 탭·밸브 산업의 중심 쿠지오

토리노 서북쪽 도르타 호수 가에 위치한 쿠지오(Cusio)는 세계적인 탭·밸브 산업의 중심지다. 쿠지오, 발레지아 등을 포함하는 이 지역에서 만드는 탭·밸브 제품은 세계 시장의 15퍼센트를 차지하고 있다. 1950년대 인구 3,300명의 쿠지오에서 수공업으로 시작한 탭·밸브 제조업은 인근 지역으로 확산되어 현재 1,680개 사업체에 1만 4,000여 명이 일을 하고 있다. 연간 매출 규모는 20억 유로이며,

매출의 60퍼센트 이상을 해외에 판매한다. 이곳 역시 중국산 저가품 공세의 영향을 피할 수 없어 예전에 비해 기업 수가 반감했다. 그러나 품질 고급화와 디자인 개발 전략으로 대응하고 있다.

이곳 기업들은 생산을 늘리기 위한 투자보다는 보유하고 있는 기술 노하우를 활용하여 우아한 디자인을 개발하거나 양복을 맞춰주듯 고객의 요구에 신속히 부응할 수 있도록 유연성을 높이는 데 중점을 두었다. 예를 들어 노빌리(매출 6,400만 유로, 직원 240명)사는 과거에는 공정 혁신에 투자했으나 최근에는 제품 개발에 투자하여 2011~2012년에 새로운 모델 200여 개를 시장에 내놓았다. 한편, 기업들은 크롬이나 니켈을 사용하지 않고 연성합금을 사용한 탭·밸브를 개발하기 위하여 2000년부터 루바리스라는 컨소시엄을 구성하여 미래형 제품을 공동 개발하고 있다.

● 금속가공 산업 클러스터 루메차네

밀라노에서 동북쪽으로 100여 킬로미터 거리의 알프스 계곡에 위치한 루메차네(Lumezzane)는 이미 1788년에 공구, 철제품, 못, 은식기류, 무기를 생산하는 공장이 27개가 있었을 정도로 금속을 다루는 역사가 오래된 곳이다. 루메차네는 계곡이라 공장을 지을 땅이 넉넉지 않아 많은 공장들이 주변 지역으로 이전해 2,000여 개의 기업과 종사자 9,000여 명이 클러스터를 형성하여 비철금속을 가공하여 탭, 밸브, 주방용품, 은식기류 등을 만들고 있다. 주변 발 트롬피아와

발 사비아 두 계곡 지역에 퍼져 있는 여타 금속가공 산업을 합하면 기업 6,400여 개와 종사자 5만 5,700명으로 클러스터 규모는 몇 배 더 커진다. 이 같은 수많은 공장들이 세계 시장에 내놓아도 손색없을 만한 고급 제품을 만들고 있다.

베레타사의 잔루카 발다사레 홍보이사의 말에 따르면, 독일 BMW 자동차 부품의 60퍼센트를 이탈리아 북부에서 만들어 조달할 정도로 금속가공 산업이 발달했다고 한다. 이는 루메차네 클러스터가 과거 전통적 클러스터와는 달리 기업들이 새로운 아이디어를 찾아 제품을 개발하여 일찍부터 시장을 해외로 확대했기 때문이라는 것이다. 예를 들어 자동차용 물펌프를 생산하는 살레리 실(매출 7,000만 유로)사는 BMW, 포드, 페라리, VM모토리, 마세라티, 디트로이트 디젤, 피아트, 란차, 알파로메오, 미츠비시, 롬바르디니 등에 납품하고 있다. 이 회사의 전략은 지속적인 투자를 통해 메이드 인 이탈리아 제품으로 세계 시장을 공략한다는 것이다. 루메차네 클러스터는 금속가공 산업에서 생의학 분야로 관련 제품 개발을 확장하는 한편, 애써 만든 제품을 중국 등으로부터 보호하기 위한 노력을 기울이고 있다.

루메차네에서 서쪽으로 10킬로미터가량 떨어진 트롬피아 계곡에는 500년 전부터 총기를 만들어오고 있는 세계적으로 이름난 베레타사를 비롯하여 파브리, 페라치 등 스포츠용 총기 제조회사들이 자리 잡고 있다. 140개 업체에 5,000명이 일하고 있다. 이곳에서 만드는 스포츠용 총은 유럽의 70퍼센트, 전 세계의 50퍼센트를 차지할 정도이며 사냥을 좋아하는 후앙 카를로스 스페인 국왕을 비롯하여 많은 유명 인사들이 이곳을 방문한다고 한다. 연간 76만 정(2011년)을 생산하는 발 트롬피아 클러스터의 강점은 최고의 기술력을 바탕으로 한 제품의 우수성이다.

베레타(매출 5억 5,000만 유로, 직원 2,600명)사는 1526년 바르톨로메오 베레타에 의해 설립되어 당시 베네치아 공화국에 총을 납품한 이래 현재 15대 자손으로 이어내려오는 유서 깊은 기업이다. 베레타의 13연발 자동권총은 미국의 군과 경찰뿐만 아니라 우리나라에도 보급되어 있으며, 사냥총은 세계 시장의 60퍼센트를 점유하고 올림픽 사격경기에서도 사용되는 것으로 유명하다. 베레타사는 지난 500년간 사용된 총기류 1,500정이 전시된 자체 박물관을 보유하고 있으며, 매출액의 8퍼센트를 연구개발에 투자하고 있다.

● 냉난방기 산업 클러스터 카잘레, 발 사비아, 레냐고

기계공업 분야 가운데 냉난방기 산업은 경쟁력이 강한 분야로서 여러 지역에 클러스터가 형성되어 있다. 그러나 중국 등의 신흥 개도국과의 경쟁으로 인하여 20년 전에 비해 규모가 축소되거나 구조적인 변화를 겪어야 했다.

먼저 밀라노에서 서남쪽으로 100킬로미터 위치에 있는 카잘레(Casale)는 '냉장의 수도'라고 불릴 정도로 가정용 냉장고, 냉장진열장, 산업용 냉장설비, 이동냉장고 등 다양한 제품을 생산해왔으며 요즘은 이동용과 산업용 설비의 생산 비중이 크다. 또한 지난 40년간 유니레버, 네슬레, 코카콜라, 펩시콜라 등에 식품 및 음료 판매 냉장 진열장을 공급해오고 있다. 이는 갈릴레오 연구소, 대학 등과 협력하여 제품을 혁신하고 관련 기업간의 체인 효과를 얻으면서 세계화에 집중한 결과다. 관련 기업을 포함한 200개 사업체에 2,500여 명이 일을 하고 있으며 3억 유로(2011년)의 수출 실적을 올렸다. 주요 기업으로 라르파사, 산조르조 몬페라토사 등이 있으며, 이들 기업이 서로 경쟁하면서 각종 상업용 냉장고를 세계 시장에 판매하고 있다. 한편 엠브라코사는 세계 냉장고용 컴프레서 생산량의 7퍼센트(250만 개)를 생산한다.

밀라노에서 동북쪽으로 140킬로미터에 위치한 발 사비아(Val Sabbia)는 유럽에서 가장 큰 알루미늄 라디에이터 생산 지역이다. 매출 규모는 3억 유로이며 1만 명이 포디탈사 등 주요 8개 기업 등에서 일하고 있다. 중국의 저가 제품 공세에도 불구하고 이들 기업이 버틸 수 있었던 것은 8개 기업이 2005년 컨소시엄을 구성하여 중국 제품에 강력히 대응했기 때문이다. 2007년 중국 라디에이터 제품이 유럽에 진출하자 컨소시엄은 중국 제품에 인체에 유해한 석면이 포함되어 있음을 발견하여 이 제품의 유럽 시장 진입을 막고 2010년에는 EU에 덤핑 제소하여 중국 제품의 유럽 시장 진출을 억제시켰다. 한편 포디탈사(직원 2,500명)는 30명의 연구 인력을 운용하며 2014년 출시를 목표로 냉온방 겸용 라디에이터를 개발하고 있다.

베네치아에서 서남쪽으로 100킬로미터가량 거리에 있는 레냐고

(Legnago)는 보일러, 버너, 난방기, 환풍기, 관련 모터 및 부속품을 생산한다. 142개 사업체가 있으며 연간 매출 규모는 12억 유로다. 높은 인건비, 높은 에너지 비용, 저가품의 등장으로 지난 10년간 30개 기업이 문을 닫았음에도 불구하고 클러스터가 유지되는 것은 기술혁신을 통해 고객의 수요에 적합한 제품을 생산하고 새로운 시장의 개척에 적극적으로 노력했기 때문이다.

대표적인 기업인 리엘로(매출 5억 3,000만 유로)사와 페롤리(매출 5억 2,000만 유로, 직원 3,200명)사는 클러스터 전체 매출액의 절반을 차지하다시피 하며 경쟁하는 한편 해외공장을 운영하고 있다. 리엘로사는 폴란드와 중국에 공장을 두고 있고, 페롤리사는 터키에서 생산하며 독일 제품과 경쟁하고 있다. 레냐고 클러스터는 매출액의 3~4퍼센트를 재투자하고 매출의 60퍼센트를 수출한다. 반면 위의 두 대기업과 일부 중기업을 제외하고 100개 이상의 사업체가 모두 10인 이하의 극소기업이다.

● **전자기계 산업 클러스터 피에몬테**

피아트 자동차 본사가 위치한 이탈리아 자동차 공업의 중심지인 토리노를 포함하는 피에몬테(Piemonte) 주는 전통산업과 첨단 제조업이 융합하는 전자기계 메가 클러스터다. 항공, 전자, 섬유, 자동차 분야의 세계 다국적 기업들이 이곳에서 단일 제품이나 시스템, 기계, 품질관리 장비 등을 구입할 뿐만 아니라 여러 가지 생산 공정의 해결 방안을 모색한다. 한 중소기업 내에서도 제품의 횡단성 (transversality)이 이루어진다. 코멕(매출 850만 유로, 직원 60명, 수출 50 퍼센트)사의 세탁기 모터에 들어가는 제품은 제트 항공기의 착륙바퀴 엔진에도 사용된다. 또 스페아(매출 8,000만 유로, 직원 430명, 수출 80퍼 센트)사가 만드는 전자검사 장비는 자동차 분야는 물론 백색가전 및 소비재 전자 분야에도 이용된다. 삼성 갤럭시와 애플 아이폰을 생산 하는 여러 공정에서 스페아사의 시험 장비를 사용하는 것은 이탈리 아 전자산업의 잠재력을 보여준다.

토리노 자동차산업과 올리베티 전자산업에서 파생되어 생긴 기 업들로 이루어진 피에몬테 전자기계 산업 클러스터에는 1,300개 업 체에 12만 5,000명이 일을 하고 있다. 연간 매출 규모는 200억 유로 (2011년)이며 이중 수출액은 126억 유로다. 10~250명의 종업원으로 이루어진 크고 작은 기업들은 독일 기업들과 같은 생산성을 보이고 있다. 자동차, 전자, 화학 등의 대규모 산업이 축소되고 산업정책이 시장에 맡겨진 상황에서 전통 기계 산업과 전자 산업의 접목은 피에 몬테 클러스터의 약점인 규모 문제를 해결하고 유연성을 높였기 때 문이다. 이곳처럼 기계, 전자 하드웨어, 응용 소프트웨어를 연결하는 정보통신기술(ICT)과 자동화가 함께 집중되어 있는 곳은 세계적으로 찾아보기 쉽지 않다. 결과적으로 전자, 자동차, 항공 분야 세계 대기 업의 요구를 만족시킬 수 있기에 삼성이나 애플, BMW, EADS 등이 이곳을 찾는 것이다.

한편 피에몬테 클러스터는 산업체, 대학, 연구소 간 협력의 시너지 효과가 매우 크다. 예를 들어 피에몬테 주에서 설립한 전자기계 발전생산체제(MESAP)는 205개(대기업 32곳, 중소기업 162곳, 연구소 9곳, 대학 2곳)의 회원으로 구성되어 있는 혁신의 축으로 활동이 활발하다. 여기서는 로봇, 자동화, 항공우주, 에너지 환경, 생의학 등의 분야에 필요한 특정 부품 및 전자기계 시스템을 공동 개발하고 있다. 삼성전자에 시험 장비를 공급하는 스페아사의 창업자인 보나리아 사장은 직원의 75퍼센트가 기능공과 엔지니어로 구성되어 있지만 인력이 부족하여 성장이 더디다면서 공공 재원이 훈련과 산학 협동에 집중되어야 한다고 강조한다.

● 항공 산업 클러스터

이탈리아는 1918년 1차 대전 당시 10만 명이 항공 산업에 종사하면서 연간 항공기 6,523대와 엔진 1만 4,820개를 생산할 정도로 일찍이 항공 산업이 발달했다. 그러나 이탈리아가 에어버스의 공동 제작에 참여하지 않자 일부에서는 항공 산업이 발전할 기회를 상실했다고 비판했지만 이탈리아는 지금도 항공 산업에서 세계 6위의 위치를 유지하고 있다. 15세기 말 레오나르도 다빈치가 최초로 비행기 원리를 발견하여 지금 로마 공항이 레오나르도 다빈치 공항이라고 불리는 것처럼, 이탈리아의 항공 분야 원천 기술은 그야말로 히든 챔피언이라고 할 수 있다. 미 우주선 콜럼버스호가 달을 다녀올 때 사용된 콜럼버스 스카이랩 기술의 15퍼센트는 이탈리아 기술이라는 말이 회자되곤 했다. 그러한 배경을 기반으로 이탈리아 항공 산업은 전국으로 분산되어 고루 발전했다. 현재 전국에는 전체 항공 산업의 90퍼센트를 차지하는 5개 클러스터가 북부 2개, 중부 1개, 남부 2개로 분산되어 있다. 이들 클러스터에는 812개 기업에 7만 2,500명이 일하며 약 150억 유로의 매출 실적을 올리고 있다.

북부 피에몬테 주와 롬바르디아 주에 위치한 2개의 클러스터는 이탈리아 항공 산업의 50퍼센트를 차지하며 400개 기업체에 2만 7,500명이 일하고 있다. 연간 매출 규모는 70억 유로로 이중 25억 유로를 수출한다. 구조적으로는 중공업 국영지주기업인 핀메카니카사 산하 항공사업체인 아우구스타 웨스트랜드, 알레니아 아에르마키, 탈레스 알레니아 스페이스, 셀렉스 갈릴레오와 민간기업 아비오사가 선도기업 역할을 하고, 많은 중소기업이 지원하고 있다. 이들 기업은 첨단기술을 바탕으로 각종 항공기, 우주탐사 장비, 레이더를 비롯한 제반 항공 장비 및 부품 등을 만든다.

헬기를 생산하는 아우구스타 웨스트랜드(매출 25억 유로, 직원 6,000명)사는 우리나라를 비롯하여 105개국에 헬기를 판매했다. 탈레스 알레니아 스페이스사는 화성 탐사 프로젝트인 엑소마스(ExoMars) 존데의 캡슐을 비롯한 여러 장비 제작에 참여하고 있으며, 알레니아 아에르마키사는 71개사(직원 8,000명)의 협력을 받아 유로파이터 타이푼(Typhoon) 제작에 공동 참여하고 있다.

협력 중소기업들 가운데 4개 기업을 예로 들면 1927년 설립되어 방산 분야의 각종 디자인, 시스템 등을 판매하는 아에레아(매출

3,000만 유로, 직원 114명)사는 매출의 70퍼센트를 주로 미국에 공급한다. 메를레티(매출 350만 유로, 직원 26명)사는 소기업이지만 티타늄, 니켈과 크롬의 합금인 인코넬과 같은 복잡한 재료를 사용하여 미크론 단위의 작은 오차도 허용하지 않는 에어버스 엔진, 헬기 트랜스, 전투기 엔진에 들어가는 항공 부품을 만들고 있다. 한편 메를레티사는 20여 협력업체로부터 공급을 받아 항공 부품을 만들어 주로 국내의 큰 업체에 공급하고 있어 수출은 매출의 10퍼센트 정도다. 1903년에 설립된 세콘도 모나(매출 3,500만 유로, 직원 240명)사는 항공기 연료 공급 장치 등을 제조하여 생산량의 65퍼센트를 우리나라 한국항공우주산업(KAI)을 비롯한 해외에 수출하고 있다. 세콘도 모나사는 매출의 10퍼센트를 연구개발에 투자하여 연구개발과 품질 보장을 바탕으로 40여 개의 공급업체는 물론 고객과의 두터운 신뢰관계를 유지하고 있다. 제멜리(매출 300만 유로, 직원 40명)사는 소음을 85퍼센트까지 줄이는 유일한 이어폰 제조 기술을 개발하여 이탈리아 항공기 제작업체는 물론 미국 록히드 마틴사에도 납품하고 있다.

남부에는 캄파니아 주와 풀리아 주에 항공 산업 클러스터가 있으며, 이들 지역이 이탈리아 전체 항공 클러스터 산업의 31퍼센트를 차지한다. 나폴리 주변인 캄파니아 클러스터에는 100여 개의 기업에 8,000명이 일을 하고 있다. 연간 매출 규모는 16억 유로이며 이 중 절반은 수출이 차지한다. 풀리아 클러스터에는 50여 개 기업에 5,500명이 일을 하며 10억 유로(2011년)의 매출을 올리고 있다. 남부 지역 기업들은 북부지역 대기업이 남부에 설치한 공장과 연관된 협력

기업들이며, 남부지역 클러스터의 특징은 여러 연구소를 설립하여 인력 양성과 연구개발에 역점을 두고 있는 점이다. 이탈리아 항공업계는 한국을 비롯한 중국, 인도, 인도네시아, 멕시코, 포르투갈, 튀니지를 경쟁국가로 인식하고 툴루즈, 함부르크, 몬트리올처럼 이탈리아 5개 항공 클러스터를 하나로 묶어 연구개발을 강화하고 있다.

한편 중부 라치오 주에는 일부 국영기업의 공장을 포함하여 250개 중소기업에서 3만 명이 일하며 50억 유로의 매출을 올리고 있다.

● 조선 산업 클러스터 리보르노, 라 스페치아

반도 국가인 이탈리아에는 전국 항구도시에 20여 개의 조선 시설을 기반으로 군함, 유람선 등 각종 선박 건조와 수리, 내장 산업 등이 발달해 있다. 특히 리보르노(Livorno)와 라 스페치아(La Spezia)에 각각 요트와 조선기계 산업 클러스터가 형성되어 있다. 피사 남쪽으로 25킬로미터 떨어져 있는 리보르노에는 2,800개 사업체에 1만 5,000명이 일하고 있으며 연간 매출 규모는 20억 유로다. 전 세계 20대 요트 제조업체 가운데 7개가 이탈리아 기업인데 그중 핀칸티에리, 페레티사를 제외한 베네티 아치무트, 페리니, 코데카자, 오체안, 테크노마르사가 이곳에 있을 정도로 리보르노 지역의 요트 제조업은 매우 활발하다. 이곳에 요트 제조업이 발달한 것은 주변에 우수한 기술력을 가진 관련 업체들이 있기 때문이다.

최근 요트 산업의 특징은 50미터 이하의 작은 요트의 수요는 줄어들고 70미터 이상의 호화 대형 요트는 주문이 계속 늘고 있다고 한다. 몇몇 기업을 예로 들면, 베네티 아치무트(매출 7억 유로, 직원 2,300명)사는 산하 소형 요트 공장을 폐쇄하여 구조조정을 하는 한편, 20여 개의 체인망을 활용하여 대형 요트 제작에 주력하고 있다. 세계적인 거부인 머독과 베를루스코니 등이 주요 고객인 페리니(매출 8,000만 유로, 직원 250명)사는 엔진이 달린 범선을 건조하고 있으며, 코데카자(매출 7,000만 유로, 직원 75명)사는 엔진 요트에 특화하여 생산량의 60퍼센트를 수출하고 있다.

잠수함 100척 이상을 국내외에 공급할 정도로 군함, 대형 유람선 및 요트 제조의 중심지였던 라 스페치아(피사 북쪽 80킬로미터에 위치) 클러스터는 중국 및 인도와의 경쟁과 2008년 금융위기로 수요가 감소하여 20년 전에 비해 조선 산업이 크게 위축되었다. 종사자가 절반 이상으로 감소했으며, 15~50명 규모의 25여 개 업체가 선박 목공, 엔진, 표면 처리, 니스칠 등을 하고 있다. 이에 주 정부는 라 스페치아 클러스터의 명칭과 성격을 대기업, 중소기업, 대학, 연구소 등이 참가하는 리구리아 해상기술 클러스터(Dtlm, Distretto ligure delle tecnologie marine)로 바꾸고 연구개발 사업을 강화하고 있다. 이와 같은 사업의 일환으로 오토 멜라라사는 다른 업체와 협력하여 40~50노트 속력의 무인 쾌속정을 개발하고 있다. 라 스페치아에 조선 시설이 있는 핀칸티에리사는 2006~2011년에 136미터의 대형 호화 요트를 건조하여 러시아에 인도했으며 현재는 수주 가격이 4억 유로인 140미터의 호화 요트를 건조하고 있다. 참고로 핀칸티에리

(매출 30억 유로, 직원 9,400명)사는 선박 산업 분야의 국영 지주기업으로 매년 세계 유람선 건조 시장의 25~60퍼센트를 차지하고 있으며, 최근 20년간 대형 유람선 60여 대를 건조하여 그중 60퍼센트를 수출했다.

● 세계 유일의 포장기계 산업 클러스터 '에밀리아 길'

볼로냐에서 시작하여 모데나, 레조 에밀리아를 거쳐 파르마까지 이어지는 100킬로미터의 '에밀리아 길(via Emilia)'은 포장 밸리(packaging valley)라고 불리는 세계 유일의 포장기계 산업 클러스터다. 포장 밸리에서는 담배, 의약품, 비누, 화장품, 음료, 식품, 가구 등을 포장하는 기계와 설비를 제작하며 로레알의 립스틱, 화이자의 기포제, 네슬레의 초콜릿 등과 같은 다양한 제품의 맞춤형 포장기계를 생산한다. 1974년에 최초로 창업한 기업인 마르케지니(매출 1억 9,000만 유로, 직원 800명)사는 전 세계에 9,000개의 포장시설을 설치했는데 이중 85퍼센트가 노바르티스, 화이자 등의 의약품 분야 포장시설이다. 이와 같이 1970년대 시작된 포장기계 산업은 단기간에 불황과 실업을 모를 정도로 성장했으며 현재 170개 기업에서 1만 3,000명이 일하며 매출 31억 유로에 생산량의 90퍼센트를 수출하고 있다.

포장기계 분야에서 이탈리아는 독일을 따라잡기 위해 노력하고 있다. 매출의 5퍼센트가량을 기술 개발에 투자하고 독일보다 1유로라도 더 싼 값에 팔기 위해 애쓴다. 규모 면에서도 포장 밸리 4대 기업(코에시아, SACMI, 이마, 마르케지니)의 규모가 독일 경쟁지역인 바덴 뷔르템베르크의 4대 기업에 비해 50퍼센트가 더 크다고 한다.

포장기계 산업은 대형 설비를 제작해야 하므로 다른 산업에 비해 상대적으로 기업 규모가 큰 편이고 주변에 많은 하청 소기업이 있지만(볼로냐에만 300개 이상) 해외공장도 광범위하게 운영하고 있다. 이마(매출 7억 3,000만 유로, 직원 3,300명)사는 국내와 해외(독일, 영국, 미국, 인도, 중국)에 공장 22개를 운영하고 있으며 트와이닝스에서 립튼에 이르기까지 홍차 포장설비 시장의 70퍼센트를 공급하고 있다. 27개국에 12개 회사와 공장 60개를 운영하는 코에시아(매출 12억 유로, 직원 5,000명)사는 최근 미국 오이스터 노스 아메리카(매출 1억 6,000만 유로, 직원 550명)사를 인수하는 등 지난 3년간 50퍼센트 성장했다. 이처럼 포장기계 클러스터는 꾸준히 호황을 누리고 있다. 그러나 기업들은 앞으로 닥칠 인력난을 우려한다. 청년들이 기술을 배우려고 하지 않는데다 대학에서도 전문 인력을 제대로 키우지 않기 때문이다.

● 섬유기계 클러스터 브레샤

밀라노에서 동쪽으로 97킬로미터에 위치한 브레샤(Brescia)는 1800년대 중반부터 섬유기계 산업이 발달했으며 지금은 양말, 니트 제조 기계를 만드는 기업들이 클러스터를 형성하고 있다. 이 클러스터에서 선도기업은 40여 개에 불과하나 부품, 부자재, 부수기계 제조

작업을 제공하는 많은 협력기업이 있다. 과거에는 국내 섬유 산업이 호황을 누려 이 지역의 섬유기계 산업은 주로 국내 시장을 겨냥했으나 국내 섬유 산업이 점차 축소되면서 해외시장으로 눈길을 돌릴 수밖에 없었다. 그러나 해외시장 공략은 쉽지 않았다. 전통 섬유기계 분야에서 기술 수준은 떨어지지만 가격 경쟁력이 높은 중국이나 한국 제품과 경쟁해야 했기 때문이다. 이에 브레샤 기업들은 기술 혁신에 나섰다.

먼저 리더 기업인 로나티(매출 1억 3,000만 유로, 직원 1,300명)사는 혁신을 통해 내의, 스포츠 의류, 의료 재료를 이음새 없이 만드는 기계를 만들어 틈새시장을 공략하고 있다. 로나티사는 하루에 기계 35대를 만들 수 있는 능력을 보유하고 있는데, 마진을 최소화한 가격으로 한번에 기계 500대를 공급하기도 했다. 메스단사는 섬유와 실의 품질과 성질을 자동 모니터링하는 장비를 고안하여 데카톤사와 자동차 관련 기업에 공급했다. 그러나 최근 투르크메니스탄, 우즈베키스탄 등이 주문한 턴키 베이스 섬유 산업 공장 설립이 독일 기업으로 넘어가는 바람에 브레샤 기업들은 타격을 입었다.

● **식품기계 산업 클러스터 파르마**

파르마(Parma)는 농작물, 특히 토마토 등의 가공 및 저장의 필요성에 따라 1800년대 후반부터 식품가공기계 산업이 발달하기 시작하여 지금의 클러스터를 형성했다. 이 클러스터의 식품가공기계는 국내 시장을 넘어서서 1970년대부터 유럽, 미국, 중국, 러시아 등으로 시장이 확대되었고, 지금은 전체 생산량의 70퍼센트를 수출할 정도로 해외 수요가 늘고 있다. 파르마 클러스터에는 176개 업체에 8,000명이 일하며 4억 유로의 수출 실적을 보이고 있다. 이 클러스터의 강점은 고객이 요구하는 기계를 제작할 수 있는 유연성을 가진 특화된 체인이 수십 년에 걸쳐 구축되었다는 점이다. 또한 이 클러스터에 진출한 프랑스계 시델사, 독일계 제아사 등의 외국 다국적 기업이 이탈리아 기업을 인수하고 현지 수공업의 노하우와 결합하여 협력하고 있다는 점이다.

캔이나 병의 보관처리 기계를 생산하는 자크미사는 매출의 10퍼센트를 연구개발에 투자, 타의 추종을 불허하는 첨단 시제품(prototype) 기계를 개발하여 전 세계 식품가공 다국적 기업들에 판매하는 등 매출의 92퍼센트(2,200만 유로)를 수출하고 있다. 오펨(매출 4,400만 유로, 직원 105명)사는 기술 인력과 이탈리아적 창조성에 대한 지속적인 투자와 150개 파르마 지역 공급업체들과의 협력관계를 기반으로 커피 웨이퍼와 커피 캡슐 제조기계 분야에서 세계의 리더 역할을 하고 있다. 오펨사는 유연성에 있어서 경쟁기업과 차별화하여 미국에서 인도네시아 시장에 이르기까지 크라프트, 사라리, 그린마운틴, 코카콜라 등과 같은 회사를 상대로 제품을 공급하며 생산량의 90퍼센트를 수출하고 있다. 파르마 클러스터 내 기업들은 세계 시장에서 다른 나라의 기업들과 경쟁하기 위해서는 무엇보다 전문 인력이 필요함을 절감하고 이에 대한 대책 마련에 고심하고 있다.

● 칼·가위 산업 클러스터 프레마나, 프로졸로네, 마니아고

독일의 '쌍둥이 칼'과 스위스의 일명 '맥가이버 칼'로 불리는 다용도 칼은 우리에게도 많이 알려져 있다. 쌍둥이 칼은 독일 졸링겐 지역의 특산품으로 유명하며 스위스 다용도 칼은 산악 훈련을 하던 군인들의 휴대용품에서 이제는 전 세계 산악인의 필수품이 되었다. 그런데 두 칼의 배경에는 이탈리아 밀라노에서 90킬로미터 북쪽으로 1,000미터 고지 알프스 계곡에 자리 잡은 프레마나 마을이 있다. 프레마나측의 주장에 따르면 두 칼의 원조는 자신들이라고 한다. 독일 졸링겐이 프레마나가 만든 칼과 가위를 수입해서 독일 상표를 부착한 후 2배 이상의 값을 붙여 해외시장에 판매했고, 스위스 칼도 프레마나 제품을 모방한 것이라고 한다.

철의 채광으로 금속 수공업이 발달한 프레마나(Premana)는 1800년대 중반부터 칼과 가위 등을 본격적으로 만들기 시작했다. 미용실용을 비롯한 각종 가위와 칼을 만들며 많을 때는 연간 2,000만 개를 생산하기도 했다.

사업체 수는 1950년 초 30개 남짓이다가 200개 이상으로 늘어나기도 했으나 현재는 70여 개 사업체가 연간 1,150만 개의 제품을 생산하고 있다. 사업체는 주로 영세업체들로 구성되어 있으며 매출액이 100만 유로를 넘는 기업은 16퍼센트에 불과하다. 종사자는 한때 1,000여 명에 달하기도 했으나 최근 중국이나 파키스탄 등의 저가 제품의 영향으로 사업이 축소되면서 고용도 감소했다.

2014년에 창립 150주년을 맞는 사렐리사는 연간 30만 개(매출 250

만 유로)를 생산한다. 1889년에 설립된 캄프사는 등산용 도끼 장비에 특화하여 생산량의 70퍼센트를 해외에 수출하고 있으며 최근 20년 간 매출이 3배(2,000만 유로)가 증가하고 매출의 10~20퍼센트를 연구개발에 투자하고 있다. 또한 영세성 문제를 해결하기 위하여 40여 개의 기업으로 구성된 프레막스 컨소시엄은 판매망을 확대(매출 400만 유로)하고 매출액의 10퍼센트를 기술혁신에 투자하고 있다. 프레막스는 연관 산업체인 로졸리(주방용품)사, 몬티나(고급 포도주)사, 파다네(생파스타)사, 지르치라인(화장품)사와 함께 웰빙을 상징하는 'You Chef'라는 명칭의 네트워크 계약을 체결하여 판매에 시너지 효과를 보고 있다.

프로졸로네(Frosolone)는 남부 나폴리에서 100킬로미터 북쪽 내륙에 위치한 100년 이상의 역사를 간직한 칼·가위 클러스터다. 이곳은 1,500가지의 칼·가위 제품을 수공업 형태로 만들어왔으나 중국 등의 저가 제품에 밀려 사업체도 많이 줄고 현재는 100여 명이 연간 200만 개를 생산하는 수준이다. 따라서 전체 매출 규모는 1,500만 유로 정도로 프레마나, 마니아고 클러스터의 매출 규모(각각 5,000만 유로)와 비교할 때 큰 차이가 있는데, 프로졸로네 클러스터 기업들이 성장하지 못한 이유는 영세기업들이 지나치게 개인주의를 유지했기 때문이라고 한다.

베네치아 북쪽 100킬로미터에 위치한 마니아고(Maniago)는 여러 가지 금속 산업이 발달한 지역이면서 칼 및 가위 제조 기업들이 모여 있는 곳이다. 이곳에는 장인 소기업을 중심으로 130여 개의 기업이 산재해 있으며 500여 명이 일을 하고 있다. 연간 매출 규모는 5,000만 유로이며 생산량의 절반을 독일, 프랑스, 미국 등지로 수출하고 있다.

△▼△

가구 산업 클러스터

가구·목재 산업은 이탈리아의 전통 산업으로 2011년 기준 총 7만 2,000개의 사업체에 38만 2,000명이 일을 하며 전체 제조업에서 사업체의 17퍼센트, 종사자의 9퍼센트의 비중을 차지하고 있다. 전체 매출액은 321억 유로이며 매출의 38퍼센트를 수출하고 있다. 이 가운데 가구 산업은 매출 규모가 270억 유로로 독일(251억), 영국(150억), 프랑스(126억)보다 크고 유럽에서 1위 국가다. 가구 산업 클러스터는 전국에 20개가 산재해 있으며 주요 클러스터로 브리안차, 리벤차, 만차노, 페사로가 있다.

● 세계 가구 산업의 중심 브리안차

밀라노 북부 몬차에서 칸투에 이르는 지역을 브리안차(Brianza)라고 하는데, 밀라노 귀족들이 이곳에 별장을 지으면서 주변에 가구 산업이 발달하여 세계 가구 산업의 중심 클러스터로 성장했다. 이곳 클러스터는 칸투, 메다, 데지오 등 36개 자치시를 포함하는 258제곱킬로미터 넓이의 지역이다. 러시아 상트페테르부르크 궁은 프랑스인에 의해 건축되었지만 내부 장식은 브리안차 사람들에 의해 이루어졌다고 말한다. 이곳에서는 가구, 의자, 소파, 식탁, 침대 등의 완제품 제조에서부터 니스, 접착제, 금속 부품, 목가공 기계, 음각, 상감, 광내기, 래커칠, 금칠 등에 이르기까지 가구 생산과 관련된 모든 일을 한다.

완제품을 만드는 소수 대기업과 일부 중기업들이 있지만 세부 특화 분야는 장인들이 경영하는 수많은 극소기업들이 담당하며 그들이 클러스터의 주축을 이루고 있다. 2011년 현재 4,600개 사업체에 2만 2,700명이 일하며 연간 18억 유로를 수출하고 있다. 이 클러스터가 20년 전과 비교해서 달라진 점은 기업체와 종사자가 30퍼센트 가량 줄었으나 기업 평균 매출액은 오히려 20퍼센트 증가하고 수출 규모는 1.7배로 늘어났다는 것이다. 이는 고도의 창조적 잠재력을 보유한 특화 기업들이 지속적으로 노력한 결과로 분석된다.

브리안차 클러스터는 고급 가구를 만드는 것으로 유명하지만, 그 바탕에는 세계 가구 디자이너들의 스타일 연구 실험소라고 불릴 정도로 다양한 가구를 기획하고 디자인하는 노력도 한몫한다. 여기에는 칸투예술학교 같은 디자인 분야의 인력을 교육하는 기관이 큰 역할을 했다. 같은 업종간의 치열한 경쟁도 계속적인 혁신과 새로운 디자인 개발을 가능하게 했다. 이러한 선의의 경쟁은 다른 기업으로 파급되어 클러스터 전반에 걸쳐 가구 산업이 발전하는 효과를 가져왔다.

앞서 언급한 메다 시에 공장이 있는 치테리오(매출 350만 유로, 직원 12명)사의 예를 들어보자. 치테리오사는 1880년에 창업, 현재 5대에 이르며 루이 14~16세 시대 바로크 스타일의 고급 가구를 만들고 있다. 줄리오 치테리오(74세) 사장은 중학교를 졸업하고 18세부터 선친이 운영하는 가구회사에서 일을 시작했다. 그는 낮에는 공장에서 일하고 야간에는 기술학교를 다니며 기술과 디자인을 배웠다. 그 결과 후세인, 카다피, 밀로세비치, 푸틴, 쿠웨이트 왕족 등을 위해 건물 실내장식을 하고 자사 가구를 비치할 정도의 예술가적 실력을 갖게 되었다.

치테리오 사장이 매년 8월 초에 하는 일이 있다. 여름휴가로 공장들이 문을 닫는 시기에 회사의 협력업체인 58개사의 대표들을 불러 1년 동안의 노고를 치하하는 파티를 여는 것이다. 직원 12명으로는 도저히 해낼 수 없는 일을 함께 해준 데 따른 감사의 표시인 것이다. 이처럼 치테리오사는 협력업체와의 신뢰를 매우 중요하게 생각하며, 대금 지급을 그 무엇보다 우선으로 처리한다. 이렇게 끈끈한 관계를 맺어온 것이 40~50년에 이른다.

협력업체들과의 관계뿐만 아니라 내부 직원들과의 관계도 중요하게 생각한다. 현재 치테리오사의 직원 9명의 평균 연령은 40세이며, 월 보수는 1,600~2,200유로(한화 240~330만 원) 정도다. 비록 급여는 많지 않지만 직원들 모두 만족하며, 정년까지는 물론 정년 후 재취업 형태로 다시 일하기도 한다.

한편 치테리오사는 가구 제작 원료의 40퍼센트에 해당하는 목재를 프랑스나 유고에서 수입하여 4~6년간 말려서 사용하고, 직물은 독일, 프랑스산 최고 제품을 쓰고 있다. 이와 관련하여 치테리오 사장은 생산량의 100퍼센트를 해외에 수출하고 수입 원자재 부가가치세는 제품 수출 후 환급받고 있어 좋은 제도로 생각하나 높은 상속세는 가업 계승에 걸림돌이 되고 있음을 지적했다. 아울러 치테리오 사의 경우 금융권에 자금을 의존하지 않고 자체 유동성에 의존하며, 혁신 활동과 관련 정부로부터 지원을 받은 예는 없다고 하는데, 이는 브리안차 클러스터 기업들의 공통된 모습이라고 한다.

● 가구 산업 클러스터 리벤차

베네치아에서 60킬로미터 북쪽에 위치한 리벤차(Livenza) 강 상류는 과거 베네치아 공화국에 필요한 목재를 운반하는 수로로 사용되면서 강 주변에 있는 브루네라, 가이아리네, 사칠레를 중심으로 가구 제조업이 발달하여 지금의 클러스터로 발전했다. 인접 지역에 가구 산업이 발달한 때문인지 리벤차 지역 기업들은 일반 가구, 주방가구, 문, 창, 마루 등 다양한 제품을 만들며 제2의 브리안차 클러스터가 되길 바라고 있다. 그러나 각종 제품을 폭넓게 생산하다보니 중급 제품이 주를 이루고 있어 디자이너, 전문직, 수공업자가 네트워크를 형성하여 새로운 틈새시장 발굴에 노력하고 있다. 그 결과 1,739개 사업체에 1만 7,500명이 일을 하고 있으며, 총 매출 규모는 20억 유로(2011년)이고 이중 수출이 30퍼센트(7억 유로)를 차지한다.

몇몇 기업을 예로 들어보자. 일반 가구를 만드는 프리울리 인탈리사는 매출액 2억 6,000만 유로의 95퍼센트에 해당하는 제품을 스웨덴 대형 유통회사인 이케아에 납품하고 있다. 일부 업체는 국제적인 체인을 가지고 있는 호텔에 제품을 공급하기도 한다. 실내장식 및 가구 공급 전문회사인 산타로사(매출 1억 1,000만 유로, 286명)사는 세계 최대 유람선 회사인 카니발, 로열 캐러빈사의 호화 선박 내부의 리모델링 사업을 담당했다. 한편 파치올리(매출 540만 유로)사는 세계 최고의 소리를 내는 것으로 알려진 스테인웨이 앤 선스의 그랜드 피아노에 도전하는 제품을 만들어내고 있다.

● 의자 산업 클러스터 만차노

이탈리아 동북부 항구 도시 트리에스테에서 60킬로미터 서북쪽에 위치한 만차노(Manzano)는 의자 산업 클러스터의 중심이다. 2005년까지만 해도 유럽 의자 2개 중 하나, 또 전 세계 의자 3개 중 하나는 만차노에서 만든 것이라고 할 정도로 많은 의자를 생산했다. 그러나 수출에 80~90퍼센트를 의존하는 매출 구조인 가운데 최근 수출액이 10년 전 10억 유로에서 5억 4,000만 유로(2011년)로 반감될 정도로 의자 산업이 크게 축소되었다. 원인은 모방하기가 비교적 쉬운 의자 산업에 중국 등이 뛰어들면서 중저가 제품을 만드는 회사가 다수 문을 닫았고, 일부 회사는 목재 원산지인 폴란드 등으로 생산 시설을 이전했기 때문이다.

만차노를 중심으로 주변 마을에 917개 사업체가 있으나 주요 업체는 60~70여 개 정도다. 각 업체들은 부분품 생산에서 조립까지 각 생산 라인별로 특화되어 있다. 그러다보니 의자 부속품 하나에도 높은 수준의 품질을 유지하고 있으며 기업들은 신소재와 디자인 개발에 주력하고 있다. 그러나 만차노 클러스터 내 기업들은 대체로 규모가 영세하여 자기 브랜드로 세계 시장에 진출하는 데 제약이 있다. 그래서 일부 제품을 독일이나 스웨덴의 대형 유통망을 통해 판매한다.

● 주방가구 클러스터 페사로

이탈리아 중동부 해안에 위치한 페사로(Pesaro)는 우리에게 잘 알려진 오페라 〈세비야의 이발사〉의 작곡가인 로시니가 태어난 곳이자 매년 여름 로시니 음악축제가 열리는 곳이다. 페사로에서 30킬로미터 서쪽에 위치한 중세 시대 화가 라파엘로의 고향인 우르비노에 이르는 지역은 가구 산업 클러스터가 형성되어 있다.

이곳에는 주로 전통가구 산업이 발달했으며 목가공기계 산업도 발달했다. 주변 지역에 주방기기 제조업이 발달한 것을 계기로 1950, 60년대에 주방가구 산업도 점차 들어서기 시작하여 지금은 이탈리아에서 가장 큰 주방가구 생산지가 되었다. 따라서 페사로 클러스터는 주로 거실 및 침실용, 주방용 가구를 비롯해 목가공기계를 제조하는 업체와 제반 공정 및 연관 작업에 종사하는 군소 협력업체들로 구성되어 있다. 전체 사업체는 2,800여 개이며 2만 4,700여 명이 일을 하고 있다.

페사로 클러스터의 특징은 소수 대기업이 선도기업의 역할을 하면서 설계, 조립, 판매 등 주요 기능을 담당하고 군소 하청업체들과 수직적 협력 관계를 유지하고 있다는 점이다. 대표적 선도기업으로는 스카볼리니(매출 2억 유로, 직원 650명)사, 베를로니(매출 4억 유로, 직원 1,700명/해외 별도 1,100명)사 등으로 자사 브랜드와 유통망을 통해 국내 시장을 겨냥한 맞춤형 제품을 공급하고 있다. 따라서 설비당 공급 가격도 3,000유로(한화 450만 원)에서 3만 유로(한화 4,500만 원)까지 제품에 따라 차이가 크다. 스카볼리니사의 수출 비중이 매출의 15퍼센트에 불과한 것에서 알 수 있듯 페사로 클러스터의 수출 비중은 다른 산업에 비해 상대적으로 낮은데(2011년 6억 6,000만 유로), 수출 비중 확대는 페사로 클러스터의 주요 과제이기도 하다.

● 세계 타일 산업의 중심 사수올로

모데나에서 20킬로미터 서남쪽에 위치한 인구 3만 명의 사수올로(Sassuolo) 시는 주변에 타일 재료인 진흙이 풍부하게 생산되어 2차 대전 후부터 타일 산업이 급속하게 발전했다. 지금은 세계 타일 산업을 주도하는 클러스터로 성장했다. 163개 사업체에 2만 2,000명이 일을 하며 연간 4억 제곱미터의 타일을 생산하고 있다. 연간 매출 규모는 47억 1,000만 유로(2011년)이며 이중 수출이 75퍼센트를 차지한다. 이곳 클러스터는 다른 곳과 다르게 기업의 평균 근무 인원이 192명, 평균 매출액이 4,600만 유로로 기업 규모가 큰 편이다. 이는 타일 산업의 특성상 대규모 설비와 인원이 필요하기 때문인데, 대표적으로 마라치(매출 8억 3,000만 유로, 직원 6,100명)사와 같은 큰 기업들이 있다.

이곳 타일 산업이 성장한 것은 클러스터 내 기업들이 협력하여 원자재 및 경험 등을 공유하는 한편 서로 치열한 경쟁을 하고 있기 때문이다. 기업들은 타일의 두께, 소재, 색깔, 디자인, 크기(사방 90센티미터 크기까지) 등에서의 혁신을 위해 노력하고 있으며 그로 인해 타일의 용도가 주방과 욕실은 물론 모든 건물 또는 바닥의 표면으로까지 확대되고 있다. 최근에는 타일 가공처리 공정에 사용되는 착색제 및 접착제가 인체에 해가 되지 않도록 하고 또 타일 폐기물 처리 등의 환경 문제에도 관심을 기울이고 있다.

몇몇 기업을 예로 들어보자. 파나리아사는 매출액의 3퍼센트를 기술개발에 투자하면서 다른 기업들처럼 생산 공정의 재디자인, 생산성 향상, 단위 비용 인하를 위한 생산설비 특화를 추구하고 있다. 세레니시모사는 25명으로 구성된 실험실을 운영하여 나무처럼 보이는 타일을 개발하는 한편 유명 패션 브랜드와 협력하여 판매에 시너지 효과를 거두고 있다. 연료 효율성을 감안하여 대부분의 기업이 공장을 3교대로 가동하고 있는데 핀치벡(매출 7,000만 유로, 직원 500명)사는 20명의 연구 인력을 포함한 99퍼센트의 정규직 직원으로 공장을 1주일에 7일 24시간 가동하고 있다.

또한 사수올로 지역은 타일기계 산업도 클러스터를 이루어 152개 사업체에 6,300명이 일을 하고 있다. 연간 매출 규모는 18억 유로

(2011년)이며 이중 수출이 80퍼센트를 차지한다. 과거에는 세계 타일기계 시장의 100퍼센트를 점유했으나 현재는 중국 등 후발주자의 등장으로 세계 시장 점유율이 70~80퍼센트로 감소했다. 그러나 중국 제품의 내구성이 5년 안팎인 데 비해 이탈리아 제품은 20~30년으로 여전히 경쟁력이 강하다. 이곳 클러스터의 특징은 매출액의 10퍼센트를 연구개발에 쓰고 있으며, 특히 타일 제조업체와 타일기계 제조업체 간 피드백이 활발하다는 점이다. 타일 업체의 요구에 따라 기계 업체가 기계를 개발하는가 하면 기계 업체가 새로운 기계를 내놓으면 타일 업체가 이를 이용하여 새로운 제품을 생산하는 식이다.

● **석가공 클러스터 카라라, 트렌토, 갈루라**

피사에서 서북쪽으로 60킬로미터 떨어진 곳에 위치한 카라라(Carrara)는 세계 석재 산업의 중심이다. 특히 카라라에서 채석되는 흰 대리석은 돌이 많이 생산되는 베트남, 파키스탄, 중국 제품과 달리 세계에서 유일한 색깔의 대리석으로 그 가치를 인정받고 있으며, 로마 시대에서 중세를 거쳐 현대에 이르기까지 많은 조각과 건축에 사용되었다. 고대 로마 시대 트라이아누스 황제의 기념탑, 미켈란젤로의 피에타 조각상, 도쿄 도청 건물 등이 그 예다. 카라라의 대리석산은 유네스코 세계문화유산으로 등재되어 있다.

카라라에는 과거에 예술품 조각을 깎는 공방이 130여 개 있었으나 2차 대전 후에는 1835년에 설립되어 6대째 내려오고 있는 니콜리 공방이 유일하게 남아 있다. 이곳 기업은 대부분 영세하며 80개에 이르는 채석장에서의 채석 작업을 비롯하여 장식용 대리석 가공, 석가공기계 제조 등 각각 단일 공정에 특화되어 있다. 현재 1,500개 사업체에 6,000명이 일하고 있고 연간 매출 규모는 15억 유로이며 생산량의 3분의 1(5억 2,000만 유로)을 해외로 수출한다.

그동안 카라라 대리석 산업은 질 좋은 대리석을 바탕으로 기술이 축적되면서 계속 성장해왔다. 그러나 이탈리아산 기계 구입 등을 통해 기술을 익힌 신흥 국가들이 자국산 대리석을 직접 가공하기 시작하면서 카라라 대리석에 대한 해외 수요가 감소하게 되었다. 이에 기업들은 기존 시장인 유럽 시장을 벗어나 중국, 인도, 튀니지 등으로 눈길을 돌리고 있다. 아울러 부가가치가 높은 대리석 가공품 수출 물량(28만 톤)이 대리석 원석 수출 물량(66만 톤)보다 적은 점을 감안하여 가공품을 늘리거나 흰 대리석의 희소성을 활용, 원석 가격을 인상하는 전략을 쓰기도 한다.

한편 〈로미오와 줄리엣〉의 배경이자 여름 야외 오페라로 유명한 베로나에서 100킬로미터 북쪽에 위치한 트렌토(Trento)는 반암 산업 클러스터로 300여 개의 사업체에 930명이 일하고 있다. 연간 매출 규모는 3억 유로이며 이중 1억 1,000만 유로를 수출한다. 이곳 또한 반암의 특수성으로 세계적인 평가를 받고 있으나 중국, 인도, 베트남 등의 저가 제품과 경쟁해야 하는 상황이다. 이곳 제품은 주로 박물관이나 호텔의 실내 장식에 사용되고 있다.

사르데냐 섬 동북부에 위치한 갈루라(Gallura)는 화강암 클러스터로 400여 개의 사업체에 950명이 일하고 있으며 이곳 화강암은 로마 판테온 신전 기둥, 파리 샹젤리제 거리 바닥 등에 사용되었다.

△▼△

금은보석 세공 산업 클러스터

이탈리아는 오랜 금은보석 세공의 역사를 가진 나라로 전국 여러 곳에 이와 관련된 클러스터가 발달했다. 그중에서 비첸차, 아레초, 발렌차는 세계적 명성을 자랑하는 클러스터다. 30년 전만 해도 이탈리아는 세계 금 수요량의 3분의 1을 사용할 정도로 금목걸이, 금팔찌 등의 금은보석 세공 산업이 발달했으나 최근에는 중국, 인도 등과의 경쟁으로 산업 규모가 축소되거나 변화를 맞게 되었다.

● 금체인 클러스터 아레초

피렌체에서 70킬로미터 동남쪽에 위치한 아레초(Arezzo)는 1920년대 주키, 고리 두 가문이 금은세공 사업을 시작하면서 관련 산업이 발달했다. 특히 전 세계에서 가장 큰 금은세공 기업 가운데 하나인 주키 가의 우노아에레(매출 1억 5,000만 유로, 직원 350명)사를 주축으로 관련 중소기업이 생겨나면서 클러스터로 발전했다. 아레초 기업의 70퍼센트는 금을, 나머지 24퍼센트는 은을 가공(나머지 6퍼센트는 혼합)하고 있으며 제품의 25퍼센트를 카르티에, 포멜라토, 불가리, 페라가모 등의 명품 브랜드에 판매하고 있다. 그러나 아레초 산업은 최근 들어 국내외 소비 감소, 터키·인도·중국 등과의 경쟁, 소비자의 취향 변화, 원자재인 금값의 폭등 등으로 과거에 비해 위축된 상태다. 10년 전과 비교할 때 금 사용량은 400톤에서 100톤으로 감소하고 기업 수는 1,600개에서 1,300개로, 종사원은 1만 명에서 7,500명으로 줄어들었다. 2012년 매출 규모는 30억 유로이며 이중 수출이 절반을 차지한다.

따라서 기업들은 투자를 통해 제품의 창조성, 디자인 개발, 원자재를 금이 아닌 다른 재료로 바꾸어 귀금속 무게를 줄이면서 패션의 비중을 늘리는 한편 기업의 구조나 전략을 수정하여 새로운 판매 방식으로 대응하고 있다. 예를 들어 고리 가는 그라치엘라 브랜드를 이용, 신흥개도국의 새로운 수요, 보유하고 있는 기술과 원자재의 다변화를 활용하여 2012년 매출을 전년 대비 2배(4,500만 유로)로 늘렸다. 그러나 대체로 기업 규모가 영세하고, 자체 브랜드가 없으며, 환율 변동에 따른 자금 유동성 부족, 제품의 연구와 디자인 개발을 위한 전략적 투자 및 기획력 부족 등은 보완해야 할 점이다.

● 금은보석 세공 클러스터 비첸차

베네치아에서 70킬로미터 서쪽에 위치한 비첸차(Vicenza)에서는 매년 '비첸차오로(Vicenzaoro)'라는 금은보석 세공 국제전시회가 세 차례 개최된다. 24개국에서 온 370여 개 업체와 국내 기업을 포함하여 금은보석 세공 산업에 종사하는 1,600개 업체가 각자의 상품을 선보이는 곳으로 국내외적으로 인기가 매우 높다. 이는 오래전부터 비첸차가 인근 바사노 델 그라파, 트리시노와 함께 금은보석 세공 클러스터를 이루어왔기 때문이다. 소수 중기업과 군소 수공업체로 구성된 비첸차 클러스터는 고급 보석이 달린 목걸이에서부터 팔찌, 귀고리, 반지, 보석 세팅, 화병, 식탁용구 등에 이르기까지 각종 금은세공 제품을 만들고 있다. 고급시계를 만드는 스위스 업체들이 금은이나 보석이 들어간 시계줄 등의 부품을 주문할 정도로 이곳 군소기업들은 정교한 기술력을 보유하고 있다.

그러나 20년 전 1,100개에 달했던 사업체가 지금은 500여 개로 줄어들 만큼 비첸차 금 세공 산업은 많이 축소되었다. 이는 신흥 개도국과의 경쟁, 선물에 대한 취향 변화, 금값 상승, 경기침체 등의 영향 때문이다. 특히 기계를 사용하여 금줄이나 금각 제품을 만드는 소기업들은 비첸차의 금은세공 기계가 해외로 수출되면서 그 기계를 사용하는 외국 기업과의 가격 경쟁을 극복하지 못하고 문을 닫은 경우가 많다. 기계를 사용한 제품은 부가가치가 낮은데다 몇 년 새 금값이 그램당 14유로에서 44유로로 치솟는 바람에 연간 600~700킬로그램의 금을 사용하는 업체들에게 원자재 구입비가 큰 부담이 되었던 것이다.

전문가들은 비첸차 금은보석 세공 산업의 위축 요인으로 기업들의 기술훈련, 혁신, 연구에 대한 투자가 적은 것을 든다. 일각에서는 많은 업체가 문을 닫고 일이 줄어드는 상황을 우려하고 있으나 대다

수 사람들은 청년들이 전통을 이어가기 위해 공장에서 아침부터 밤 늦게까지 일하고 있으므로 비첸차의 금은세공 산업이 앞으로도 계속 발전할 것이라고 기대하고 있다.

35년 전 부친이 창업한 보보(매출 500만 유로, 직원 30명)사에서 후계자 수업을 받고 있는 페루포(33세) 씨는 앞으로 난관이 있겠지만 위기는 기회라면서 미래에 대해서 낙관한다고 한다. 명문인 밀라노 보코니 대학에서 경영학을 공부하고 7년째 금세공 일을 하고 있는 그는 일부 중국 기업의 기술이 꽤 높은 수준이기는 하나 창조성, 예술성에서 자신들과 큰 차이가 있다고 말한다. 보보사는 정부의 지원 없이도 매출액의 6퍼센트를 연구개발에 투자하는가 하면 해외 수출이 7~8년 전 매출의 20퍼센트에서 현재는 80퍼센트에 이를 정도로 수출에 주력하고 있다.

● 금은보석 세공 클러스터 발렌차

토리노에서 50킬로미터 동쪽에 위치한 인구 2만 명의 도시 발렌차(Valenza)는 1843년 금은보석 가공 기업이 등장한 이후 산업의 90퍼센트가 금은보석 세공에 집중한 클러스터로 발전했다. 아레초와 비첸차 클러스터가 금 가공제품을 주로 생산하는 데 비해 발렌차 클러스터는 보석류, 특히 다이아몬드를 많이 사용한 제품을 만들고 있다. 각각의 극소기업들이 고가의 단일 보석 세공품을 만들어낸다. 현재 1,400개 업체에 4,500명이 일하고 있으며 이들 가운데 63퍼센트는 수공업체다. 연간 매출 규모는 15억 유로이며, 수출이 50퍼센트(7억 5,000만 유로)를 차지한다.

　다른 클러스터와 달리 발렌차는 계속 성장세를 보이고 있는데 많은 기업들이 예전부터 품질, 마케팅, 연구개발 등을 게을리하지 않고 미래를 내다보면서 투자를 했기 때문이다. 최근의 문제점이라면 숙련공을 확보하기가 쉽지 않다는 것이다. 포랄(For.Al, Consorzio per la Formazione Professionale nell'Alessandrino)과 같은 좋은 금은세공 전문기술학교가 있음에도 불구하고 지원자가 감소하는 추세인데, 이에 많은 기업들은 사내 훈련을 통해 기능공을 양성함으로써 기술 숙련도를 높이고 있다. 한편 중국이 막강한 자금력을 동원하여 발렌차의 금세공 기술을 확보하기 위하여 기술력이 강한 중소기업을 매입하려는 시도가 있어 현지 업계는 이를 경계의 눈으로 지켜보고 있다.

그 외 클러스터

● 세계 안경 산업의 중심 카도레

　베네치아에서 130여 킬로미터 북부 알프스 남쪽 계곡에 위치한 카도레(Cadore) 지역은 전 세계 고급안경의 70퍼센트 이상이 생산되는 안경 산업의 중심지다. 대기업인 룩소티카, 사필로, 데 리고, 마르콜린 등이 이곳에 자리 잡고 전 세계 60개 이상의 명품 브랜드 제품을 만들고 있다. 이탈리아 전체 사업체 880개에 1만 6,200명이 일하고 있는데 이 지방에만 안경 산업 종사자가 1만 2,000명에 달한다. 주요 생산품은 안경테, 선글라스, 안경집, 렌즈, 관련 부품 등으로 생산량의 90퍼센트 이상을 해외에 수출하며 연간 수출량은 9,000만 개다.

이곳 안경 산업이 세계적인 경쟁력을 갖게 된 것은 무엇보다 품질 고급화와 창조성 때문이다. 그러나 안경 산업이 패션에 좌우됨에 따라 대부분의 기업이 브랜드가 있는 완제품 제조에 주력하다보니 협력업체의 역할이 줄어들어 산업이 성장하는 과정에서 많은 협력업체가 대기업에 흡수되거나 퇴출되었다. 따라서 이 클러스터는 협력업체의 비중이 적고 소수 대기업과 다수 소기업으로 구성된 양극화 구조가 특징적이다.

세계 최대의 안경 업체 가운데 하나인 룩소티카사는 1999년 미국 레이밴 선글라스를 인수하여 이 브랜드만으로 연간 2,000~2,500만 개의 안경을 만들어낼 정도로 큰 성공을 거두었다. 그리고 오클리, 보그, 페르솔과 같은 자사 브랜드를 포함한 샤넬, 프라다, 불가리, 버버리 등 30여 개 유명 브랜드 제품을 생산하면서 세계에서 가장 큰 안경 생산 기업으로 성장했다. 룩소티카사는 이탈리아 공장 2개(1만 1,000명 고용)와 중국(공장 2개), 미국, 브라질 등에 해외공장 4개를 운영하며 연간 총 6,500만 개의 안경을 만들어 71억 유로(2012년)의 매출을 올리고 있다. 여기에는 매일 15개씩 연간 5,600개에 이르는 새로운 모델을 개발하는 창조적 노력이 뒷받침되고 있다. 한편 사필로(매출 11억 유로, 직원 8,100명)사는 국내외에 6개 공장(이탈리아 3개, 슬로베니아, 중국, 미국)을 운영하며 디올, 셀린느, 구찌 등 25개의 유명 브랜드 제품을 생산하고 있다.

● 치즈와 햄 식품 산업 클러스터 파르마

밀라노와 볼로냐 사이에 위치한 파르마(Parma)는 세계적으로 유명한 파르마 치즈와 파르마 햄(프로슈토)을 생산하는 클러스터를 이루고 있으며 '푸드 밸리'로 일컬어지고 있다. 이곳에서 만들어지는 치즈는 파르미자노 레자노라고 불리며, 이 명칭은 EU 식품 규정에 따른 원산지 명칭 보호(PDO) 마크로도 사용되고 있다.

파르마 치즈는 800년 전 베네딕도 수도원에서 만들기 시작하여 현재에 이르고 있으며, 전통적인 수공업 방식으로 만들어지고 있다. '메이드 인 이탈리아' 식품의 우수성을 상징하는 만큼 원료에서부터 완제품에 이르기까지 모든 제조 방법과 과정이 컨소시엄에 의해 철저히 관리되고 있다. 치즈를 만들 때 사용하는 우유는 이 지역의 풀을 먹고 자란 젖소에서 짠 우유여야 하고 우유 가공 보일러 장비, 나무 위 건조법, 포장 장소, 품질 검사 등 정해진 제조 과정을 모두 제대로 지켜야 한다. 이렇듯 엄격한 품질 관리는 2차 대전 이후 등장한 밀라노 주변 지역에서 생산되는 그라나 파다노 치즈와 구별된다. 그라나 파다노 치즈는 첨가물을 사용하고 숙성 기간을 줄여 비교적 저렴한 값에 공급한다.

만들어진 지 12개월이 경과한 파르마 치즈는 재료, 생산방법 준수 여부, 망치를 통한 내부구조 점검 등의 검사를 다시 한 번 받은 후에야 정품으로 인정된다. 여러 원산지 명칭 보호(PDO) 마크 가운데 전체 업체가 참여한 경우는 파르마 치즈가 유일하다. 이와 같은 단결력이 파르마 치즈의 큰 원동력이며 업체들은 기술을 계승하면서 파르마 치즈 제조법을 모방하지 못하도록 1934년부터 컨소시엄을 구성하여 자체 산업을 보호하고 있다. 현재 3,600개 축산농가, 380개 치즈 사업체에 2만여 명이 일하고 있으며 업체별 종사자는 평균 5~6명으로 소규모이며 가장 많은 경우가 15명가량이다.

연간 매출액 19억 유로 가운데 3분의 1은 해외에 판매되는데, 380개 업체의 제품을 20개 중개상이 분담하여 판매 경쟁을 하고 있기 때문에 가격은 업체에 따라 차이가 있다. 특징적인 점은 매일 새벽 5시와 오후 5시에 젖을 짜서 기름을 분리하는 작업에서 수석 장인(maestro casaro)의 역할이 제품의 질을 결정하기 때문에 업체들은 수석 장인의 확보를 위해 치열한 경쟁을 벌인다는 사실이다. 따라서 수석 장인은 높은 보수(평균 연봉 5만 5,000유로)를 받는 대신 365일 가운데 휴가 5일을 제외하고 일에 매달려야 한다. 장인의 능력이 파르마 치즈 제품의 질을 유지하는 데 꼭 필요한 요소이기 때문이다.

생돼지고기를 장기간 보관하기 위해 소금으로 처리하여 건조한 파르마 햄(프로슈토 디 파르마)은 이탈리아의 명품으로 인정받는 식품으로 파르마에 햄 산업 클러스터가 형성되어 있다. 이탈리아를 대표하는 식품답게 파르마 햄은 엄격한 조건하에서 만들어진다. 특정 지역(10개 주)에서 약간의 생선가루가 혼합된 식물 사료를 먹여서 기른 9개월 이상, 무게가 160킬로그램 이상 나가는 돼지를 사용해서 만들어야 한다. 1963년 20개 업체가 컨소시엄을 구성하여 발전하기 시작한 파르마 햄 제조업은 현재 160개 햄 사업체로 클러스터를 이루고 있으며 관련 분야를 포함하면 총 1,045업체에 4,470명이 일을 하고 있다. 연간 파르마 햄 생산량은 900만 개(10억 유로)로 이중 25퍼센트(2억 5,000만 유로)가 90개국으로 수출된다.

● 생물의학 클러스터 미란돌라

모데나에서 30킬로미터 북쪽에 위치한 인구 2만 2,000명의 미란돌라(Mirandola) 시는 각종 일회용 플라스틱 의료용품 생산의 중심지다. 1962년 약사인 마리오 베로네시가 수혈 튜브를 재사용하는 것이 비위생적이라는 사실을 인식하고 플라스틱 일회용 의료용품을 시장에 내놓은 것이 미란돌라가 생물의학 산업 클러스터로 발전하는 계기가 되었다. 이후 1967년 베로네시가 신장 투석 장비를 유럽에서 최초로 개발, 미국보다 우수한 제품을 선보이자 독일, 스웨덴, 미국 등이 관심을 갖고 미란돌라에 투자하기 시작했다.

미란돌라 클러스터에서는 투석, 심장수술, 수혈 등에 사용되는 각종 플라스틱 부분품 또는 완제품을 특수 기술로 만들고 있으며, 제품의 다양성과 우수한 품질로 유럽 시장을 이끌고 있다. 사업체 수는 103개로 인근에 위치한 타일, 니트 산업 클러스터와 비교할 때 규모는 작지만 생물의학 산업이 집중되어 있다는 면에서 미국 미니애폴리스와 유사한 곳이다. 이곳 클러스터의 매출 규모는 20년 전에 비해 4배(2011년, 8억 5,000만 유로)가 늘었으며 수출 비중도 매출의 20퍼센트에서 40퍼센트(3억 1,000만 유로)로 증가하고 고용도 2배(4,500명)로 늘어났다. 이는 이곳이 세계 생물의학 산업의 중심지의 하나임을 말해준다.

이 클러스터의 강점은 풍부한 인적 자원과 기업이 그동안 쌓아온 탄탄한 실력을 들 수 있다. 특히 기업의 기술 연구개발 활동이 왕성하다. 미국 등 외국 대기업들이 이곳에 진출하여 선도기업의 역할을 하면서 이탈리아 장인 기업이나 관련 기업과 효율적인 협력 관계를 유지하고 있는 것도 또 다른 특징이다. 기업이 보유하고 있는 특허 건수를 보면 기업당 평균 2.7건으로 다른 기술 클러스터에 비해 4배나 높다. 또 외국 기업의 진출로 지역 기업들의 국제 경쟁력도 강화되었다. 소린(매출 2억 8,000만 유로, 직원 800명)사는 산소호흡기 제조 등 심폐 분야에서 생산과 종사자 규모 면에서 세계 리더 역할을 하고 있으며 독일계 B. 브라운(매출 5,000만 유로, 직원 230명)사는 투석 장비를 생산하고 있다.

미란돌라에 인접한 레조 에밀리아에는 소, 돼지, 닭의 사료에 첨가제로 사용되는 가축영양 보호·촉진제를 생산하는 중소기업인 베타그로(매출 1,200만 유로, 직원 30명)사가 있다. 30여 년 전 농과대학 교수들이 힘을 합해 창업한 기업으로, 지금은 볼로냐 대학교 농과대학 안드레아 피바 교수가 10년째 사장으로 일하고 있다. 2012년에는 우리나라 사료업계 사절단 20여 명이 베타그로사를 방문하여 공장을 둘러보기도 했다. 인상적인 점은 직원의 3분의 1이 대졸이고 박사 학위 소지자가 5명(전체 직원의 6분의 1)이며 사장인 피바 교수 역시 연구활동을 하면서 회사를 잘 이끌고 있다는 사실이다. 피바 교수는 31세에 부교수, 38세에 정교수가 되었는데 그가 지금까지 연구 발표한 논문은 180건이고 그중 60건이 국제학술지에 게재되었다고 한다.

● 생명공학 클러스터 토스카나

피렌체에서 남쪽, 서쪽으로 각각 70킬로미터, 80킬로미터 떨어진 피사, 시에나로 이어지는 토스카나(Toscana) 주의 삼각주 지역은 바이오 산업 광역 클러스터를 형성하고 있다. 이곳에는 317개 기업이 의료 장비(전체의 36.6퍼센트), 화학·의약(14.8퍼센트), 바이오(11.4퍼센트), 화장품(8.8퍼센트), 협력사업(3.8퍼센트), 서비스(24.6퍼센트) 분야에 종사하고 있다. 전체 종사자는 2만 명이며 연간 매출 규모는 77억 유로다.

토스카나 클러스터의 특징은 기업들이 외국계 대규모 제약회사와 손을 잡음으로써 규모가 작은 취약성을 강점으로 바꾸고, 큰 비용이 들지 않는 중간 규모의 혁신에 특화하고 있다는 점이다. 대학이나 연구소와의 협력을 통한 연구개발 활동도 활발하다. 토스카나 주정부의 2011~13년 연구개발 지원 예산은 5억 유로이며 중앙정부와

EU가 예산의 40퍼센트씩을 각각 부담하고 나머지 20퍼센트는 주정부가 부담한다. 그리고 이 예산의 70퍼센트는 기업에, 나머지 30퍼센트는 대학 연구소에 지원된다.

● 회전목마 클러스터 폴레지네

베네치아에서 60킬로미터 남쪽에 위치한 로비고는 회전목마를 만드는 곳으로, 그 기원이 중세 시대까지 거슬러올라간다. 회전목마를 만드는 것으로 출발한 이 산업은 아동, 십대 및 성인용 놀이공원(루나 파크, 디즈니랜드) 시설, 카니발 축제 차량, 올림픽 등 대형 축제의 불꽃놀이용품 등으로 다양화되면서 클러스터가 주변 지역으로 확대되었다. 다른 클러스터가 경제적으로 어려움을 겪고 있는 데 반해 이곳 산업은 예전에 비해 성장하고 규모가 커지고 있다. 새로운 놀이공원을 만들기 위해 미국, 중국, 아르헨티나, 멕시코, 과테말라, 브라질, 터키, 베네수엘라 등에서 찾아오고 있기 때문이다. 현재 120개 업체에서 1,500명이 일하고 있고 연간 매출 규모는 3억 유로이며 이중 수출이 90퍼센트를 차지한다.

이곳 산업이 강한 이유는 예술적, 구조적, 수력적 면에서 완벽한 노하우를 개발하고 파도바 대학, 베네치아 대학의 여러 학과가 디자인에서 엔지니어링 분야에 이르기까지 적극적으로 협력하고 있기 때문이다. 기업들이 니스칠, 나무 및 유리수지 가공, 조명, 경·중금속 가공 등 각 공정에 특화되어 있는 것도 큰 강점이다. 그러나 이곳 산업을 더욱 키우기 위해서는 소기업도 연구, 혁신하도록 하고 기업간 체인화를 강화하면서 제품을 새로운 세계 시장에 소개해야 한다는 지적도 있다.

폴레지네(Polesine) 클러스터의 대표적인 업체는 먼저 스파(매출 5,000만 유로, 직원 160명)사를 들 수 있다. 이 회사는 각종 놀이 시설로 미국, 러시아, 중국, 필리핀 등에 진출해 있는가 하면 이라크 바그다드 공원, 상하이 디즈니 공원 관련 사업을 수주했다. 파렌테사는 쿠웨이트 헌법 제정 50주년 기념 불꽃놀이 프로젝트(사업비 1,200만 유로)를 성공적으로 개최하는가 하면 우리나라, 멕시코, 태국, 중국과도 판매 상담을 했다고 한다.

● 아코디언 클러스터 카스텔피다르도

이탈리아 중부 항구도시 안코나에서 22킬로미터 남쪽에 위치한 카스텔피다르도(Castelfidardo)는 1900년부터 아코디언을 만들기 시작한 곳으로 유명하다. 이후 아코디언 산업이 발달하여 1950년에는 200개 사업체에 수천여 명(관련 분야 포함 시 1만 명)이 일하며 연간 24만 개를 생산, 아코디언이 이탈리아의 네 번째 수출품이 될 정도로 관련 산업이 활발했다. 그러나 1960년대에 들어서면서 높은 인건비와 동독, 일본, 중국 등과의 경쟁으로 아코디언 산업은 급격히 축소되었고 지금은 20개 기업이 연간 3만 개의 아코디언을 만드는 수준이다. 비록 규모는 줄었지만 틈새시장을 겨냥하여 수작업으로 우수한 품질의 콘서트용 아코디언을 만들면서 다른 나라와 차별화하고 있다.

피지니(매출 400만 유로, 직원 48명)사는 40여 년 경력의 장인을 보유하고 있고 1만 2,000개나 되는 부품을 사용해 일일이 손으로 만들고 있어 인건비가 생산비의 65퍼센트를 차지한다. 또 아코디언 개당 가격은 2,000~4만 유로를 호가하며, 생산량의 90퍼센트를 10여 개 나라에 수출하고 있다.

한편 카스텔피다르도에서 시작된 아코디언 제조 산업은 인근 13개 마을로 파급되어 아코디언뿐만 아니라 기타, 오르간, 피아노 등으로 제품이 다양화되고 전자기술이 가미되어 전자 악기 분야로도 발전했다. 그러다가 산업이 위축되자 기업들은 관련 분야로 업종을 전환하여 사업을 이어가고 있다. 예를 들어 축음기를 만들던 파르피사사는 전자업체와 협력하여 주방용 환풍기로 제품을 전환하는가 하면 소마치스(직원 국내 350명 포함 900명)사는 집적회로 분야로 진출하여 에어버스와 GE 등에 항공기 부품을 공급하고 있다.

● 유리 세공 클러스터 무라노

베네치아 중심에서 2킬로미터 떨어진 무라노(Murano) 섬은 수백 년의 역사를 가진 유리 세공 기술이 발달한 곳이다. 모래 원료에 광물을 혼합하고 온도 및 작업 시간에 따라 형형색색으로 변하는 유리 세공품들은 예술 수준으로까지 발전했다. 무라노 클러스터는 20

년 전만 해도 256개 사업체에서 2,000명이 일을 하고 생산량의 35퍼센트를 수출했다. 그러나 값싼 중국 제품과 에너지 비용 상승 등으로 사업체 수가 28개로 줄어들고 최근에는 장인 250명을 포함하여 1,400명 규모가 되었으며 생산량의 30퍼센트를 수출하고 있다.

이처럼 무라노 클러스터의 현재 상황은 좋지 않지만 '메이드 인 이탈리아'의 강점을 활용, 각종 새로운 제품을 개발하여 틈새시장을 발굴하는 것을 주요 전략으로 삼고 있다. 한편 일부 기업들은 기존에 구성된 컨소시엄을 활용하여 품질과 서비스를 개선하고 판매를 촉진하는 방법을 추구하고 있다. 아울러 아바테 자네티 유리세공기술학교는 제품 제조, 디자인 분야에 40명의 기능공을 양성하고 있으며 현재의 훈련 체제를 제도적으로 더욱 확장한다는 계획이다.

● 단추 클러스터 그루멜로 델 몬테

밀라노에서 60킬로미터 서쪽에 위치한 그루멜로 델 몬테(Grumello del Monte) 지역은 1930년대부터 단추 제조업이 발달하여 일명 '버튼 밸리(button valley)'라고 불린다. 호황기인 1990년대에는 210개 사업체에 5,000명이 일하면서 뿔, 진주, 뼈, 수지, 금속, 가죽 등 다양한 재료를 이용하여 하루에 600만 개의 단추를 생산하여 여러 나라에 수출했다. 그러나 단추 산업이 임금이 낮은 중국, 동남아시아 등으로 옮겨감에 따라 그루멜로 델 몬테 지역 단추 산업은 3분의 1 규모로 축소되었고 지금은 70개 사업체에 1,500명이 일하면서 연간 1억 5,000만~2억 유로의 매출을 올리고 있다.

기업들은 과거 50만 개씩의 대량 주문 생산체제에서 5,000~1만 개씩의 소량 주문 생산체제로 전환하고 패션업체 등 여러 업종과 협력하여 부가가치가 높은 고급 제품 시장을 겨냥하는가 하면 일부 기업들은 허리띠, 지퍼 등으로 업종 전환을 했다. 베르트란드사의 경우 베트남에 투자하여 전 세계 진주 단추 원료의 40퍼센트를 확보하고 현지 공장(직원 173명)을 운영하고 있다.

따라서 그루멜로 델 몬테 클러스터의 전략은 높은 유연성, 생산성 및 효율성 향상, 수출 지향에 있으나 단추 산업 자체가 혁신과 체인 효과에 한계가 있는 산업 분야라는 것이 약점으로 꼽힌다. 또 이곳 클러스터는 1960년대 말 단추 성형, 천공 자동기계를 최초로 개발하여 단추 제조 기계 분야에서 독일과 경쟁하며 우리나라를 비롯한 많은 아시아 국가들에 기계를 공급했으나 기계 분야 역시 제품 혁신에는 어려움이 있다.

클러스터의
종합적 특징

경제위기와 클러스터의 축소

이탈리아의 경제 일간지《일 솔레 벤티콰트로 오레》와 클러스터 연구기관 등의 보고서를 토대로 최근 전체 클러스터의 특징과 현황을 살펴보도록 하자.

우선 눈에 띄는 점은 과거에 비해 기업 수와 고용이 전반적으로 감소한 것이다. 이탈리아 산업에서 경공업, 소비자 밀착형 제품군이 차지하는 비중이 높은데다 세계 시장이 글로벌화하는 가운데 1990년대 이후 중국이 세계 시장에 등장하면서 그 비중을 높임에 따라 이탈리아 기업들 역시 적지 않은 타격을 받았다. 대부분의 클러스터에서는 기업과 종사자의 숫자가 20년 전에 비해 감소한 이유로 가장 먼저 중국을 꼽고 있다. 경공업 및 소비재 분야에서 중국산 저가품이 대량으로 쏟아져나와 많은 이탈리아산 제품들을 대체했다는 것이다.

의류·캐주얼 산업의 성지로 불리던 발 비브라타 클러스터는 20년 전에 비해 종사자 수가 2만 명에서 무려 10분의 1인 2,000명으로 줄어들었다. 프라토(섬유), 카르피(스웨터), 코모(실크), 카스텔 고프레도(여성 스타킹), 비엘라(모직물) 등의 섬유 산업 계열 클러스터는 기업 수와 종사자 수가 최소 25퍼센트에서 60퍼센트까지 감소했다. 그 밖에 브리안차(가구), 만차노(의자), 솔로프라(가죽 가공), 라 리비에라 델 브렌타(여성 구두), 브레샤(섬유기계) 등의 클러스터도 과거에 비해 위축되었다. 따라서 일각에서는 클러스터의 유용성에 의문을 제기하기도 한다.

반면 피렌체(가죽제품), 에밀리아 길(포장기계), 폴레지네(회전목마), 리보르노(요트)와 같은 클러스터들은 시장을 선도하며 경쟁력 있는 제품을 생산하면서 불황을 모를 정도로 기업 수와 종사자 수가 계속 증가하는 추세다.

같은 클러스터 내에서도 기업에 따라 부침이 발생하여 어떤 기업은 사라지는가 하면 또 다른 기업은 새로 진입하거나 약진하는 현상을 보이고 있다. 이는 살아남느냐 아니면 도태하느냐를 놓고 클러스터 내에서도 동종 기업들 사이의 경쟁이 그만큼 치열하다는 것을 의미한다. 그러므로 클러스터 내부 경쟁에서 살아남은 기업은 해외시장에서 외국 업체와 경쟁할 때 보다 좋은 제품과 전략으로 승부하게 된다. 2012년 전체 클러스터 매출액의 50퍼센트 이상이 해외시장 판매를 통해 얻은 것이며 2013년 들어 전체 클러스터의 3분의 1이 수출 증가세를 보이고 있다고 한다.

△▼△

세계 산업을 리드하는 클러스터들

앞서 주요 클러스터를 분야별로 자세히 살펴본 바와 같이 이탈리아 산업은 전자, 자동차, 중화학 분야 등 대규모 산업 분야에서는 다른 선진국에 비해 크게 내세울 게 없지만 각종 세부 산업 분야에서는 세계를 리드하는 클러스터가 많다는 것을 알 수 있다. 많은 클러스터가 특정 분야에서 첨단 기술을 보유하고 시장과 소비자의 요구를 반영한 최고의 제품을 만들면서 글로벌 챔피언으로 자리 잡아가고 있다.

섬유 산업에서는 모직물 산업에 비엘라, 실크 산업에 코모, 스타킹 산업에 카스텔 고프레도 클러스터가 세계를 선도하면서 글로벌 챔피언의 자리를 유지하고 있으며, 피혁가공 및 가죽제품 분야에서는 산타 크로체 술아르노, 아르지냐노, 솔로프라, 라 리비에라 델 브렌타 클러스터가 그와 같은 위치에 있다. 또 쿠지오 클러스터는 탭·밸브 산업, 루메차네 클러스터는 금속, 스포츠용 총의 제조, 리보르노 클러스터는 요트 산업, 몬테벨루나 클러스터는 스포츠화 산업에서 세계 중심적 위치에 있다.

한편 일부 클러스터는 특정 산업은 물론 관련 분야 기계 산업에 있어서도 세계 시장을 리드하고 있다. 구두 및 구두 제조기계 산업에 비제바노, 가구 및 가구기계 산업에 브리안차, 타일 및 타일제조기계 산업에 사수올로, 대리석 및 대리석 가공기계 산업에 카라라, 포장기계 산업에 에밀리아 길 클러스터 등이 그러하다. 그리고 금은세공 산업에 아레초와 비첸차, 안경 산업에 카도레, 아코디언 산업에 카스텔 피다르도, 유리세공 산업에 무라노, 놀이공원시설 산업에 폴레지네, 플라스틱 의료용품 산업에 미란돌라, 치즈가공 산업에 파르마 클러스터가 각각 세계 시장을 주도하고 있다.

소비재 분야에서도 많은 클러스터가 이탈리아 유명 브랜드는 물론 외국의 유명 브랜드의 명품을 제조하고 있다. 세계적 명품기업인 프랑스의 루이비통, 케링, 이브생로랑, 카르티에와 독일의 몽블랑 등이 의류(발 비브라타, 비첸차, 비엘라 클러스터), 실크(코모 클러스터), 가죽제품(피렌체, 라 리비에라 델 브렌타 클러스터), 금세공(아레초 클러스터) 제품을 이탈리아 클러스터 기업에 생산을 의뢰하거나 클러스터 내 기업을 인수하여 직접 생산하고 있다.

△▼△

클러스터의 경쟁력 강화를 위해서

많은 클러스터가 이미 세계적인 경쟁력을 보유하고 있으나, 후발주자들의 도전 열기 또한 뜨겁다. 따라서 향후 성장과 지속발전을 위해서는 끊임없는 경쟁력 강화 방안이 필요하다. 클러스터에 속해 있는 기업들의 경쟁력 강화를 위한 대표적인 전략으로는 크게 혁신과 세계화를 들 수 있다.

대부분의 클러스터는 부단한 혁신 활동을 통해 새로운 상품을 개발하거나 품질을 개선하여 최고급 제품을 시장에 내놓고 있다. 그러기 위해 단기적 안목에서 가격으로 경쟁하기보다는 최고의 원자재를 사용하고, 생산 공정을 철저히 관리하고 개선하며 제품을 만들 때 단순 노동력이 아닌 숙련된 기술자들을 투입한다. 특히 중국 등 후발 국가들이 위조하거나 모방하기 어려운 제품군 생산에 더욱 집중하고 있다. 부가가치의 제고를 위한 스타일, 디자인과 패션 개발은 물론 생산 과정에 있어서도 기계자동화, 에너지 절약, 환경문제 해소 등을 위한 노력이 활발하다.

전체 클러스터가 매출의 50퍼센트 이상을 해외시장에 의존하는 만큼 기업들은 세계화를 위해 노력하고 있다. 기업 규모가 작은 약점을 극복하기 위하여 틈새시장을 겨냥하여 상품을 다변화하고 맞춤식 제조가 가능하도록 유연성을 높이고 있다. 제품의 우수성이 확보된 다음에는 자체 브랜드를 구축하여 세계 시장에서 마케팅을 강화해 판매를 확대하는 전략을 추구한다.

또한 기술력 및 제품 혁신과 관련한 산학협동이 매우 활발하다. 각 클러스터마다 우리나라 고등학교, 전문학교에 해당하는 3~5년 코스의 해당 산업 기술학교 또는 전문학교가 소재하여 각 산업에 적합한 기술을 갖춘 인력을 교육 및 공급하고 있다. 이탈리아 교육부가 인정하는 전국 3~5년제 고등학교 6,616개 가운데 59.3퍼센트가 기술학교(2,373개)와 전문학교(1,551개)로 구성되어 있는 것을 보면 클러스터마다 관련 기술학교를 통해 인재를 키우고 공급받는 것을 중요하게 여긴다는 사실을 짐작할 수 있다. 뿐만 아니라 클러스터 인근에 위치한 대학, 연구소와 기업간 기술 연구개발 협력도 활발해서 이를 기반으로 한 현대적 성격의 창업(spin-off) 사례도 많이 생겨나고 있다.

지난 20년간 클러스터 내 기업과 종사자 수가 감소하자 경제계, 학계에서 클러스터의 유용성에 대한 회의론이 대두되었고 클러스터에 대한 분석과 연구가 활발해졌다.

최근 이탈리아 정부의 산업 클러스터 관련 주요 정책 가운데 하나는 기업들이 네트워크 계약(contratto di rete)을 확대하는 것이다. 기업간 전략적 제휴를 통해 경쟁력을 강화하려는 목적으로 시작된 것으로, 관련 기업간 계약을 통해 공동으로 제품 개선, 제품 품질 증명, 기술 혁신, 시장 개척, 환경 기준 준수 등의 효과를 달성하는 것을 말한다. 그러나 클러스터 내 기업들은 대부분 규모가 작고 독립성이 강해 전략적 제휴에 큰 매력을 느끼지 못하는 경향이 있다. 이런 기업들을 독려하기 위해 이탈리아 정부는 2012년부터 전략적 제휴를 통해 발생한 매출에 대해서는 과세 대상 매출로 산정하지 않는 등 여러 인센티브를 제공하고 있어 향후 네트워크 계약이 확대될 것으로 예상된다.

이 장에서는 이탈리아 산업 클러스터의 구조와 특징, 각 클러스터별 산업과 현황 등을 살펴보았다. 각 클러스터는 모자이크처럼 수많은 기업들이 모여 강한 개성을 유지하면서도 경쟁과 협력을 통해 이탈리아만의 독특한 산업 체계를 이루고 있다. 이것은 이탈리아가 유럽 제2의 제조업 국가로서의 지위를 유지하는 데 든든한 밑받침이 되고 있다.

CHAPTER 05

우리나라
산업 및 경제에
주는 시사점

Italy economy

롤 모델로서의
이탈리아

우리나라 경제가 배워야 할 롤 모델로 흔히 미국이나 일본, 또는 스웨덴과 같은 북유럽 나라를 예로 들곤 한다. 그러나 필자는 우리나라와 이탈리아가 비슷한 점이 많고 인구 규모도 비슷해 좋은 점에서든 나쁜 점에서든 우리 경제의 롤 모델이 될 수 있으리라고 본다. 물론 이탈리아는 서양에 위치해 있고 우리나라와는 역사, 문화 등에서 많은 차이가 있어 우리의 산업, 경제 문제를 그대로 이탈리아 산업, 경제에 비추어보는 것은 한계가 있을 것이다.

또 우리의 경제, 산업이 세계 시장의 치열한 경쟁을 이겨나가기 위해서는 첨단기술 산업을 중심으로 한 대기업 주도의 산업체제를 더욱 발전시켜 나가야 한다는 데는 이론의 여지가 없다. 많은 이탈리아 경제학자들도 우리 대기업의 존재와 역할을 부러워하는 태도를 보인다. 그러나 과거 일본이 이탈리아 산업을 배우려고 노력했고 현재는 중국이 그 역할을 하고 있다는 사실을 눈여겨볼 필요가 있다. 세계화가 한창 진행되고 있는 지금의 현실을 직시할 때 이탈리아의 산업, 경제의 경험은 우리 중소기업들의 대외 경쟁력 제고와 체질 개선을 위해 많은 참고가 될 것이다. 이탈리아 기업이 우리보다 높은 기여금과 세금, 에너지 비용에다 쉽게 해고할 수 없는 노동시장의 경직성에도 불구하고 세계적인 경쟁력을 유지하고 있는 점을 살펴볼 필요가 있다. 이와 같은 관점에서 이탈리아의 중소기업, 제조업과 경제적 경험이 우리에게 어떤 점을 시사하는지 살펴보자.

히든 챔피언 발굴

독일의 헤르만 지몬이 정의한 '히든 챔피언'은 중소기업 발전의 귀감이 되어 우리나라를 비롯한 많은 나라가 정책적으로 장려하는 움직임을 보이고 있다. 히든 챔피언은 지방 마을을 배경으로 생겨난 기업으로 눈에 잘 띄지 않는 제품을 생산하므로 고객과 공급자만 알고 대중에게는 잘 알려져 있지 않다. 그렇지만 각 분야에서 자신만의 특화된 경쟁력을 바탕으로 세계 시장을 지배하는 작지만 강한 기업이다. 히든 챔피언은 혁신 활동을 기반으로 세계 최고 제품을 생산하여 세계 틈새시장을 상대로 수출 활동이 왕성한 기업이며 매출 규모가 40억 달러 미만인 중간 규모 이하의 기업으로서 저성과를 용납하지 않는 특성을 가지고 있다. 이와 관련해서 우리나라 언론도 최근 히든 챔피언이라고 할 수 있는 강소기업을 적극 발굴하여 소개하고 있다. KBS가 2013년 4~8월에 걸쳐 15회 특집방송을 통해 우리나라의 히든 챔피언 강소기업을 심층 분석하여 소개한 것은 좋은 예다.

이와 같은 관점에서 보면 이탈리아의 강소기업은 기업 규모가 전반적으로 작아 규모 면에서는 독일의 히든 챔피언 기업과는 많은 차이가 있다. 그러나 기업의 규모적 측면을 제외한다면 이탈리아에는 히든 챔피언에 해당하는 강소기업이 무수히 많으며 실제로 세계 산업을 리드하는 이탈리아 강소기업 수가 6,000개에 달한다는 분석도 있다. 종업원이 100명도 안 되는 이탈리아 기업들이 세계무대를 휘젓고 다니는 것을 보면 알 수 있다. 이는 오랫동안 축적된 노하우에 한 가지 업종에만 특화 또는 초특화(super-specialization)하는 한 우물만을 파는 정신 때문이라는 것은 앞서 설명한 바 있다. 더욱이 이탈리아 중소기업들은 높은 세율과 이자 부담, 경직된 노동시장, 비싼 에너지 비용 등의 어려운 국내 영업환경에도 불구하고 강한 제조업 역량을 유지하고 있다.

△▼△

다양한 산업 육성

제조업 분야에 국한하면 우리나라 중소기업의 비중은 기업 수에서는 전체의 99.5퍼센트, 종사자 수에서는 77.1퍼센트, 매출 및 부가가치에서는 47퍼센트를 각각 차지할 정도로 중소기업의 역할이 막중하다. 이에 정부 및 학계도 창조경제, 일자리 창출, 기업 양극화 해소 등 우리 경제 체질 개선을 위해 중소기업 육성을 주요 경제 목표로 내세우고 효과적인 정책 발굴을 위해 다각적으로 노력하고 있다. 그러나 이탈리아 중소기업이 수평적, 다원적 구조 속에서 전문 분야에 특화하여 유연성을 가지고 부가가치가 높은 수많은 세계 최고급 제품을 만들고 있는 데 반해 우리나라 중소기업은 대부분 대기업과 수직관계로 통합되어 있다.

최근 10년간 우리나라 전체 연구개발 투자비의 50퍼센트 이상이 전자 분야에만 집중되어 있고 여기에 자동차(17퍼센트), 화학, 기계 분야를 합한 4개 산업 분야의 연구개발 투자가 전체의 80퍼센트 이상을 차지하고 있다. 이는 우리 산업의 강점임과 동시에 특정 분야 쏠림 현상을 여실히 보여준다.

장하준(2012)은 한국 제조업의 생산성은 미국의 50퍼센트에 지나지 않으며 전자, 자동차 등의 일부 분야에서는 우리 제조업이 세계 상위권에 도달했지만 그 외 분야에서는 선진국을 쫓아가려면 아직 갈 길이 멀다고 한다. 또 이근(2008)은 직물, 의류, 종이, 정밀기계, 고무, 플라스틱 부문에 있어서 우리나라 산업은 아직 선진국을 추격하지 못하고 있다고 한다. 따라서 이탈리아처럼 전통산업, 부품, 소재 분야 등 보다 다양한 분야에서 우리 산업이 발전할 수 있도록 중소기업의 특화와 기술 향상을 위한 적극적인 육성책이 필요하다고 본다.

첨단기술 산업 분야에서 우리를 쫓아오고 있는 중국의 경우 전자, 항공, 자동차 등에 자본 및 기술 투자를 확대하고 있음은 물론 전통산업에서도 이탈리아 등 유럽 선진국의 기술을 배우기 위하여 부단히 노력하고 있다. 주요 클러스터를 소개하면서 언급한 바와 같이 고급 제품을 생산하는 이탈리아 클러스터마다 중국인들이 진출하여 현지 기술을 습득하는가 하면 첨단 기술을 가진 이탈리아 중소기업을 매입하려고 기회를 엿보고 있다. 중국인 2세들은 이탈리아 산업 클러스터 지역에서 자라면서 현지 언어, 교육, 문화 등을 습득하고 있다. 이와 같은 노력은 점차 중국에 기술을 이전하는 효과를 가져와 미래 우리 산업에 도전 요소로 작용할 가능성이 크다.

다양한 산업 분야에서 우리 중소기업의 기술을 향상시키기 위해서는 단기적인 산업 정책보다는 장기적인 차원에서 중소기업이 특화할 수 있는 여건을 조성해야 할 것이다. 그 방안의 하나로 숙련 기능인을 확보할 수 있도록 중소기업에 대한 실질적인 인센티브를 창안할 필요가 있다. 또한 이탈리아처럼 특정 산업 분야의 기술 인력을 양성하는 특화된 고등학교 또는 전문학교를 설치하여 전문 기술 교육을 확산하는 방안을 생각할 수 있다. 그 외에도 이탈리아 기업과의 기술협력 또는 기업 인수 등을 통해 선진 기술의 이전을 모색할 필요도 있다. 그러기 위해서는 중소기업중앙회나 중소기업진흥공단 등이 창구가 되어 기업에 대한 지원 체제를 구축하는 것이 효과적일 것이다. 제일모직은 30여 년 전부터 밀라노 지사를 통해 이탈리아 모직기술 이전을 위해 노력해왔으며 20여 년 전 이탈리아 팔질레리 사와 협력하여 현재 '팔질레리' 상표로 양복을 만들고 있다. 보르네

오가구도 30년 전 이탈리아 가구제조 관련 각종 기술을 도입함으로써 현재는 우수한 가구제품을 생산하고 있다.

이와 관련하여 한 가지 사항을 더 언급하고자 한다. 이탈리아 기업들은 외국 기업과의 기술 협력에 처음에는 다소 경계하는 태도를 보이는 경향이 있다. 그러나 국민성이 개방적이고 유연하기 때문에 협력 제의에 대해 대체로 호의적인 태도를 보이는 편이다. 이탈리아 기업과 접촉할 때 무엇보다 중요한 것은 이탈리아 사람들이 영어에 익숙하지 못하기 때문에 이탈리아어로 의사소통을 할 수 있게 준비하는 것이 업무를 보다 원활하게 진행되도록 할 것이다.

또한 사회체제가 느슨하고 조직적이지 못한데다 기업이 전국에 퍼져 있어 관심 대상 기업을 약속을 통해 개별적으로 만나기가 쉽지 않다. 따라서 이탈리아 기업들을 접촉하려면 매년 전국 10개 주요 도시에서 개최되는 240여 개에 이르는 전문제품 박람회를 활용하는 것이 효과적이다. 박람회는 실질적인 실물시장으로서 많은 이탈리아 중소기업들이 전문제품 박람회에 참가하여 연간 생산량을 주문받고 있다. 그러므로 박람회 방문은 적당한 협력 기업을 물색하고 관련 산업 기술 및 시장 동향을 파악하는 데 좋은 기회라고 할 수 있다.

△▼△

우리만의 경제 모델 개발

이탈리아 제조업의 강점은 기업가들에게는 자생적이며 창조적인 정신이 뿌리를 내리고 있고 근로자들에게는 직업에 귀천이 없는 평생 직업의식 문화가 저변에 깔려 있다는 데 있다. 중소기업가는 종업원을 귀한 자산으로 생각하고 협력업체와는 좋은 관계를 유지하면서 새로운 기술 개발에도 게을리하지 않는다. 근로자들도 고향 가까운 데 사는 것에 만족하면서 숙련된 기술자가 되기 위해 노력한다. 그러다가 몸담고 있던 회사에서 나와 자기 회사를 차린다. 자연발생적인 클러스터 내에서 기업들의 독자적인 특화는 경쟁과 협력을 유발하여 기업의 국제 경쟁력을 더욱 강하게 만들고 있다.

우리 중소기업가의 창조적 정신 또한 다른 나라 못지않다고 생각한다. 다만 많은 산업 분야가 대기업에 쏠려 있어 중소기업의 입지는 상대적으로 취약할 수밖에 없다. 그럼에도 우리 경제의 미래를 위해서 중소기업을 더욱 키우고 발전시켜야 할 것이다. 한편, 근로자의 평생 직업의식은 이탈리아와 역사적, 문화적 배경이 달라서 우리나라 근로자에게 그대로 적용하기란 쉽지 않다. 그러나 제조업 분야에서 중소기업이 고급기술을 발전시키려면 장기적으로는 이탈리아처럼 한 우물만 파는 장인정신과 같은 전문가적 평생 천직의식을 갖도록 분위기를 조성할 필요가 있다. 그래야 기존 기술을 종합하거나 융합하여 한 걸음 더 발전한 상품을 만들 수 있는 창조력이 생기기 때문이다.

우리나라 청년들은 일자리를 찾을 때 대기업을 선호하고 중소기업을 기피한다. 그러므로 인재와 자금이 중소기업으로도 건너갈 수 있도록 정부에서 효과적인 정책을 만들어야 할 것이다. 고무적인 것은 차츰 우리나라 청년들이 과거에 기피했던 직업에 도전하고 있다는 사실이다. 이는 전문가적 천직의식이 점차 증가하는 추세임을 의미하는 것으로 이러한 현상과 분위기를 잘 활용하고 발전시키는 노력이 필요하다.

클러스터와 관련하여 우리나라에는 국가지정 산업단지(41개), 지방지정 산업단지(464개), 농공산업단지(431개) 등 967개의 산업단지가 조성되어 있다. 이탈리아의 산업 클러스터는 주로 중소기업들로 구성된 자생적 성격을 띤 지역 특산형 클러스터에 해당한다. 반면에 우리나라의 산업 클러스터는 대기업 주도형 클러스터 등 단기간에 산업 발전을 이루기 위하여 인위적으로 조성되었다고 할 수 있다. 이탈리아 클러스터는 각종 산업별로 다양하지만 내부적으로 치열한 경쟁을 하는 동시에 협력을 하며 국제적인 경쟁력을 강화하고 있다. 따라서 우리가 이탈리아 산업 클러스터를 벤치마킹하고자 한다면 이탈리아 클러스터의 구조, 기능 등의 보다 세부적인 사항에 대한 비교 연구가 필요하고, 이는 우리만의 모델을 만들고 발전시켜나가는 데 도움이 될 것이다. '일류 선진국이란 독창적인 모델이 있는 나라'라는 말을 명심하자.

△▼△

연금제도 개선 검토

이탈리아 경제가 야누스적인 양면성을 갖고 있듯이 우리 경제도

양면적인 요소를 지니고 있다. 우리나라가 기적과 같은 경제 발전을 통해 후진국에서 벗어나 선진국으로 진입할 단계에 이른 것은 세계의 귀감이 되고 있다. 또 IMF 사태와 2008년 세계 금융위기를 슬기롭게 극복한 우리의 능력은 국민적 역량으로 평가받고 있다. 그러나 지금 우리 사회는 여러 분야에서 양극화 현상, 청년실업 문제 등 각종 문제점들이 계속해서 지적되고 있으며 실제 국민들의 불만도 작지 않은 것 같다.

최근 많이 거론되고 있는 경제민주화와 관련하여 김택환(2013)은 지역간, 대기업과 중소기업 간, 노사간, 빈부간, 내·외국인 간의 5가지 경제민주화를 강조한다. OECD 국가 가운데 우리나라의 행복도가 하위에 머물고 자살률이 유난히 높은 것이 경제 문제와 무관하다고 볼 수 없을 것이다. 또 최근 언론의 보도에 따르면 우리나라 국민들은 노후, 자녀교육, 의료 문제에 대해 가장 크게 불안해하고 있는 것으로 나타났다. 그래서 현재 우리 정부는 경제부흥과 국민행복을 국정 기조로 삼고 경제 제반 분야 개선에 박차를 가하고 있다. 이와 관련하여 국민들의 주요 관심 사항이라고 할 수 있는 국민연금, 교육비, 의료에 관해 몇 가지 언급하고자 한다.

2장에서 살펴보았듯이 이탈리아 연금제도는 기업이 연금기여금의 상당 부분을 부담해야 하고 전체 기여금 수입금으로 연금지급액을 충당하지 못함에 따라 정부가 부족분을 세수로 메우려다보니 국가 부채가 늘어나 국가경제에 부담을 주고 있다. 반면 자영업자를 포함하여 전 국민의 연금 가입이 의무화되어 있어 국민의 노후 불안이

다소 해소되고 있다. 우리나라도 1988년부터 민간분야 국민연금을 도입하여 현재는 많은 퇴직자가 연금 혜택을 받고 있다. 그러나 매월 받는 금액은 제한적인 수준이다. 따라서 장기적인 차원에서 민간분야의 연금제도도 공공분야처럼 개선할 필요가 있다. 선진국은 연금 운용을 보상주의제도(retributive system)에서 점차 기여주의제도(contributive system)로 바꾸어 청년 시절부터 저축 성격의 기여금을 납부한 후 노후에 적립금을 찾아 쓰게 하는 개념으로 연금제도를 개선했다고 한다.

물론 민간연금을 개선한다는 것은 쉽지 않은 일이다. 장하준(2012)은 전 국민이 힘을 모아 복지개발계획을 세우고 미래를 향해 나아간다면 10년 후에는 이탈리아 수준, 30년 후에는 스웨덴 수준의 복지국가를 만들어낼 수 있다고 했는데, 이탈리아의 복지 수준이 전 국민의 연금화를 포함하는지는 잘 모르겠다. 다만 한국에서 경제, 통상 분야에서 일하면서 우리 경제를 살펴본 이탈리아 경제인이나 경제학자들은 한국의 현재 연금제도는 미래의 한국 사회에 큰 부담을 줄 수도 있다고 지적한다. 물론 민간 분야를 대상으로 공공분야와 유사한 공적연금제도를 시행할 경우 개인소득이 줄고 기업 부담도 늘고 나아가 국가 경제, 재정에도 큰 부담이 될 것이라는 우려도 많다. 그러나 우리가 현재 개방-복지-성장의 상충이라는 선진국형 도전에 직면해 있다는 점(이근, 2013)도 인식해야 할 것 같다. 더욱이 국민연금제도는 노후문제 해소와 직결되는 사항이며 미국과 유럽 등 선진국들이 시행하고 있다고 하니 미래에 우리 제도의 개선 방향을 염두에 두고 검토할 필요가 있다. 그러기 위해서는 연금제도 개선 주제를 놓고 정부, 학계, 기업, 노조, 언론 등 관계 전문가들이 모여 머리를 맞대고 진지하게 논의할 필요가 있다.

△▼△

직업 안정 방안 모색

민간분야 연금 개선을 위해서는 무엇보다 직업 안정이 뒤따라야 한다. 우리 국민은 미래에 희망을 걸고 자신을 희생하면서 밤낮으로 열심히 일하고 있다. 그런데 민간분야의 경우 직종에 따라 근무 연령이 보장되기도 하지만 '사오정'이라는 우스갯소리가 있듯이 40대 후반이나 50대 초반에 들어서면 제대로 된 연금은 고사하고 해고를 걱정해야 한다. 2013년 7월 CEO 스코어의 조사 보고에 따르면 우리나라 366개 대기업 직원의 평균 근무 연한이 10.3년으로 12대 공기업 직원의 15.4년보다 짧은 것은 민간 대기업에서조차 장기간 근무가 쉽지 않다는 것을 의미한다. 40대 후반이나 50대 초반이면 자녀의 뒷바라지를 위해서 한창 일해야 할 나이인데 하던 일을 그만둔다면 가정을 제대로 이끌어갈 수 없을 뿐만 아니라 20년 이상 쌓은 경험을 버리고 새 일자리를 찾아 나서야 한다. 이는 사회적인 문제를 초래할 뿐만 아니라 국가 인적 자원을 낭비하는 것이기도 하다.

외환위기 이후 정리해고가 과거보다 쉬워지면서 40~50대 실업자가 늘어나 노후 문제는 더욱 확대될 수밖에 없고 노인실업은 이미 사회문제가 되고 있다. 이에 기업은 무리하게 저임금을 기초로 기업을 운영하는 경향이 높다보니 상대적으로 봉급이 많은 상위직 직원을 명예퇴직 등으로 그만두게 하는 한편 구직 문제에 직면한 청년들을 대상으로는 비정규직 제도에 적지 않게 의존하고 있으니 일반 국민의 불안감과 불만은 해소되기가 어려운 실정이다.

그렇다고 해서 해고를 금지하는 법적 장치를 도입한다는 것은 우리 경제에 무리가 될 것으로 예상된다. 15인 이상 이탈리아 기업에 해고 권한이 없는 것은 기업의 경쟁력을 약화시키는 요인으로 작용하고 있음을 앞에서 살펴보았다. 따라서 우리 기업에는 합리적인 해고 권한을 유지하되 기업이 사회적 책임 정신에 입각하여 기업을 운영하도록 장기적 차원에서 여러 가지 안전장치를 생각할 필요가 있다. 이러한 범사회적인 문제 해결을 위해 정부, 학자, 기업가, 노조, 언론 등 관계 전문가들이 폭넓은 의견 수렴 과정을 거쳐 사회적 합의점이 도출될 수 있도록 지속적인 노력을 해나가야 할 것이다.

그러기 위해서는 몇 가지 참고할 만한 사항이 있다. 이탈리아 경우를 보면 대기업을 중심으로 정리해고나 노사분규가 많이 발생한다. 이와 관련하여 경영난 등으로 직원이 해고될 경우에는 휴직수당 제도, 직업 재훈련, 취업 알선 등 여러 가지 사회안전망 장치를 해놓고 있다. 우리도 이와 같은 사회안전망 장치를 보다 적극적으로 설치하고 확대해나간다면 사회 갈등이 줄어들 것이다.

우리나라는 이탈리아에 비해 공공부문은 물론 민간기업에도 조직 내부에 계층이 많아 직원들이 승진 등을 놓고 불필요한 소모적

경쟁을 하고 있다. 또한 상위직으로 갈수록 퇴직 시기가 더 앞당겨
질 가능성이 높다는 점이 단기적으로는 간과되고 있기도 하다. 따라
서 단기간에 이탈리아처럼 계층을 지나치게 단순화시킬 수는 없지
만 조직이 상하관계로 계층화를 이루기보다는 수평적으로 분업화를
강화할 필요가 있다. 그러기 위해서는 보다 많은 사람들이 상호 선의
의 경쟁과 협력 속에서 정년을 마칠 수 있도록 일부 계층을 축소 조
정하는 방안을 검토해봄직하다. 그렇게 하면 우리의 전문화 및 천직
의식도 그만큼 고양될 것이다.

△▼△

교육비 부담 감소 검토

이탈리아는 교육의 천국이지만 역사와 문화가 다른 우리가 교육
제도 등을 그대로 따라할 수는 없을 것이다. 우선 우리나라는 무엇보
다 학력을 중시하고 대학에 가지 못하면 낙오자라는 생각을 털어버
리기가 어려운 분위기다. 고졸자의 70~80퍼센트가 대학 진학을 희
망하고 있어서 정부는 이탈리아처럼 많은 교육비를 부담할 수는 없
을 것이다. 그러나 많은 유럽 국가들이 교육비의 상당 부분을 공교육
비로 충당하고 있는 데 비해 우리는 공교육비 부담 비율이 상대적으
로 낮다. 2009년 대학을 기준으로 볼 때 이탈리아 공교육비 부담률
이 80퍼센트인 데 비해 우리는 26.7퍼센트 수준이다. 우리나라 수치
에는 국공립대학이 포함되어 있는 점을 감안하면 사립대학에 대한

공교육비 부담률은 더욱 낮을 것이다. 우리의 경우 교육비가 가계에서 차지하는 비중이 높기 때문에 국민들이 교육비 부담에 불안해하지 않을 수 없다. 따라서 교육 전반에 대해서도 장기적 차원의 개선 방안을 놓고 정부, 학계 등 관련자들이 논의를 지속해야 한다. 재원이 부족할 경우는 국가예산에서 불요불급하게 지출되는 예산은 없는지 이탈리아처럼 지출 검토 작업을 강화하여 예산 지출의 효율성을 살펴봐야 할 것이다.

△▼△

의료비 지출의 효율성 검토

우리나라 의료서비스는 약간 과장해서 말하면 미국은 물론 여타 선진국보다 더 나은 수준이라고 할 수 있다. 이탈리아에서 중요한 수술을 받으려면 비용이 무료이다시피 하지만 때론 수개월을 기다려야 하는 불편이 따른다. 반면 우리나라에서는 특정 종합병원을 선호할 경우 다소 문제가 있을 수 있지만 의료보험 혜택에 따라 저렴한 비용으로 신속히 치료를 받을 수 있다. 아는 의사의 말에 따르면 의료분야 경쟁이 치열해서 살아남기 위해서는 피나는 노력을 하지 않으면 안 된다고 한다. 이처럼 우리나라의 의료기술과 서비스는 세계적 수준을 자랑한다.

반면 의료비의 상당 부분을 국가와 의료관리공단에서 잘 지불해 준다는 점을 이용하여 병원 및 약국에서 의료서비스를 지나치게 제공하고 일반 서민도 의료 혜택을 남용하는 경향이 있다. 병원 규모에 따라 진찰에 단계를 두고 있지만 과도한 의료서비스에 대한 제어 기능은 아직 미흡하다고 할 수 있다. 이는 지나친 의료비 지출로 이어져 의료보험료 인상은 물론 의료비가 국민 경제에 부담으로 작용할 가능성도 배제할 수 없다. 이탈리아는 의료비가 정부 예산에 많은 부담이 되고 있는 점을 개선하기 위하여 최근에는 지출 검토 방식을 통해 지방 의료기관별 지출 차이를 축소하는 등 의료비 절약을 위해 다각적으로 노력하고 있다. 따라서 우리도 미래에 비슷한 문제가 발생할 가능성에 대비하여 효율적인 의료비 지출을 위한 제반 노력을 해나가야 할 것이다.

참고문헌

국내 문헌

1 교육과학기술부 / 한국교육개발원(2012), 〈OECD 교육지표 2012〉, 한국교육개발원

2 국가과학기술위원회(2001~2011), 〈연구개발활동조사보고서〉, 한국과학기술평가원

3 국가균형발전위원회(2005), 《선진국의 혁신 클러스터》, 동도원

4 김택환(2013), 《넥스트 이코노미》, 메디치미디어

5 복득규 외(2003), 《클러스터: 한국 산업과 지역의 생존전략》, 삼성경제연구소

6 송병락(2011), 《한국경제의 길》, 박영사

7 이근 외(2008), 《기업 간 추격의 경제학》, 21세기북스

8 이근 외(2013), 《국가의 추격, 추월, 추락》, 서울대학교출판문화원

9 이종규(2013), 〈유럽 지하경제 현황과 각국 정부의 대응〉, SERI 경제포커스 2013. 2. 19(제411호)

10 장하준(2010), 《그들이 말하지 않는 23가지》, 부키

11 장하준 외(2012), 《무엇을 선택할 것인가》, 부키

12 지동욱(2002), 《대한민국 재벌》, 삼각형비즈

13 헤르만 지몬, 이미옥 옮김(2008), 《히든 챔피언》, 흐름출판

외국 문헌

1 Alberto Q. Curzio and M. Fortis(2007), *Valorizzare un'economia forte, l'Italia e il ruolo della suussidiarietà*, Il Mulino

2 Aldo Cazzullo(2012), *L'Italia s'è ridesta*, Mondadori

3 Alessandro Giudice(2012), *Volo dei calabroni—Come le PMI italiani vincono la legge di gravità*, FrancoAngeli

4 Alessandro Santoro(2010), *L'Evasione fiscale*, Il Mulino

5 Anna L. Trombetti e Alberto Stanchi(2006), *Lavoro e Laurea*, Il Mulino

6 Andrea Buehen and Friedrich Schneider(2012), *Development of tax evasion in 38 OECD countries: What do we (not) know?*, Cesifo working paper no. 4044

7 Associazione Bancaria Italiana(ABI)(2012), The italian banking industry: Key figures, trends, state of health, 2012, ABI

8 Beppe Severgnini(2010), *La Pancia degli italiani*, Rizzoli

9 Beppe Severgnini(2011), *An Italian in Italy*, BUR rizzoli

10 Bill Emmott(2010), *Forza, Italia, come ripartire dopo Berlusconi*, Rizzoli

11 Bocconi University(2012), Why not Italy?, Università Commerciale Luigi Bocconi

12 Camera dei Deputati e Senato della Repubblica(2012), Nota di aggiornamento del documento di economia e finanza 2012, Camera dei Deputati e Senato della Repubblica

13 Carlo M. Cipolla(2011), *Storia facile dell'economia italiana dal medioevo a oggi*, Saggi

14 Carlo Rosetti(1904), *Corea e Coreani*, Istituto italiano d'arti grafiche

15 Charles Richards(1995), *The new Italians*, Penguin

16 Corte dei Conti(2012), Rapporto 2012 sul coordinamento della finanza pubblica, Corte dei Conti

17 David Gilmour(2011), *The pursuit of Italy*, Penguin

18 Emilio Barucci e Federico Pierobon(2007), *Le Privatizzazioni in Italia*, Carocci

19 Frederic Spotts & Theodor Wieser(1988), *A Difficult Democracy*, Cambridge

20 Fondazione Agnelli(2012), *I Nuovi Laureati*, Fondazione Agnelli

21 Fondazione Edison(2009), *ITALIA: Geografie del Nuovo Made in Italy*, Fondazione Edison

22 Fondazione Rocca(2012), *I Numeri da cambiare; scuola, Università e ricerca*, Ditta Giuseppe Lang

23 Francesco Cesarini e Girgio Gobbi(2008), *Finanza e credito in Italia*, Il Mulino

24 Giacomo Becattini(2000), *Il distretto industriale*, Rosenberger & Seller

25 Gianni Dragoni(2012), *Banchieri & Compari*, Chiarelettere

26 Giuseppe Bortolussi(2012), *Evasori d'Italia*, Sperling & Kupfer

27 Istituto Geografico De Agostino(2013), *Calendario atlante De Agostino 2013*, Istituto Geografico De Agostino

28 Italian Ministry of Economy and Finance(2013), What makes Italy attractive? , Treasury Department of Italian Ministry of Economy and Finance

29 L, Federico Signorini e Ignazio Visco(2002), *L'economia italiana*, Il Mulino

30 Luciano Gallino(2007), *La scomparsa dell'Italia industriale*, Giulio Einaudi editore

31 Luigi Barzini(1968), *The Italians*, Penguin

32 Magda Bianco(2003), *L'Industria italiana*, Il Mulino

33 Matteo Turri(2011), *L'Università in Transizione*, Feltrinelli

34 Ministero dello Sviluppo Economico(2012), Indagine su SBA e MicroPMI– Sintesi dei principali risultati, MSE

35 Ministero dello Sviluppo Economico(2013), Osservatorio MPMI regionile micro, piccole e medie imprese nelle regioni italiane, MSE

36 Ministero dello Sviluppo Economico(2012), Relazione sugli interventi di sostegno alle attività' economiche e prodittive, MSE

37 Ministero dello Sviluppo Economico(2013), Small Business Act–Le iniziative a sostegno delle micro, piccole e medie imprese adottate in Italia nel 2012, Direzione Generale per le PMI e gli Enti Cooperativi

38 Ministry of Economic Development(MEP)(2012), Industrial clusters identification elements, legal framework, statistical data enterprise and internationalization development, MEP

39 Nunzia Penelope(2012), *Ricchi e poveri*, Ponte alle grazie

40 OECD(2011), *Education at a glance*, OECD

41 Pino Aprile(2010), *Terroni*, Piemme

42 Raffaello Vignali(2012), *La grandezza dei piccoli*, Guerrini e Associati

43 Roger Abravanel and Luca D'Agnese(2012), *Italia, cresci o esci!*, Garzanti

44 Saverio Lodato(2012), *Quaranta'Anni di Mafia—Storia di una Guerra Infinita*, BUR rizzoli

45 Tito Boeri e Pietro Garibaldi(2011), *Le riforme a costo zero*, Chiarelettere

46 Tobias Jones(2007), *The dark heart of Italy*, FF faber and faber

47 Travis N. Ward and Monica Larner(2003), *Living, studying, and working in Italy*, OWL BOOKS

48 Walter Mapelli and Gianni Santucci(2012), *La Democrazia dei corrotti*, BUR rizzoli

기타

1 The Economist(영국 주간지)

2 L'Espresso(이탈리아 주간지)

3 Il Sole 24 Ore(이탈리아 경제 일간지)

MADE IN ITALY

메이드 인 이탈리아

지은이 ǀ 김경석
1판 1쇄 발행 ǀ 2014년 3월 21일
1판 2쇄 발행 ǀ 2016년 7월 4일

펴낸이 ǀ 김영곤
펴낸곳 ǀ (주)북이십일 21세기북스
출판등록 ǀ 2000년 5월 6일 제406-2003-061호
기획개발 ǀ 이장건
외주스태프 ǀ 한미경

주소 ǀ (우 413-756) 경기도 파주시 회동길 201(문발동)
전화 ǀ 031-955-2400(영업 · 마케팅), 031-955-2157(기획편집) **팩스** ǀ 031-955-2177
홈페이지 ǀ www.book21.com **21세기북스 트위터** ǀ @21cbook **페이스북** ǀ 21cbooks

ISBN 978-89-509-5444-4 03320
값 16,000원
ⓒ 김경석, 2014